D1752441

ÖSTERREICHISCHE AKADEMIE DER WISSENSCHAFTEN

VERÖFFENTLICHUNGEN DER KOMMISSION FÜR
DIE GESCHICHTE ÖSTERREICHS

HERAUSGEGEBEN VON

ADAM WANDRUSZKA
UND
ANNA M. DRABEK

BAND 11

UNGARN UND ÖSTERREICH UNTER MARIA THERESIA UND JOSEPH II.

NEUE ASPEKTE IM VERHÄLTNIS DER BEIDEN LÄNDER

TEXTE DES
2. ÖSTERREICHISCH-UNGARISCHEN HISTORIKERTREFFENS
WIEN 1980

HERAUSGEGEBEN VON
ANNA M. DRABEK, RICHARD G. PLASCHKA
UND
ADAM WANDRUSZKA

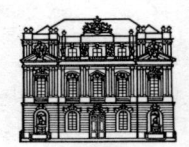

VERLAG DER
ÖSTERREICHISCHEN AKADEMIE DER WISSENSCHAFTEN
WIEN 1982

Vorgelegt von w. M. Adam Wandruszka in der Sitzung am 12. März 1982

Die Abbildung auf dem Schutzumschlag zeigt Maria Theresia beim ungarischen Krönungsritt
(Ölgemälde auf Leinwand von Philipp Ferdinand v. Hamilton, 45 × 33 cm, Privatbesitz.)

Alle Rechte vorbehalten
— ISBN 3 7001 0554 1
Copyright © 1982 by
Österreichische Akademie der Wissenschaften
Wien
Druck: Ernst Becvar, A-1150 Wien

INHALT

GELEITWORTE der Frau Bundesminister für Wissenschaft und Forschung Dr. Hertha Firnberg 7
VORWORT 9
TEILNEHMERLISTE 11
ADAM WANDRUSZKA, Die Historiographie der theresianisch-josephinischen Reformzeit 13
EMIL NIEDERHAUSER, Maria Theresia in der ungarischen Geschichtsschreibung 29
GYŐZŐ EMBER, Der österreichische Staatsrat und Ungarn in den 1760er Jahren 43
HELMUT REINALTER, Josephinismus, Geheimgesellschaften und Jakobinismus. Zur radikalen Spätaufklärung in der Habsburgermonarchie 55
MORITZ CSÁKY, Die Hungarus-Konzeption. Eine „realpolitische" Alternative zur magyarischen Nationalstaatsidee? 71
DOMOKOS KOSÁRY, Die ungarische Unterrichtsreform von 1777 ... 91
HORST HASELSTEINER, Wehrverfassung und personelle Heeresergänzung in Ungarn zwischen Herrscherrecht und ständischem Konstitutionalismus 101
ISTVÁN KÁLLAY, Wirtschaft und Gesellschaft der königlichen Freistädte Ungarns zur Zeit Maria Theresias 121
ROMAN SANDGRUBER, Marktökonomie und Agrarrevolution. Anfänge und Gegenkräfte der Kommerzialisierung der österreichischen Landwirtschaft 131
KÁLMÁN BENDA, Der Wandel der Lebensformen der ungarischen Bauern im 18. Jahrhundert 147
PERSONENREGISTER 157
GEOGRAPHISCHES REGISTER 161
SACHREGISTER 163

GELEITWORTE

Wie vorher schon mit Historikern anderer Nachbarstaaten, wurde im Jahr 1977 von der Kommission für die Geschichte Österreichs bei der Österreichischen Akademie der Wissenschaften auch mit der ungarischen Geschichtsforschung eine Zusammenarbeit über beide Länder im besonderem Maße interessierende Probleme in die Wege geleitet und hat auch bereits zu schönen Erfolgen geführt.

Im Herbst 1978 fand eine erste gemeinsame Historikertagung über bevölkerungs- und wirtschaftsgeschichtliche Fragen statt, deren Ergebnisse von der Ungarischen Akademie der Wissenschaften in deutscher Sprache publiziert wurden. Der gegenwärtige Band legt den wissenschaftlichen Ertrag der zweiten ungarisch-österreichischen Historikertagung der Öffentlichkeit vor, die 1980 in Wien mit dem Thema „Ungarn und Österreich unter Maria Theresia und Joseph II." bereits einen recht weit gespannten historischen Problemkreis angesprochen hat.

Die Zusammenarbeit der Historikerkommissionen der Ungarischen und der Österreichischen Akademie der Wissenschaften soll auch in Zukunft fortgesetzt werden, und wir dürfen hoffen, daß sie wichtige und interessante Beiträge zur Erforschung der Vergangenheit der beiden nicht nur durch die räumliche Nachbarschaft verbundenen Länder erbringen wird.

Dr. Hertha Firnberg
Bundesminister für Wissenschaft und Forschung

VORWORT

Die Kommission für die Geschichte Österreichs der Österreichischen Akademie der Wissenschaften betrachtet es als eine ihrer Aufgaben, die wissenschaftliche Zusammenarbeit mit den Historikern insbesondere jener Staaten zu pflegen, die Österreich benachbart sind und deren geschichtliche Entwicklung mit der unseres Landes über einen langen Zeitraum aufs engste verbunden war. Dieser Zielsetzung entspricht die Gründung einer Subkommission „Österreich und Italien in neuerer Zeit" (1973), „Österreich und Jugoslawien in neuerer Zeit" (ebenfalls 1973) und einer Subkommission „Österreich und Ungarn" im Jahre 1976.

Die Zusammenarbeit mit den ungarischen Fachkollegen hat sich seit der Gründung der letztgenannten Subkommission äußerst intensiv und fruchtbar gestaltet: Im Jahre 1978 fand eine erste gemeinsame Tagung in Budapest zu dem Thema „Fragen der Bevölkerungs- und Agrarstatistik in Österreich-Ungarn vom späten 18. Jahrhundert bis zum Ende der Monarchie" statt, deren Ergebnisse in dem Band „Demographie, Bevölkerungs- und Agrarstatistik" im Akademieverlag Budapest publiziert wurden. Die zweite gemeinsame ungarisch-österreichische Historikertagung wurde 1980 in Wien abgehalten. Sie griff mit der Problemstellung „Ungarn und Österreich unter Maria Theresia und Joseph II. — Neue Aspekte im Verhältnis der beiden Länder" die Thematik des Jubiläumsjahres auf, in dem man in Österreich der 200. Wiederkehr des Regierungswechsels von Maria Theresia zu Joseph II. und damit zweier Herrscherpersönlichkeiten gedachte, die für die Schicksale der habsburgischen Erblande aber auch für die der Länder der ungarischen Krone von eminenter Bedeutung waren.

Der vorliegende Band 11 der „Veröffentlichungen der Kommission für die Geschichte Österreichs" ist aus diesem Symposion hervorgegangen. Er umfaßt Untersuchungen von 5 österreichischen und 5 ungarischen Autoren, die ein breites Spektrum von historischen Fragestellungen beleuchten: von Verwaltung und Heerwesen über Wirtschaft und soziale Verhältnisse sowie die materielle Kultur jener Epoche bis hin zur Bildungs- und Geistesgeschichte und zur ungarischen und österreichischen Historiographie über die Regierungsjahre Maria Theresias und Josephs II. Die Publikation dieses Bandes stellt somit einen weiteren Schritt auf jenem Weg dar, den die Kommission für die Geschichte Österreichs in den letzten Jahren zu beschreiten versucht hat: die gemeinsame Vergangenheit in Zusammenarbeit mit Historikern der Nachbarstaaten zu erschließen und die Grenzen des heutigen Österreich übergreifende Fragestellungen in wissenschaftlicher Kooperation mit den Fachkollegen der benachbarten Staaten zu lösen.

Anna M. Drabek
Wissenschaftl. Assistent und Sekretär
der Kommission für die Geschichte
Österreichs

TEILNEHMERLISTE

DES 2. UNGARISCH-ÖSTERREICHISCHEN HISTORIKERTREFFENS
WIEN, 16.—18. OKTOBER 1980

Kálmán Benda, Budapest
Moritz Csáky, Wien
István Diószegi, Budapest
Anna M. Drabek, Wien
Győző Ember, Budapest
Fritz Fellner, Salzburg
Klara Garás, Budapest
Walter Goldinger, Wien
Ludwig Gogolák, Wien
Friedrich Gottas, Salzburg
Horst Haselsteiner, Wien
Ferdo Hauptmann, Graz
Waltraud Heindl, Wien
Herbert Hofmeister, Wien
István Kállay, Budapest
Robert A. Kann, Wien †
István Kiss, Budapest
Grete Klingenstein-Walter, Graz
Domokos Kosáry, Budapest
Michael Mitterauer, Wien
Emil Niederhauser, Budapest
Werner Ogris, Wien
Richard G. Plaschka, Wien
György Ránki, Budapest
Helmut Reinalter, Innsbruck
Roman Sandgruber, Wien
Miklós Stier, Budapest
Peter Urbanitsch, Wien
Adam Wandruszka, Wien
Imre Wellmann, Budapest
Erich Zöllner, Wien

Adam Wandruszka

DIE HISTORIOGRAPHIE
DER THERESIANISCH-JOSEPHINISCHEN REFORMZEIT

Der nicht ganz eindeutige Titel dieses Referats bedarf einer Klarstellung. Nicht von der Geschichtsschreibung in der theresianisch-josephinischen Reformzeit soll hier die Rede sein, sondern von der sich mit dieser Epoche beschäftigenden Historiographie. Wenn dabei die beiden Herrscherpersönlichkeiten Maria Theresias und Josephs II. unvermeidlich im Mittelpunkt stehen, so soll damit keineswegs einem Personenkult gehuldigt werden. Aber im Zeitalter des Absolutismus oder des „Fürstenstaats" stehen eben fast zwangsläufig die Herrscher und ihre Berater im Mittelpunkt der Betrachtung. In dieser Hinsicht zeugen die Titel der beiden großen Jubiläumsausstellungen des Jahres 1980 in Schönbrunn und in Melk fast von einer gewissen Unaufrichtigkeit: „Maria Theresia und ihre Zeit" und „Österreich zur Zeit Kaiser Josephs II." — tatsächlich aber ist, vor allem optisch, alles auf diese beiden Herrschergestalten und ihre Umgebung zugeordnet und der tägliche Sprachgebrauch „Maria Theresien-Ausstellung in Schönbrunn" und „Joseph II.-Ausstellung in Melk" ist eigentlich zutreffender als die offiziellen Titel.

Eine weitere Klarstellung und Einschränkung ist nötig. Von einer Historiographie der theresianisch-josephinischen Reformzeit kann eigentlich erst von der Mitte des neunzehnten Jahrhunderts an gesprochen werden, denn vorher gab es kaum eine als wissenschaftlich zu bezeichnende Geschichtsschreibung über diese noch so nahe Zeit. Wohl gab es natürlich eine zeitgenössische, die Ereignisse begleitende, berichtende und kommentierende Publizistik, besonders im „Josephinischen Jahrzehnt" nach der durch die Zensurverordnung Josephs II. vom 11. Juni 1781 gewährten „erweiterten Preßfreiheit" mit ihrer Broschürenflut, wozu nach der 1958 erschienenen Arbeit von Oskar Sashegyi „Zensur und Geistesfreiheit unter Joseph II."[1] nun vor allem das bemerkenswerte Werk des 1922 in Budapest geborenen, nun schon seit mehr als zwei Jahrzehnten in Australien lehrenden Germanisten Leslie Bodi „Tauwetter in Wien"[2] zu nennen ist.

---

[1] Oskar Sashegyi, Zensur und Geistesfreiheit unter Joseph II. (Studia Historica Academiae Scientiarum Hungaricae 16, Budapest 1958).

[2] Lesli Bodi, Tauwetter in Wien. Zur Prosa der österreichischen Aufklärung 1781—1795 (Frankfurt a. M. 1977).

Besonders nach Josephs Tod im Jahre 1790 kam es zu einer regen der ungewöhnlichen Herrschergestalt gewidmeten Publikationstätigkeit. Als wichtigste Veröffentlichungen seien die „Charakteristik Josephs II." von Johann Pezzl[3], der in die traditionelle Form von Traumvision und Totengespräch gekleidete Versuch einer gerechten und ausgewogenen Beurteilung von Persönlichkeit und Werk des verstorbenen Herrschers „Kaiser Joseph der Zweite vor Minos Richterstuhl" von Joseph Richter[4] und die zweibändige „Geschichte Josephs II." von Franz Xaver Huber[5] angeführt.

Mit Recht hat der englische Historiker Derek Beales, aus dessen Feder wir endlich eine wissenschaftliche Biographie Josephs erhoffen dürfen, „the work of falsifiers and popularisers" auf Kosten des historischen Joseph beklagt und festgestellt: „Joseph, meanwhile, though lacking a serious biographer, has been the subject of numerous lightweight studies, many of them positively misleading"[6]. Auf die Frage, ob ein tieferer, ursächlicher Zusammenhang besteht zwischen dieser Verfälschung des Josephs-Bildes durch Mythos und Legende und der Tatsache, daß Joseph selbst, intensiver als alle seine Vorgänger und wohl auch als die meisten seiner gekrönten Zeitgenossen und derer und seiner Nachfolger um Propagandawirkung in der „öffentlichen Meinung", der eben damals als Begriff und Schlagwort aufkommenden „opinion publique"[7], bemüht war, möchte ich nur am Rande verweisen, da sie wohl noch gründlicherer Erforschung bedürfte.

Wenige Monate nach Josephs Tod erschien die fingierte Briefsammlung „Neu gesammelte Briefe von Joseph dem II. Kaiser der Deutschen" mit der natürlich falschen Druckort-Angabe „Konstantinopel 1790". Der vermutliche Autor dieser Fälschung war der Publizist Franz Matthäus Grossinger, der sich Franz Rudolph von Grossing nannte. Obwohl die Unechtheit dieser Briefe bereits vor mehr als hundert Jahren, nämlich 1868, von Sebastian Brunner überzeugend nachgewiesen wurde[8], finden sich Zitate aus dieser Sammlung auch bis in die Gegenwart immer wieder, und zwar nicht nur bei den von Beales erwähnten „Popularisierern", sondern auch

---

[3] Johann PEZZL, Charakteristik Josephs II. (Wien 1790).

[4] [Joseph RICHTER], Kaiser Joseph der Zweite vor Minos Richterstuhl (Frankfurt und Leipzig [d. h. Wien] 1791). Faksimile-Reproduktion der Wiener Bibliophilen Gesellschaft mit Einführung und Erläuterungen von Hans Wagner als Jahresgabe 1967 (Wien 1967).

[5] Franz Xaver HUBER, Geschichte Josephs II., römischen Kaisers, Königs von Hungarn und Böheim etc., 2 Bde. (Wien 1792).

[6] Derek BEALES, Writing a Life of Joseph II., in: Biographie und Geschichtswissenschaft (Wiener Beiträge zur Geschichte der Neuzeit 6, Wien 1979) 183.

[7] Dazu und zu dem damit eng verbundenen Begriff des „Ésprit public": Carlo BAUDI DI VESME, Il progresso dell' „Ésprit public" nella seconda metà del settecento e l'assolutismo illuminato, in: Festschrift für Heinrich Benedikt (Wien 1957) 61—80.

[8] Derek BEALES, The false Joseph II., in: Historical Journal 18 (1975) 467—495; ders., Writing a Life, a. a. O. 183—207.

bei durchaus seriösen und mit Recht anerkannten und ernstzunehmenden Historikern, so bei Ludwig von Pastor, Ferdinand Maaß, Viktor Bibl, Albert Sorel, Victor-Lucien Tapié, Saul K. Padover, Edward Crankshaw und Eleonore Zlabinger[9]. Ja selbst der unbestritten beste Kenner von Persönlichkeit und Werk Josephs II. unter den österreichischen Historikern unserer Zeit, von dem wir durch viele Jahre — leider schließlich vergeblich — die große moderne wissenschaftliche Biographie des Kaisers erwartet haben, hat mir gesagt, daß auch er einmal ein Zitat aus den gefälschten Briefen irrtümlich als echt in eine seiner Arbeiten übernommen hat. Es ist daher durchaus nicht verwunderlich, wenn diese gefälschten Briefe bis in unsere Tage nachwirken und Zitate daraus immer wieder als echte programmatische Äußerungen und als Zeugnisse für die wahren Ansichten Josephs angeführt werden. Als 1979 ein sehr guter und angesehener, um die Geschichte unseres Landes hochverdienter österreichischer Verlag eine neue, populäre Biographie des Kaisers präsentierte, wurden bei diesem in einem sehr schönen und passenden Rahmen stattfindenden Empfang durch einen bekannten Schauspieler und Rundfunksprecher mehrere Briefe des Kaisers vorgelesen, die durchwegs aus jener Sammlung gefälschter Briefe stammten, und in der kurz vor der Eröffnung der Schönbrunner Maria-Theresien-Ausstellung vom österreichischen Fernsehen ausgestrahlten zweiteiligen Sendung über Maria Theresia wurde Joseph eines der beliebtesten Zitate aus diesen „Briefen" in den Mund gelegt: „Seit ich den Thron bestiegen und seitdem ich das erste Diadem der Welt trage ... habe ich die Philosophie zur Gesetzgeberin meines Reiches gemacht ...".

Ich möchte ausdrücklich betonen, daß ich diese beiden Hinweise keineswegs als Kritik oder Vorwurf oder im Sinne eines billigen Spotts aufgefaßt sehen möchte. Denn wenn angesehenste und berühmte, durchaus seriöse Historiker wie die oben erwähnten Fachleute immer wieder Opfer dieser so überaus geschickten Fälschung geworden sind, ist das einem Verlag oder einem Schriftsteller und Autor einer Fernsehsendung erst recht nicht vorzuwerfen. Wenn man aber die Frage stellt, wieso eine so lange anhaltende Täuschung möglich war und ist, so muß man wohl mit dem erwähnten englischen Historiker Derek Beales der Tatsache die Hauptschuld geben, daß die überwiegende Mehrheit der Biographien Josephs II., ihrem für ein breiteres Publikum bestimmten Charakter entsprechend, auf Fußnoten und Quellenverweise verzichten. Mit Recht schreibt Beales daher: „Here is a clear instance where the avoidance of pedantry has allowed error to flourish and made it unusually difficult to detect and eradicate"[10].

---

[9] Beales, The false Joseph II. und Writing a Life, a. a. O.
[10] Beales, Writing a Life, a. a. O. 185.

Die gefälschten Briefe zeigen einen weit „philosophischeren", „aufklärerischen", ja fast schon liberalen, antiklerikalen und antiaristokratischen Joseph, als dies der historischen Wirklichkeit entsprach. An die Stelle des meist scharfen, sarkastischen, ja manchmal geradezu ätzend-spöttischen Tones, der in den meisten echten Briefen Josephs vorherrscht, ist in den Fälschungen ein wortreiches Pathos getreten, das wir allerdings ähnlich in Josephs für einen breiteren Kreis bestimmten Äußerungen — so etwa in seinem berühmten „Hirtenbrief" vom 13. Dezember 1783 über die Pflichten der Beamtenschaft[11] — finden; und diese Übereinstimmung mit echten Formulierungen Josephs hat natürlich den Anschein der Echtheit verstärkt.

In englischer Übersetzung wurden diese Briefe in London 1821/22 veröffentlicht und „zeitgemäß eingeleitet und erklärt" durch den liberalen österreichischen Schriftsteller und „Zensurflüchtling" Franz Schuselka im Vormärz neu herausgegeben[12].

Damit sind wir bereits in der Zeit des Vormärz, in der uns das liberale Josephs-Bild bereits in allen seinen wesentlichen Zügen entgegentritt. Es war die Epoche des regierungsunfähigen und kranken Kaisers Ferdinand, des „Gütigen", die Zeit der „Monarchie ohne Kaiser", die Spätzeit des Systems des alternden Metternich, die „Sterbejahre Altösterreichs"[13] vor der Märzrevolution des Jahres 1848, eine Zeit, in der die geistige Elite Österreichs, in ständig sich verstärkender Opposition gegen das herrschende System, die Gestalt und die Regierung Josephs II. zum Ideal und Gegenbild zu der in düstersten Farben gemalten Gegenwart erhob und verklärte. Es war die Zeit, da entsprechend der letztwilligen Ermahnung des Kaisers Franz an seinen Sohn und Nachfolger mit dem Abbau des josephinischen Staatskirchensystems begonnen wurde und der alte Staatskanzler Metternich immer mehr in der von dem erzkonservativen, ja reaktionären, selbst jedem technischen Fortschritt feindlichen „Zelanti"-Papst Gregor XVI. geleiteten Katholischen Kirche den einzigen verläßlichen Verbündeten im Kampf gegen den liberalen Zeitgeist und gegen die drohende Revolution zu besitzen vermeinte.

In dieser Zeit des Vormärz haben die beiden bedeutendsten politischen Dichter Österreichs, Franz Grillparzer und Anastasius Grün (Graf Anton

---

[11] „Grundsätze ... für jeden Diener des Staats" vom 13. Dezember 1783, in: Die Österreichische Zentralverwaltung II/4: Aktenstücke 1780—1792, bearb. v. Friedrich Walter (Veröffentlichungen d. Komm. f. neuere Geschichte Österreichs 35—36, Wien 1950) 123—132.

[12] Ein Exemplar der 3. Auflage, Leipzig 1846, interessanterweise aus der Melker Stiftsbibliothek, in der Melker Josephs-Ausstellung, Katalog „Österreich zur Zeit Kaiser Josephs II." (Wien 1980) 690, Nr. 1680.

[13] Heinrich Ritter von SRBIK, Metternich, der Staatsmann und der Mensch 2 (München 1925) 179 ff.

Alexander Auersperg), in ihren Gedichten „Des Kaisers Bildsäule" und „Sein Bild", die beide von dem 1806 von Josephs Neffen Franz auf dem Platz vor der Hofbibliothek errichteten Josephs-Denkmal ausgingen, dem Geist des Reformkaisers gehuldigt. So war der geistige Boden schon dafür vorbereitet, daß dann ein chronologischer Zufall, die Tatsache des Ausbruchs der Revolution von 1848 am 13. März, dem Geburtstag Josephs, dafür sorgte, daß das Andenken des Reformkaisers in der Revolution buchstäblich vom ersten bis zum letzten Tag lebendig blieb, ja daß der seit mehr als einem halben Jahrhundert verstorbene Monarch der eigentliche ideale Führer dieser führerlosen Revolution wurde. Sein Denkmal auf dem Wiener Josephsplatz vor der Hofbibliothek ist im Revolutionsjahr immer wieder zum Mittelpunkt spontaner wie organisierter Kundgebungen geworden; von den ersten Tagen im März an, als man dem Standbild eine weiße Fahne mit der Inschrift „Preßfreiheit" — eine der ersten Errungenschaften der Revolution und zugleich die Vollendung und Erfüllung der josephinischen „erweiterten Preßfreiheit" von 1781 — sowie eine Fahne mit der Inschrift „Ordnung und Sicherheit" in die Hand drückte. Bei einer großen Feier am 7. Juli aus Anlaß der Wahl des Erzherzogs Johann zum Deutschen Reichsverweser durch die Deutsche Nationalversammlung in Frankfurt am Main, einer Feier, die von der „Akademischen Legion" veranstaltet wurde und an der die beiden Frankfurter Abgeordneten Hekscher und Raveaux teilnahmen, wurde dem Standbild eine große und prächtige schwarz-rot-goldene Fahne in die Hand gegeben; und dieses Symbol der Revolution von 1848 und der deutschen Einheits- und Freiheitsbewegung, das Feldzeichen auch der Wiener Oktoberrevolution, als Arbeiter und Studenten Wiens unter diesem Banner gegen „die Österreicher", die „schwarz-gelben" Truppen von Windischgrätz und Jellačić kämpften, war auch noch am letzten Tag der Wiener Revolution, am 31. Oktober 1848, in der Hand der Reiterstatue, wie wir aus einem weitverbreiteten kolorierten Stich vom Brand des Daches der Hofbibliothek sehen können, das von der Artillerie der kaiserlichen Truppen in Brand geschossen worden war.

Aus dieser letzten Phase der Wiener Revolution, aus den tragischen Oktobertagen, stammt auch jenes Flugblatt „Kaiser Joseph auf seiner nächtlichen Wanderung um die Stadt", auf dem der vom Himmel herabgestiegene Geist des Kaisers die Nationalgarde und die Wiener zum Kampf und Widerstand gegen die kaiserlichen Truppen anfeuert[14], was mit Recht als „extremste und paradoxe Steigerung des Josephskults der Wiener

---

[14] Katalog „Österreich zur Zeit Kaiser Josephs II." 692 Nr. 1691; Friedrich ENGEL-JANOSI, Kaiser Josef II. in der Wiener Bewegung des Jahres 1848, in: Mitteilungen des Vereins für Geschichte der Stadt Wien 11 (1931) 53—72; Lucia OLSCHER, Das Bild der habsburgischen Dynastie im Lichte der Publizistik des Revolutionsjahres 1848, ungedr. Wiener Dissertation 1980.

Revolution" bezeichnet wurde[15]. Denn wenn die Revolution sich als Erbe und Vollstreckerin des Vermächtnisses des 1790 verstorbenen Kaisers betrachtete, konnte dies nicht ohne gewaltsame Vereinfachung und Verzerrung abgehen. „Joseph der Einzige", „Joseph der Volkskaiser", „Joseph der Menschenfreund", „Joseph der Lichtbringer", das waren Epitheta, die sich mit der geschichtlichen Gestalt des Monarchen vereinbaren ließen. Durch die Erlangung der Preßfreiheit, ebenso aber dann auch durch die sogenannte „Bauernbefreiung", die Aufhebung des grundherrschaftlichen Verhältnisses, die wichtigste Tat des in der Spanischen Hofreitschule in Wien tagenden Österreichischen Reichstags, konnte sich die Revolution mit Recht als Vollenderin und Vollstreckerin des Aufklärers und Bauernbefreiers Joseph fühlen. Auch die Umdeutung der josephinischen Kirchenpolitik im liberalen und antiklerikalen Sinne bot keine besonderen Schwierigkeiten, wenngleich sie der Komplexität und Differenziertheit des Phänomens „Josephinismus", wie wir es heute sehen[16], gewiß keineswegs gerecht werden konnte. Aber eine wesentliche Errungenschaft der Märztage und Hauptforderung des österreichischen wie allgemein des europäischen Liberalismus, das Versprechen bzw. die Gewährung oder Ausarbeitung einer modernen Verfassung, die vor allem für den westeuropäischen Liberalismus so entscheidenden Prinzipien von Konstitutionalismus und Selbstverwaltung fanden in der josephinischen Tradition keine Stütze.

Ähnlich wie bei der einen mächtigen politischen Strömung des Jahrhunderts, dem Liberalismus, lagen die Verhältnisse bei der anderen, mit ihr vielfach eng verbundenen Bewegung, der des Nationalismus; und gerade diese Komponente ist in der zweiten Hälfte des 19. Jahrhunderts in ganz Europa, besonders aber im Vielvölkerreich an der Donau, immer stärker geworden. Ebensowenig wie Joseph im Sinne des 19. Jahrhunderts ein „Liberaler" gewesen war, kann man ihn als einen „Deutschnationalen" oder auch nur als einen deutschen Nationalisten bezeichnen. Gewiß, er wurde 1764 in Frankfurt am Main zum römisch-deutschen König gewählt und gekrönt und wurde schon im darauffolgenden Jahr durch den plötzlichen Tod seines Vaters, des Kaisers Franz, selbst Kaiser des Heiligen Römischen Reiches Deutscher Nation. Er hat die deutsche Amtssprache in Ungarn an die Stelle der traditionellen lateinischen Amtssprache setzen wollen, aber nicht aus nationalen oder gar nationalistischen Motiven. Wenn Joseph und seine kirchlichen Mitarbeiter auch für die stärkere Verwendung der Volkssprache im Gottesdienst, in Predigt, Gebet und

---

[15] Katalog „Österreich zur Zeit Kaiser Josephs II." 692 Nr. 1691.
[16] Vgl. zuletzt Peter HERSCHE, Der Spätjansenismus in Österreich (Wien 1977) sowie das Sammelwerk „Katholische Aufklärung und Josephinismus", hg. v. Elisabeth KOVÁCS (Wien 1979).

Kirchengesang, eintraten, so waren dafür nicht nationale Motive maßgebend, sondern die pädagogisch-aufklärerische Tendenz der Zeit und pastoraltheologische Erwägungen. Auch seine antikuriale Politik, die im 19. Jahrhundert vielfach als „Kampf gegen die Herrschaft der römischen Priester" interpretiert wurde — und der eher erfolglose Besuch des Papstes Pius VI. in Wien 1782 als eine Art „Revanche für Canossa" —, war keineswegs durch nationaldeutsche Gedanken und Gefühle bestimmt. An der Wiener Neustädter Theresianischen Militärakademie hat Joseph einen Tschechischlehrer für seine Offiziere angestellt, er hat bei diesem Sprachlehrer, Johann Wenzel Pohl, selbst tschechischen Sprachunterricht genommen und soll sehr erfreut gewesen sein, als sein Neffe Franz, den er 1784 als „Kaiserlehrling" nach Wien hatte kommen lassen, gleich am ersten Tag nach seiner Ankunft bat, auch diese Sprache lernen zu dürfen. Dennoch ist dann in der zweiten Hälfte des 19. und auch noch im 20. Jahrhundert keine Bezeichnung häufiger verwendet worden als „Joseph der Deutsche" oder „der Deutsche Kaiser Joseph", wie viele Gasthöfe, besonders in den deutschsprachigen Gebieten Böhmens, Mährens und Österreichisch-Schlesiens, aber etwa auch im niederösterreichischen Waldviertel benannt wurden, im Einflußbereich des „Schloßherrn von Rosenau", des deutschnationalen Politikers Georg Ritter von Schönerer, der besonders am Beginn seiner politischen Laufbahn einen gleichermaßen sozial, wie national, wie auch antiklerikal begründeten Josephs-Kult betrieb, der zeitweise seinem späteren Bismarck-Kult kaum nachstand.

Im Jahre 1880 zum Jahrhundert-Jubiläum des Regierungsantritts Josephs II., zu einer Zeit, da Schönerer eben erst die politische Arena betreten hatte, andererseits die liberale Ära der deutschzentralistischen, sich auf Josephs Erbe berufenden „Verfassungspartei" eben zu Ende gegangen war, erschien in Wien ein schmales Büchlein: „Joseph II. Poetische Festgabe des Deutsch-österreichischen Lesevereines der Wiener Hochschulen", gewidmet von diesem Leseverein „Seinem Ehrenmitgliede Anton Ritter von Schmerling", also einem der führenden Männer des deutschen Liberalismus in Österreich. Von den 44 Autoren, deren Gedichte auf Joseph II. in diesem Band vereinigt sind, haben nur 14 ihre Verse nicht als Originalbeiträge zu diesem Anlaß verfaßt (darunter sind die Joseph gewidmeten Gedichte von Michael Denis, Carl Egon Ebert, Ludwig August Frankl, Franz Grillparzer, Anastasius Grün, Johann Gottfried Herder, Friedrich Gottlieb Klopstock, Joseph Christian Freiherr von Zedlitz). Dreißig Autoren haben eigens zu diesem Anlaß Gedichte auf Joseph beigesteuert, wobei wir unter diesen Autoren so bekannte Namen wie Ludwig Anzengruber, Eduard von Bauernfeld, Adolf Fischhof, Karl Emil Franzos, Ferdinand Gregorovius, Hieronymus Lorm, Adolf Pichler, Hermann Rollett und Josef Weilen (der literarische Mitarbeiter des Kronprinzen Rudolf) finden. Man kann so wohl ohne Übertreibung sagen, daß in diesem Bande die geistige Elite des deutschösterreichischen Liberalismus sich zu einer Huldigung für den Reformkaiser vereinigt hat[17].

Für die Forschung und die Historiographie allerdings hat diese panegyrische Einstellung zu Joseph eher hemmend als fördernd gewirkt. Fruchtbarer war hier wohl die Kritik und Polemik der Gegner Josephs und des Josephinismus, selbst wenn sie, in der Hitze des von beiden Seiten leidenschaftlich ausgefochtenen Kulturkampfes in der liberalen Ära so weit über das Ziel schoß wie in den Werken des streitbaren katholischen Publizisten Sebastian Brunner[18].

Inzwischen hatte in den Fünfziger- und Sechzigerjahren bereits jene große Maria Theresien-Renaissance in der österreichischen Historiographie begonnen, die durch die Werke von Adam Wolf und Alfred von Arneth sogleich auf hohem wissenschaftlichen Niveau einsetzte und durch nahezu ein Jahrhundert dominierend blieb. Denn nach dem Scheitern des Neoabsolutismus, der in seinen zentralistisch-bürokratischen Vereinheitlichungsbestrebungen namentlich gegenüber Ungarn die josephinische Tradition fortsetzte, allerdings mit dem Konkordat von 1855 nach dem bissigen Wort Franz Grillparzers den „alten Josephinern" eine „blutige Ohrfeige" erteilte, begann bei Liberalen und Konservativen die Bewunderung für die kluge und maßvolle Mutter, diese echte Vertreterin einer „Realpolitik" — wie das eben damals durch das Buch von August Ludwig von Rochau[19] populär gewordene Schlagwort lautete — das Bild des stürmischen aber unglücklichen Sohnes zu überstrahlen. Im gleichen Jahr 1855, in dem durch das Konkordat das die Zeit nach der Revolution bestimmende und den Neoabsolutismus tragende Bündnis von Hof, Adel und „Neokonservativen" einerseits, Großbürgertum, Liberalen und „josephinischer" Bürokratie andererseits sich auflöste, erschien Adam Wolfs „Österreich unter Maria Theresia", das treffend ein erstes „abgerundetes, schönheitserfülltes und umfassendes Bild der großen Maria Theresia und ihrer Regierungszeit" genannt worden ist, das Österreich und der Welt geschenkt wurde[20]. Im

---

[17] Karl VOCELKA, Das Nachleben Josephs II. im Zeitalter des Liberalismus, in: Katalog „Österreich zur Zeit Kaiser Josephs II." 293—298.

[18] Sebastian BRUNNER, Die theologische Dienerschaft am Hofe Josephs II. (Wien 1868); DERS., Die Mysterien der Aufklärung in Österreich (Mainz 1869); DERS., Joseph II., Charakteristik seines Lebens, seiner Regierung und seiner Kirchenreform (Freiburg i. Br. 1874, 2. Aufl. 1885); Hans NOVOGORATZ, Sebastian Brunner und der frühe Antisemitismus, ungedr. Wiener Dissertation 1979.

[19] August Wilhelm von ROCHAU, Grundsätze der Realpolitik, angewendet auf die staatlichen Zustände Deutschlands (Stuttgart 1853).

[20] Heinrich Ritter von SRBIK, Geist und Geschichte vom deutschen Humanismus bis zur Gegenwart 2 (München—Salzburg 1951) 101.

„Epochenjahr" 1859, als die Niederlagen von Magenta und Solferino das Schicksal des Neoabsolutismus besiegelten und die nationale Erregung des Schillerjahres sowie der Streit zwischen „großdeutsch-österreichischer" und „kleindeutsch-preußischer" Geschichtsauffassung den Auftakt zur entscheidenden Phase im „Kampf um die Vorherrschaft in Deutschland" zwischen Preußen und Österreich bedeutete, berichtete Alfred von Arneth, der 1848/49 als liberaler Abgeordneter der Frankfurter Nationalversammlung angehört hatte, in einer Sitzung der Kaiserlichen Akademie der Wissenschaften in einem Vortrag über die Korrespondenz Maria Theresias mit dem Hofrat Franz von Greiner in den Jahren 1772—1780. Der hochkonservative Erzherzog Albrecht aber stellte dann am Beginn der konstitutionellen Ära Österreichs, am 10. Februar 1861, in einer an den Generaladjutanten Franz Josephs, den Grafen Franz Folliot de Crenneville, gerichteten, tatsächlich aber für den Kaiser selbst bestimmten Denkschrift „die große Maria Theresia, diese feine Menschenkennerin, an deren Nachlaß von Liebe und Verehrung ihrer Völker wir noch zehren", ihrem „genialen Sohn Joseph II." gegenüber, der nach zehn Jahren gebrochen gestorben sei, „das Reich in Gärung, teilweise in Aufruhr. Sein Ausspruch, daß Er sich als den ersten Beamten des Staates ansehe, spukt noch zum großen Nachteil in vielen Köpfen"[21].

Arneths Akademie-Vortrag „Maria Theresia und der Hofrat von Greiner", der noch im gleichen Jahr 1859 im 30. Band der Sitzungsberichte der philosophisch-historischen Klasse der Akademie der Wissenschaften erschien, war Arneths erster Beitrag zur Geschichte der großen Kaiserin in einer langen Reihe von Publikationen. Aus ihr ragt die monumentale zehnbändige „Geschichte Maria Theresias" (1863—1879) heraus, ein Werk, das in einem von einem höheren Staatsbeamten verfaßten Gedicht, in Übernahme des Horazischen „exegi monumentum aere perennis" als „ein größres Denkmal, mächtiger als Erz" dem großen Maria-Theresien-Denkmal an der Ringstraße gegenübergestellt wurde[22], für das der gleiche Arneth das geschichtliche Programm der Aufnahme und Anordnung der Feldherren, Staatsmänner, Ratgeber, Gelehrten und Künstler entworfen hat, durch das dieses größte Denkmal Wiens, ein in bewußter Rivalität zum Berliner Friedrich-Denkmal des Christian Daniel Rauch von dem Bildhauer Zumbusch und dem Architekten Hasenauer geschaffenes Werk, zu einem Monument für die Herrscherin und ihre Zeit wurde. Aber Arneth, der zugleich der Dynastie treu ergebene und deutsch-liberal gesinnte Direktor

---

[21] Erzherzog Albrecht an den Generaladjutanten Grafen Crenneville, Verona, 10. Februar 1861, in: Heinrich Ritter von SRBIK, Aus Österreichs Vergangenheit. Von Prinz Eugen zu Franz Joseph (Salzburg 1949) 134f.

[22] Alfred von ARNETH, Aus meinem Leben 2 (Wien 1892) 559f.

des Haus-, Hof- und Staatsarchivs, hat neben die große zehnbändige Biographie noch die umfangreichen Quelleneditionen gestellt, die vier Bände der „Briefe Maria Theresias an ihre Kinder und Freunde", die drei Bände ihres Briefwechsels mit ihrem Sohn Joseph, den Briefwechsel mit Marie Antoinette, die Veröffentlichung der beiden großen, später treffend als „Maria Theresias politisches Testament" bezeichneten Denkschriften, die Veröffentlichung der Relationen der Botschafter Venedigs über Österreich im 18. Jahrhundert, sowie Abhandlungen über die außenpolitischen Berater Bartenstein und Kaunitz. Der schon erwähnte Adam Wolf hat im gleichen Zeitraum Biographien von Maria Theresiens Lieblingstochter Marie Christine (1863), des Fürsten Wenzel Lobkowitz (1869), der Fürstin Eleonore Liechtenstein (1875) sowie eine Arbeit über die Klösteraufhebung in Innerösterreich (1871) veröffentlicht. Neben Arneth und Wolf, teilweise von ihnen angeregt, haben sich im Zeitalter Franz Josephs mit der Epoche Maria Theresias und mit den Mitarbeitern und Kindern der Herrscherin auch andere österreichische Historiker befaßt, von denen die Namen Theodor von Karajan, Adolf Beer, August Fournier, Eugen Guglia und Hanns Schlitter genannt seien. Guglia verfaßte eine zweibändige Biographie der Kaiserin (1917), Schlitter begann das große Werk der Herausgabe der schließlich acht stattliche Bände umfassenden und erst in unseren Tagen abgeschlossenen Edition der Tagebücher des Obersthofmeisters Graf (später Fürst) Johann Josef Khevenhüller-Metsch, mit dem bezeichnenden Titel „Aus der Zeit Maria Theresias" (1907—1972). Aus den ersten beiden, 1907 und 1908 erschienenen Bänden dieser Tagebücher hat Hugo von Hofmannsthal, wie ich 1967 in einer kleinen Untersuchung nachweisen konnte[23], das Zeit- und Sprachkostüm für das gerade in den darauffolgenden Jahren entstandene Textbuch zum „Rosenkavalier" bezogen; und er hat sich damals, wie mir dann erst im Zusammenhang mit den Vorbereitungen zur Maria Theresien-Ausstellung in Schönbrunn der Direktor der Albertina Hofrat Univ.-Prof. Dr. Walter Koschatzky aus den Benützerakten dieser graphischen Sammlung freundlicherweise mitteilte, Stiche und Zeichnungen aus der theresianischen Zeit und besonders um den „Quinquin" genannten Grafen Franz Esterházy von Galantha ausheben lassen. So daß man wohl mit Recht die silberne Rose der „Komödie für Musik" als das edelste Gewächs ansehen kann, das aus dem Erdreich dieser Maria Theresien-Renaissance und der Begeisterung für die Gestalt der großen Herrscherin im letzten Lebensabschnitt der Donaumonarchie entsprossen ist.

---

[23] Adam WANDRUSZKA, Das Zeit- und Sprachkostüm von Hofmannsthals „Rosenkavalier", in: Zeitschrift für deutsche Philologie 86 (1967) 561 ff.

Es fällt nicht schwer, den inneren Zusammenhang dieser Maria Theresien-Renaissance mit den großen geschichtlichen Ereignissen und Entwicklungen der Zeit nach dem Scheitern der Revolution von 1848/49 — die ihrerseits zumindest in Wien im Geschichtsbewußtsein vom Josephs-Mythos beherrscht gewesen war — und besonders nach 1859 festzustellen: mit der Rivalität zwischen Preußen und Österreich auf der einen, der „ungarischen Frage" und dem Ausgleich von 1867 auf der anderen Seite. Der preußisch-österreichische, kleindeutsch-großdeutsche Gegensatz war ja mit dem kurzen Krieg und der blutigen Entscheidung von 1866 noch keineswegs aus der Welt geschafft, er lebte auch im Zeitalter des Zweibunds zwischen den beiden Kaiserreichen, in der Zeit der deutsch-österreichischen Waffenbrüderschaft im Ersten Weltkrieg und selbst noch in der Zwischenkriegszeit in gleichsam sublimierter Gestalt weiter, und so ist das Bestreben Arneths, seiner Zeitgenossen und seiner Nachfolger unverkennbar, dem preußisch-kleindeutschen „Fridericus"-Kult einen Kult der „großen Kaiserin" an die Seite und zugleich entgegenzusetzen. So hat man etwa dem auf den Siebenjährigen Krieg bezogenen friderizianischen „Durchhalte-Mythos", der schon im Ersten und dann erst recht im Zweiten Weltkrieg beschworen wurde, den auf den achtjährigen Österreichischen Erbfolgekrieg bezogenen theresianischen Durchhalte-Mythos gegenübergestellt. Andererseits lag es nahe, das glückliche Familienleben Maria Theresias und die gemüthaft-herzlichen Züge der großen Frau und Mutter zu der kalt-intellektuellen Atmosphäre und dem spöttischen alten „Einsiedler von Sanssouci" zu kontrastieren; wobei es dann kaum ausbleiben konnte, daß man, bewußt oder unbewußt, das für einen Fürstenhof des 18. Jahrhunderts tatsächlich bemerkenswert „bürgerliche" und liebenswürdige Familienleben am Wiener Hof allzusehr idealisierte und idyllisierte und die oft harten Gegensätze übersah oder glättete, wie sie in einer großen Familie von vielfach so stark ausgeprägten und bedeutenden Persönlichkeiten wie es mehrere der Kinder des Herrscherpaares waren, wohl als unvermeidlich gelten müssen. Der in den Gestalten Friedrichs und Maria Theresias personifizierte preußisch-österreichische Antagonismus dürfte übrigens auch die entscheidende Rolle bei der Wahl von Zeit und Schauplatz für das „Rosenkavalier"-Libretto gespielt haben; einmal, weil dieser Gegensatz Hofmannsthal, wie etwa seine spätere, im Ersten Weltkrieg entstandene schematische Gegenüberstellung „Preuße und Österreicher" zeigt, überaus stark beschäftigte, zum anderen und vor allem aber, weil die erste Anregung, die geplante „Komödie für Musik" im theresianischen Wien spielen zu lassen, offenbar, wie eine Äußerung Hofmannsthals erweist, auf den Grafen Harry Kessler zurückging, der aus familiären Gründen starke Ressentiments gegen die eigene Hohenzollern-Dynastie hegte und der dann 1926 in sein Tagebuch eintrug, die letzten Habsburger hätten es verstanden, in Schönheit zu sterben: „... die letzten Habsburger enden wie Gentlemen, die letzten Hohenzollern wie Rollkutscher"[24].

Erschien so, in der Kontrastierung zum friderizianischen Preußentum, Maria Theresia, die Tochter einer norddeutschen Protestantin, oft geradezu als ideale Verkörperung österreichischen Wesens, so eignete sie sich zugleich auch besonders zur Schutzpatronin des im letzten Lebensabschnitt der Donaumonarchie hart bedrängten Gesamtstaatsgedankens, zugleich aber auch als Kronzeugin für die „realpolitische" Weisheit des ungarischen Ausgleichs von 1867 und für die kunstvolle Kompromißlösung der Doppelmonarchie Österreich-Ungarn. Denn durch die große theresianische Staats- und Behördenreform war ja aus den böhmisch-österreichischen Erblanden jener moderne, zentralistische Einheits- und Beamtenstaat geschaffen worden, der unter Maria Theresia namenlos geblieben war und für den man auch jetzt, in der konstitutionellen Ära, nur die schwerfällige Hilfsbezeichnung der „im Reichsrate vertretenen Königreiche und Länder" oder die kürzere Hilfbezeichnung „Cisleithanien" verwenden konnte. Die Sonderstellung Ungarns aber war unter der Regierung der großen Herrscherin unangetastet und daher das Verhältnis zu den Magyaren, anders als dann in der folgenden josephinischen Epoche, ungetrübt geblieben; und so konnte die Zeit Maria Theresias für die Angehörigen der Doppelmonarchie als eine ideale Periode österreichisch-ungarischer Harmonie erscheinen. Kein Ereignis ihrer langen Regierungszeit ist daher auch in den Schulbüchern und in bildlichen Darstellungen so sehr hervorgehoben und jedem Schulkind eingeprägt worden wie die berühmte Szene auf dem Preßburger Krönungsreichstag von 1741, als die Vertreter der magyarischen Adelsnation der um Hilfe gegen ihre äußeren Feinde bittenden jungen Königin, die mit Tränen im Auge und den angeblich wie ein verängstigtes „Eichhörnchen" („mókuska") aussehenden Thronfolger Joseph im Arm vor ihnen erschienen sei, zugejubelt und begeistert „vitam et sanguinem" versprochen hätten — „sed non avenam", aber keinen Hafer für die Armee. Doch beweisen solche weiterspinnenden Scherze, wie jener andere, die kluge Königin habe das Kind im Arm heimlich gezwickt, damit es durch sein Weinen das Herz der ritterlichen und impulsiven Magyaren erweiche, nur die Popularität jener Anekdote und die Lebendigkeit des theresianischen Mythos im letzten Lebensabschnitt der Habsburgermonarchie.

Das patriotische Engagement im Ersten Weltkrieg und das Jubiläum des 200. Geburtstags der Kaiserin im Jahre 1917 brachten in dem Bestreben, die große Herrscherin zur Symbolgestalt österreichischer Staatlichkeit zu erheben, einen neuen Höhepunkt. Damals ist die zweibändige Biogra-

---

[24] Harry Graf KESSLER, Tagebücher 1918—1937, hg. v. Wolfgang Pfeiffer-Belli, (Frankfurt a. M. 1961) 473. (Eintragung Palma, 26. April 1926).

phie aus der Feder von Eugen Guglia, Geschichtsprofessor am Wiener „Theresianum", erschienen, die erste umfassende, auch die inzwischen publizierten Quellen und Forschungen berücksichtigende Darstellung seit Arneths Werk; und damals entstand auch der schöne Essay Hugo von Hofmannsthals über die Kaiserin. Wobei am Rande vermerkt sei, daß Hofmannsthal in seinen politischen und patriotischen Aktivitäten während des Krieges eng mit dem Herausgeber der Khevenhüller-Tagebücher, dem Direktor des Haus-, Hof- und Staatsarchivs Dr. Hanns Schlitter, im inoffiziellen aber rührigen, im Staatsarchiv tagenden „Archiv-Kreis" zusammenarbeitete, der die auf eine Erneuerung Österreichs gerichteten Pläne des einstigen „Belvedere-Kreises" um den Thronfolger Franz Ferdinand nun im Weltkrieg zu verwirklichen suchte. Von Hofmannsthal aber führt der Weg zu dem 1918 als junger Attaché der schweizerischen Gesandtschaft nach Wien gekommenen Carl J. Burckhardt, dessen Studie „Maria Theresia", die erstmals 1932 als selbständiges Büchlein in „Colemans Kleinen Biographien" erschien und seither wiederholt in Sammlungen kleinerer historischer Schriften Burckhardts veröffentlicht wurde, die gewählte Sprache des Schriftstellers, die Gründlichkeit und Zuverlässigkeit des Gelehrten und die politische Einsicht des Diplomaten und Weltmannes in vorbildlicher Weise vereinigt.

Denn der Maria Theresien-Mythos und das starke Interesse für Leben und Werk der Herrscherin überlebten auch den Untergang Österreich-Ungarns und die theresianische Epoche blieb ein bevorzugter Geschichtsabschnitt für Forschung und Darstellung in Österreich und nun auch in ständig zunehmendem Ausmaß in anderen Ländern. Die große, noch in der Monarchie begonnene Aktenpublikation und Darstellung der Geschichte der österreichischen Zentralverwaltung erreichte im Fortschreiten jetzt erst die gerade für dieses Thema so bedeutsame theresianische Epoche und aus dieser Arbeit sind nicht nur zahlreiche wertvolle Einzeluntersuchungen zur Behördengeschichte und Innenpolitik erwachsen, sondern auch für einen breiteren Leserkreis bestimmte Darstellungen wie die gehaltvolle Biographie der Herrscherin von Heinrich Kretschmayr[25]. Ein Gegenstück zu Arneths Lebenswerk bildete dann in gewisser Hinsicht das Schaffen Friedrich Walters, der von der Arbeit an der Geschichte der österreichischen Zentralverwaltung in der Zeit Maria Theresias und mehreren dieses Thema behandelnden Untersuchungen in Fachzeitschriften dann zu einem offensichtlich durch das Maria Theresien-Denkmal an der Ringstraße inspirierten Kranz treffsicherer Porträts der Berater und Mitarbeiter der Kaiserin gelangte, den er 1951 unter dem Titel „Männer um Maria Theresia" veröffentlichte. 1958 erschien dann seine Studie „Die Theresianische

---

[25] Heinrich KRETSCHMAYR, Maria Theresia (Leipzig 1938).

Staatsreform von 1749" und zehn Jahre später, im Jahr seines Todes 1968, der stattliche Band „Maria Theresia, Briefe und Aktenstücke in Auswahl". Ähnlich wie neben Arneth noch eine größere Anzahl zeitgenössischer Historiker zu nennen war, die sich gleichfalls mit Persönlichkeiten und Problemen der theresianischen Epoche beschäftigten, seien nun, neben Friedrich Walter und Heinrich Kretschmayr ohne Anspruch auf Vollständigkeit noch Josef Kallbrunner, Ludwig Jedlicka, Egon Caesar Conte Corti, Hanns Leo Mikoletzky und Alexander Novotny genannt.

Bedeutsamer aber war vor allem die Tatsache, daß sich nach dem Ersten und mehr noch nach dem Zweiten Weltkrieg auch die Geschichtsforschung und Geschichtsschreibung außerhalb Österreichs mehr und mehr mit Gestalt und Werk Maria Theresias zu beschäftigen begann. 1930 hielt Willy Andreas den dann auch im Druck erschienenen Festvortrag „Das Theresianische Österreich und das 18. Jahrhundert" anläßlich des 150. Todestages der Kaiserin. 1931/34 veröffentlichte der junge italienische Historiker Franco Valsecchi sein bahnbrechendes zweibändiges Werk „L'assolutismo illuminato in Austria e in Lombardia". 1937 publizierte Carl Hinrichs unter dem Titel „Friedrich der Große und Maria Theresia" die diplomatischen Berichte des preußischen Gesandten Otto Christoph Graf von Podewils aus Wien. Mit „Maria Theresa and other studies" stellte sich 1951 der Altmeister der englischen Historiker George Peabody Gooch ein, dem 1969 C. A. Macartney mit dem überaus gehaltvollen und originellen Buch „Maria Theresa and the House of Austria" und im gleichen Jahr 1969 der Publizist und Historiker Edward Crankshaw mit einer für ein breiteres Publikum bestimmten Biographie folgten. Von französischer Seite ist das 1973 erschienene letzte Werk des ein Jahr später verstorbenen Victor-Lucien Tapié „L'Europe de Marie-Thérèse. Du baroque aux lumières" der jüngste und wohl auch bedeutendste Beitrag[26]. Eine besondere Erwähnung verdient wohl auch das 1957 nach dem Tod des Autors posthum erschienene Buch des früheren Reichsfinanzministers in der Zeit der Weimarer Republik Peter Reinhold, der nach den Wirren des Zweiten Weltkriegs in Österreich Zuflucht gefunden hatte und der das einfühlsame und schöne Werk über die mütterliche Herrscherin als Dank und Huldigung für seine neue Wahlheimat schrieb[27]).

Hält man zu diesen Büchern noch die verschiedenen Übersetzungen und Auswahl-Ausgaben der Briefe Maria Theresias, von denen hier nur die 1947 von dem sonst der mittelalterlichen Geschichte zugewandten italienischen Historiker Arsenio Frugoni unter dem Titel „Consigli matrimoniali alle

---

[26] Victor-Lucien TAPIÉ, L'Europe de Marie Thérèse. Du baroque aux lumières (Paris 1973); deutsch: Maria Theresia. Die Kaiserin und ihr Reich (Graz 1980).

[27] Peter REINHOLD, Maria Theresia (Wiesbaden 1957).

figlie sovrane" [Ratschläge für die Ehe an die regierenden Töchter] veröffentlichte Auswahl, die von Carl Rothe 1939, 1954 und wieder 1969 publizierten Briefe und schließlich der von Paul Christoph 1952 und wieder 1958, schließlich neuerdings 1980 veröffentlichte Briefwechsel zwischen Maria Theresia und Marie Antoinette genannt seien, so zeigt allein dieser unvollständige Rundblick, daß das Interesse an der Gestalt der großen Herrscherin, auch nach dem Wegfallen der für den Maria Theresien-Mythos zunächst bestimmenden Voraussetzungen, weiterhin lebendig geblieben ist.

Aber auch darin ist Maria Theresia bis zur Gegenwart — die hier, einschließlich der bereits im Blick auf das Jubiläum von 1980 verfaßten oder bereits veröffentlichten Werke, schon aus Raum- und Zeitmangel außer Betracht bleiben soll — glücklicher gewesen als ihr Sohn Joseph, daß sie im Lauf der letzten hundertdreißig Jahre, neben einer Flut von populärer Literatur, doch eine sehr beträchtliche Anzahl seriöser Historiker angeregt hat, sich mit ihrer Persönlichkeit und ihrem Werk zu beschäftigen. Joseph hingegen ist im gleichen Zeitraum vorwiegend das Opfer popularisierender, oft auch politisch tendenziöser Darstellungen geworden, wobei allerdings hier wiederum aus Raum- und Zeitmangel die sehr bedeutsame und lebhafte wissenschaftliche Diskussion um Begriff und Inhalt des „Josephinismus", die während des Zweiten Weltkriegs begann und nachher überaus lebhaft bis in unsere Tage weitergeführt wird (und die hier nur durch die Namen Eduard Winter, Ferdinand Maaß, Fritz Valjavec und Peter Hersche kurz umgrenzt werden soll) nicht behandelt werden kann.

Ist es auch noch zu früh, auch nur eine flüchtige Skizze der „Ernte des Jubiläumsjahres 1980" zu wagen, so kann man angesichts der Fülle der Publikationen und der vielen Tagungen, Symposien und Kongresse des Jubiläumsjahres — dessen Tagungsberichte bisher nur zum geringsten Teil veröffentlicht wurden — zweifellos sagen, daß die Thematik der großen theresianisch-josephinischen Reformzeit heute in ganz Europa ein sehr starkes wissenschaftliches Interesse findet. In diesem Sinne darf wohl auch diese österreichisch-ungarische Tagung, deren Referate hier vorgelegt werden, auf ein kritisches Interesse der internationalen Fachwelt hoffen.

Emil Niederhauser

MARIA THERESIA
IN DER UNGARISCHEN GESCHICHTSSCHREIBUNG

Das Verhältnis Habsburg-Ungarn war schon seit langem — und blieb auch sozusagen bis heute — viel stärker als das Verhältnis Österreich-Ungarn einer jener Punkte, in denen sich geschichtliche Betrachtung und Wertung und aktuell politische Erwägungen am engsten und fast unentwirrbar verflechten. Gerade aber in der Gestalt der Kaiserin ist dies, wie wir sehen werden weniger faßbar; Maria Theresia scheint gewissermaßen über politische Kontroversen erhaben zu sein.

In der historiographischen Übersicht über ein Problem oder eine historische Persönlichkeit wäre es angebracht, in erster Linie die primäre Quellenbasis und ihre spätere Erweiterung ins Auge zu fassen. Diese Problematik wollen wir hier aber nur kurz einleitend andeuten, da sie viel weniger aufschlußreich ist als andere Aspekte der historischen Betrachtung. Bei István Katona, dem gelehrten Jesuiten in seiner „Historia critica regum stirpis Austriacae"[1] sind es eindeutig die Akten der verschiedenen Reichstage, die als Quellengrundlage gelten und lange Zeit hin auch bleiben; es ist immer wieder Katona, der als Erstquelle angegeben und ausgebeutet wird. Später werden dann die Forschungen der österreichischen Historiker ausgewertet, und nach dem Ersten Weltkrieg kommt es auch aus ungarischer Sicht zu einer Erweiterung der Quellen, was die zentralen Behörden des Reichs betrifft. Das im engeren Sinn ungarische Quellenmaterial wurde schon im Zeitalter des Dualismus, hauptsächlich von Henryk Marczali, ausgewertet, und nach dem Zweiten Weltkrieg kam es hinsichtlich der Regierung der Kaiserin nicht mehr zu einer vertieften Forschung. Andere Probleme des 18. Jahrhunderts wurden in den Vordergrund gestellt, wobei man auch noch hinzufügen könnte, daß das 18. Jahrhundert im Vergleich zu anderen Epochen im allgemeinen ein ziemlich vernachlässigtes Zeitalter der ungarischen Geschichte geblieben ist. Ein viel wichtigeres Moment in der Entwicklung des Maria Theresia-Bildes bildete, neben den schon angedeuteten politischen Erwägungen, das Auftauchen neuer Gesichtspunkte zur Wertung.

---

[1] Stephanus KATONA, Historia critica regum stirpis Austriacae, 23 Bde. (Budae—Vác—Colocae 1794—1817).

Eben der Umstand, daß die ungarischen Reichstagsakten die ersten verwerteten Quellen waren, erklärt es, daß sich die Schwerpunkte der Deutung um dieselben gruppieren, das Preßburger „Vitam et sanguinem" von 1741, die weiteren Reichstage mit ihren Verwicklungen und Mißverständnissen, und außerhalb der Reichstage die Urbarialreform. Dies sind die hauptsächlichen Momente schon bei der ersten größeren Sythese der Geschichte Ungarns, die nach aufklärerischen Gesichtspunkten einen Überblick der gesamten Entwicklung geben will. Es handelt sich um die von Johann Christian von Engel um die Jahrhundertwende, das Zeitalter der französischen Revolution, konzipierte „Geschichte des Ungarischen Reiches". Engel, im Staatsdienst zu Ende seines Lebens geadelt, steht noch ganz unter dem Eindruck der zeitgenössischen adeligen Wertung, die voll des Lobes der großen Maria Theresia ist. Bei ihm ist die Urbarialreform schon einer der wichtigsten Entschlüsse der Königin, „die sehr heilsame Idee eines Urbariums schwebte ... der verständigen Fürstin vor Augen ... Ohne Geräusch, ohne nahmhaften Widerstand wusste sie einen Schritt vorwärts zu thun, der nochmals von den ungrischen Ständen als heilsam anerkannt und beibehalten, aber leider noch immer nicht zu seiner Vollkommenheit gebracht wurde"[2]. Es klingt hier die Unzufriedenheit mit den feudalen Verhältnissen, ihre Kritik mit, die dann bis 1848 ein beständiges Motiv bleiben wird. Diese Kritik richtet sich aber gegen den ungarischen Adel oder auch die Nachfolger der Königin, nicht gegen ihre Person. Engel nennt Maria Theresia „eine unsterbliche Wohltäterin Ungarns und der ganzen Monarchie. Die kurze Übersicht ihrer Regierung, die wir gegeben, ist die beredteste Lobrede auf sie, und vertritt die Stelle aller weiteren Charakteristik. So lange noch Dankbarkeit und Treue unter den Menschen ihre Rechte behaupten, so hat Ungarn, so hat die ganze Monarchie die Verpflichtung auf sich, den Thron der Descendenten der großen Frau, die den durch Maria Theresia betretenen Weg zum fortschreitenden Wohl des Staates verfolgten, mit Gut und Blut herzhaft und beharrlich zu verteidigen"[3].

Engel hob immer jene Maßnahmen hervor, die dem Wohle Ungarns förderlich waren. Er sieht in der Regierung der Königin den Fortschritt, die Offenheit der Zukunft gegenüber, die Verwirklichung aufgeklärter Grundsätze. Eine ähnliche Wertung finden wir auch bei Ignaz Aurel Fessler, dieser interessanten Persönlichkeit zwischen Aufklärung und Romantik. Ein später immer wieder hervorgehobenes Moment kommt bei ihm noch dazu: der gute Wille der Königin und die „boshaften Warnungen und

---

[2] Johann Christian von ENGEL, Geschichte des Ungarischen Reiches 5 (Wien 1834) 328, 332.

[3] Ebd. 341—342.

Eingebungen"[4] der deutschen Ratgeber. Der einstige katholische Priester und spätere evangelische Prediger kann natürlich nicht umhin, die gegenreformatorische Tätigkeit der Königin zu bemängeln, wobei aber wieder ihre Gestalt eigentlich nicht in den Mittelpunkt tritt. „Bischöfe und Jesuiten ließen die Königin befehlen, was sie wollte, und sie thaten die Werke des Fanatismus nach wie vor"[5].

Katona, Engel und Fessler sind noch Vertreter einer älteren Richtung der Geschichtsschreibung, wenn auch namentlich Fessler, gerade in aufklärerischem Streben, einen Teil seines Werkes sozialen und kulturellen Fragen widmet. Mit Mihály Horváths „Geschichte Ungarns"[6], geschrieben um die Mitte des 19. Jahrhunderts, bereits nach 1848, kommen wir schon zur modernen Geschichtsschreibung, auf ein höheres Niveau. Horváth ist ein typischer Vertreter des ungarischen Adels, der eine bürgerliche Umgestaltung anstrebt, zugleich aber auch eine größere Unabhängigkeit seines Landes gegenüber der Gesamtmonarchie. Darum finden wir bei ihm eine ähnliche persönliche Wertung der Königin wie früher, zugleich aber auch eine schärfere Kritik der Mängel ihrer Regierungszeit. Einerseits ist dies die Zeit der „Wiederherstellung des Vertrauens zwischen der Nation und dem königlichen Haus"[7] — so der Titel des ganzen Maria Theresia gewidmeten Teiles — im Gegensatz zu den willkürlichen Maßnahmen des Nachfolgers, Josephs II. Diese Gegenüberstellung bleibt dann noch lange eines der wichtigsten Momente der Wertung. Andrerseits aber bedeutete diese Regierung doch den Absolutismus gegenüber der Unabhängigkeit Ungarns. In den vierzig Jahren der Regierung Maria Theresias wurde Ungarn so verändert, daß man es nicht wiedererkennen konnte. Aber die Königin, die den Hochadel und den gemeinen Adel nach Wien lockte, schwächte damit die Nation, sie strebte die Germanisierung an. Wieder ein fortwährend wiederkehrendes Moment! Horváth deckt den Kern der Wertung bzw. ihres Problems auf, indem er darauf hindeutet, daß die Reformen der Willkürherrschaft die bürgerliche Umgestaltung förderten, zugleich aber die nationale Unabhängigkeit schmälerten. Horváth sieht auch das Positive in der Urbarialreform. Doch bei ihm tritt zuerst mit voller Wucht die Frage der Wirtschaftspolitik hervor, die für Ungarn seiner Ansicht nach unvorteilhafte Zollpolitik, die das Land zu einer Kolonie der Erbländer erniedrigt habe. Um die Person der Königin zu retten, meint Horváth,

---

[4] Ignaz Aurel FESSLER, Die Geschichte der Ungarn und ihrer Landsassen. 10. Teil: Die Ungern unter Königen aus der Oesterreich-Ernestinischen Linie (Leipzig 1825) 100.

[5] Ebd. 371.

[6] Mihály HORVÁTH, Magyarország történelme [Geschichte Ungarns] 5: Károly trónra léptétöl II. József haláláig [Von der Thronbesteigung Karls III. bis zum Tode Josefs II.] (Pest 1863).

[7] Ebd. 121.

diese Maßnahme sei gegen ihren Willen eingeführt worden. Horváth bewertet die Tätigkeit der Herrscherin in kulturellen Fragen, hauptsächlich in der Schulpolitik, sehr hoch[8], darum muß er alles Negative möglichst von ihrer Persönlichkeit trennen.

Im Grunde genommen vertritt Horváth schon den Standpunkt, der letzten Endes zum Ausgleich von 1867 führte, somit ist seine Wertung gewissermaßen auch für das gesamte Zeitalter der Doppelmonarchie maßgebend. Es würde hier viel zu weit gehen, auch nur skizzenhaft die Hauptlinien der ungarischen Geschichtsschreibung in diesem Zeitalter aufzuweisen und darin den Platz Maria Theresias anzudeuten. Man würde der Wahrheit nicht gerecht, wenn man von einer katholischen, habsburgfreundlichen und einer protestantischen, habsburgfeindlichen, für die Unabhängigkeit eintretenden Richtung sprechen würde. Die konfessionellen Gegensätze verblaßten im liberalen Zeitalter, und eine vollständige Loslösung von der Monarchie wünschten eigentlich nur sehr wenige. Die dennoch verbleibenden Kontroversen wurden jedoch viel mehr hinsichtlich des 16. und 17. Jahrhunderts weitergeführt, als bezüglich des 18. Darum wollen wir uns mit Henrik Marczali als dem Repräsentanten dieses Zeitalters begnügen, der das meiste hinsichtlich der Regierungszeit der Königin leistete und auch ihr erster ungarischer Biograph war. Gewisse Änderungen in der Bewertung lassen sich auch aufgrund seiner Werke feststellen.

In seiner Biographie[9] sieht Marczali in Maria Theresia eine Persönlichkeit, die noch zur alten Welt gehört, und doch regen Anteil an dem Schaffen eines modernen Staates hatte. Marczali ist Anhänger des dualistischen Systems, er spricht schon hier, in bezug auf das 18. Jahrhundert von den zwei Hälften der Monarchie. Bürgerlicher Abstammung, ist er zugleich auch ein eifriger Befürworter der modernen wirtschaftlichen Entwicklung Ungarns, und darum unterstreicht er noch mehr als Horváth die Nachteile der Handels- und Zollpolitik Maria Theresias, die er geradezu als „verhängnisvoll" bewertet. Sie habe die Verarmung Ungarns zur Folge gehabt, das zur Kolonie wurde, womit auch die Entwicklung des Bürgertums unmöglich gemacht worden sei. Wenn Maria Theresia diese Konsequenzen vorhergesehen hätte, wäre sie nach Meinung Marczalis vor diesen Maßnahmen sicher zurückgeschreckt[10].

Nichtsdestoweniger ist das definitive Urteil Marczalis, der Universitätsprofessor und Anhänger der regierenden liberalen Partei war, über Maria Theresia doch sehr positiv: „In der Geschichte unserer Heimat ist sie

---

[8] Ebd. 178, 180f., 194, 224, 235, 240f.

[9] Henrik MARCZALI, Mária Terézia (Magyar történeti életrajzok [Ungarische historische Biographien]) (Budapest 1891).

[10] Ebd. 196, 302f.

die Wiederherstellerin der Einheit von Nation und Königtum. Mit ihrem Namen ist die Erhebung unserer Nation, die Ergänzung unseres Landes verbunden, Bildung und Moral erreichten eine höhere Stufe und wurden allgemein"[11]. Und noch ein Moment hebt Marczali sehr typisch für dieses Zeitalter hervor: Schon die ungarischen Ratgeber Maria Theresias hätten mit den Bestrebungen nach voller Unabhängigkeit abgerechnet, „welche nur Störungen und Unglück verursachten"[12].

In dem von Marczali verfaßten Band der großen Synthese der ungarischen Geschichte, die zum Millennium Ungarns herausgegeben wurde[13], polemisiert Marczali gegen die österreichischen Historiker, die die Bedeutung der Stellungnahme des ungarischen Adels von 1741 bagatellisierten[14]. Auch er betrachtet diese Stellungnahme vom militärischen Standpunkt aus als wesentlich, sieht aber ihre politischen Folgen, mit fast etwas Größenwahn darin, daß auf diese Weise „unsere Nation wieder in den Kreis der entscheidenden europäischen Machtfaktoren eintrat"[15]. Die Gegensätze zwischen Königin und Ständen werden hier schon mehr in den Vordergrund gestellt, Marczali behandelt die Beschwerden der Stände mit mehr Verständnis als in seinem früheren Werk. Die Zollpolitik wird hier mit noch schwärzeren Farben gemalt, sie führt nicht nur zur Vernichtung der ungarischen Industrie, sondern auch die Landwirtschaft wird dadurch zurückgeworfen. Der Adel habe jedoch diese Folgen noch nicht abgesehen, darum habe er in der Regierung der Königin das goldene Zeitalter gesehen[16]. Schon hier und dann auch in späteren Arbeiten unterstreicht Marczali die positiven kulturellen Entwicklungen dieser Zeit. In seinem englisch erschienenen Buch über Ungarn im 18. Jahrhundert besteht er natürlich auf der kolonialen Stellung Ungarns[17], es kommt jedoch ein weiterer Gesichtspunkt dazu: Die Verkümmerung der Industrie folgte aus der Lage der ganzen Monarchie. „No one can blame the Government for following the elementary laws of economic policy and the dictates of Nature itself"[18]. In einer 1911 publizierten Geschichte Ungarns bleiben die

---

[11] Ebd. 324.
[12] Ebd. 310.
[13] Henrik MARCZALI, Magyarország története III. Károlytól a bécsi congressusig, 1711—1815 [Die Geschichte Ungarns von Karl III. bis zum Wiener Kongreß 1711—1815] (A magyar nemzet története [Geschichte der ungarischen Nation] hg. v. Sándor Szilágyi, 8, Budapest 1898).
[14] Ebd. 243.
[15] Ebd. 244.
[16] Ebd. 269ff., 324, 325.
[17] Henry MARCZALI, Hungary in the eighteenth century (Cambridge 1910) 39.
[18] Ebd. 97.

meisten angeführten Bewertungen bestehen[19], im ganzen finden wir jedoch ein etwas kühleres Verhältnis zum Werk der Königin, wobei man wahrscheinlich die zu Anfang des 20. Jahrhunderts im österreichisch-ungarischen Verhältnis eingetretenen Veränderungen als Ursache zu sehen hat.

Die ganze Bewertung, bei Marczali und bei den hier nicht zitierten anderen Historikern dieses Zeitalters, ging immer von der bestehenden Situation aus, der Stellung Ungarns als Reichshälfte und als Nationalstaat, wobei man die Tatsache, daß die Magyaren darin eigentlich in der Minderheit waren, zu übersehen pflegte. Es war eine Bewertung, gegründet auf Stolz und Sicherheitsgefühl. Das Zeitalter der Königin erschien in dieser Perspektive als Vorbild der Gegenwart, sie war ja die Königin, die die territoriale Integrität Ungarns durch die Reinkorporierung des Banats wiederhergestellt hatte[20].

Diese zuversichtliche Perspektive verdüsterte sich aber schon während des Weltkrieges. Der junge Staatsbeamte in Wien Gyula Szekfü ahnte in seinem Werk „Der Staat Ungarn" schon Schlimmes. In der Bewertung Maria Theresias finden wir hier neben den bereits bekannten Thesen etwas Neues. Szekfü betrachtet ihre Regierungsform als patriarchalen Absolutismus und wirft ihr die Entnationalisierung der Aristokratie vor. Mit der ersten These unterstreicht er noch die Feststellung Marczalis, wonach Maria Theresia noch zur alten Welt gehört habe[21].

Der Zusammenbruch der Donaumonarchie, das Zusammenschrumpfen Ungarns auf ein Drittel seines ehemaligen Territoriums bedeutete auch für die ungarische Geschichtsschreibung einen riesigen Schock. In diesem Lichte mußte früher oder später vieles umgewertet werden. Galt dies auch für Maria Theresia? Die ersten Antworten auf die Herausforderung zeigten noch fast keine neuen Momente gegenüber dem schon Bekannten. Graf Pál Teleki, Geograph und Politiker, betonte die Bauernpolitik der Königin als positiv und unterstrich die Lage Ungarns als Agrarkolonie[22]. Jenő Horváth warf die Frage des aufgeklärten Absolutismus auf, ohne jedoch näher darauf einzugehen[23].

Die erste, weitläufig konzipierte Antwort auf die Lage Ungarns war die von Bálint Hóman und Gyula Szekfü geschriebene umfassende „Ungari-

---

[19] Henrik MARCZALI, Magyarország története [Geschichte Ungarns] (Budapest 1911) (A műveltség könyvtára [Bibliothek der Bildung]).

[20] Marczali, Hungary in the eighteenth century 76; DERS., Magyarország története (1911) 580.

[21] Julius SZEKFÜ, Der Staat Ungarn. Eine Geschichtsstudie (Stuttgart—Berlin 1918) 130, 143.

[22] Paul TELEKI, The evolution of Hungary and its place in European history (New York 1923) 85f.

[23] Eugen HORVÁTH, Modern Hungary 1660—1920 (Budapest 1922) 41.

sche Geschichte". (Schon der Titel klang problematisch, nicht etwa „Geschichte Ungarns"!)[24]. Die Neuzeit wurde hier von Szekfü, jetzt bereits Professor an der Budapester Universität, bearbeitet. In seiner Konzeption kann man gewissermaßen eine Synthese der einander widersprechenden Auffassungen des vorhergehenden Zeitalters sehen, eine Betonung der Unabhängigkeit, noch mehr aber eine Betonung der Zweckmäßigkeit des Umstandes, daß Ungarn jahrhundertelang der Donaumonarchie angehörte. Und gerade im 18. Jahrhundert erblickte Szekfü das positive Zeitalter, aus dem das moderne Ungarn entstand.

Während früher die Gegenüberstellung von Maria Theresia und Joseph II. entweder zuungunsten Josephs, oder später, hauptsächlich außerhalb der Fachliteratur, eher zu seinen Gunsten ausfiel, sieht Szekfü beide als große Herrscherpersönlichkeiten, anders geartet als die übrigen farblosen und konservativen Habsburger, Maria Theresia jedoch als „kühner, menschlicher"[25], als eigenständigere Persönlichkeit. Ihre Genialität bestand darin, daß sie sich der neuen Zeit anpassen konnte. Jedoch auch hier bemängelt Szekfü Maria Theresias Bemühen um die Entnationalisierung der Aristokratie. Ihre Reformen hätten zwar auf positive Veränderungen abgezielt, jedoch tatsächlich zur Erschlaffung des Ständewesens geführt, das als einziges die nationale Autonomie vertrat. Die These vom kolonialen Ungarn wird auch von Szekfü vertreten, er beruft sich sogar darauf, daß es keinen zwingenden Grund zu dieser Wirtschaftspolitik gegeben habe, die Königin jedoch von der Zweckmäßigkeit dieser Maßnahmen im Interesse der Gesamtmonarchie überzeugt gewesen sei. Die Auffassung von den bösen Ratgebern der guten Königin ist somit schon verschwunden, worin man einen gewissen Reifungsprozeß der ungarischen Geschichtsschreibung sehen mag. Trotz der Kritik an manchen Maßnahmen sieht Szekfü in Maria Theresia doch die wirklich große Herrscherin, unter deren Regierung das Land „Jahre der Kräftesammlung, des glücklichen Wachstums erlebte und nach zweihundert Jahren sich wieder als selbständige Persönlichkeit in die mit großen Schritten voranschreitende Gemeinsamkeit des christlichen Europas einreihte"[26].

Wie Szekfü, sieht auch der Rechtshistoriker Ferenc Eckhart, der der Wirtschaftspolitik des Wiener Hofes eine große Monographie widmete und darin die koloniale Abhängigkeit Ungarns mit neuen Argumenten wissenschaftlich untermauerte[27], in Maria Theresia trotz ihres Widerwillens den

---

[24] Bálint Hóman—Gyula Szekfü, Magyar történet [Ungarische Geschichte] 4 (²Budapest 1935).
[25] Ebd. 488.
[26] Ebd. 516, 566, 570, 575.
[27] Ferenc Eckhart, A bécsi udvar gazdasági politikája Magyarországon Mária Terézia

Philosophen gegenüber eine Vertreterin des aufgeklärten Absolutismus, mit einigen patriarchalen Zügen. Die Schuld an der Wirtschaftspolitik tragen eindeutig die ungarischen Stände, die ihre Steuerfreiheit nicht aufgeben wollten[28].

Miklós Asztalos, Autor einer kurzen Synthese im Geiste Szekfüs, spricht noch deutlicher aus, daß Maria Theresia eigentlich eine Wegbereiterin der modernen Umgestaltung Ungarns war, ihre Regierung habe die Grundlage der Wege des 19. Jahrhunderts gebildet[29].

Im Grunde genommen herrscht die von Szekfü vorgetragene Wertung Maria Theresias vor. Eine Wertung die, wie zu sehen war, eigentlich schon bei Mihály Horváth vorlag, und sich nur in Nuancen geändert hat. Es soll hier deutlich unterstrichen werden, daß dies für die Bewertung der Königin, ihrer Persönlichkeit, ihrer Politik bezüglich Ungarns, des Adels, des Bauerntums gilt. Eben die Persönlichkeit der Königin steht hier im Vordergrund. Selbst Ödön Málnási, Vertreter einer ultrarechten politischen Auffassung, die aus demagogischen Gründen dem ungarischen Adel — gemeint ist das Horthy-Regime — sehr kritisch gegenübersteht, spricht wieder von einem patriarchalischen Absolutismus und interpretiert die Bauernpolitik mit dynastischen Interessen, bewertet jedoch die Person der Königin positiv[30].

In seiner auch auf englisch und ungarisch erschienenen Geschichte Ungarns geht Domokos Kosáry, in der Wertung Maria Theresias in vielem noch bei der traditionellen Auffassung beharrend, in einigen grundlegenden Fragen noch weiter. Er sieht die Ursache des Zeitalters des Ausgleichs, wie die Regierungszeit der Königin schon von Marczali charakterisiert wurde, in der europäischen Stellung der Dynastie, in dem Umstand, daß sie, im Westen engagiert, in Ungarn Ruhe benötigte. Den in der Tradition verhafteten ungarischen Ständen gegenüber habe der Absolutismus moderne westliche Vorbilder vertreten. In Ungarn wurde vieles neu aufgebaut, aber auch vieles noch vernachlässigt. Auch Kosáry unterstreicht die Nachteile der Wirtschaftspolitik, hebt die gegenreformatorischen Schritte als negativ hervor. Sein endgültiges Urteil geht dennoch dahin, daß die

---

korában. [Die Wirtschaftspolitik des Wiener Hofes in Ungarn zur Zeit Maria Theresias] (Budapest 1922).

[28] Ferenc ECKHART, Magyarország története [Geschichte Ungarns] (Uj, bőv. kiadás [neue erw. Auflage] Budapest 1940) 194, 197, 207. Vgl. auch François ECKHARDT (sic!), Histoire de la Hongrie (Paris 1932) 93, 99, 103.

[29] Miklós ASZTALOS—Sándor PETHŐ, A magyar nemzet története ősidőktől napjainkig [Geschichte der ungarischen Nation von den ältesten Zeiten bis auf unsere Tage] (Budapest 1933) 321.

[30] Ödön MÁLNÁSI, A magyar nemzet őszinte története [Aufrichtige Geschichte der ungarischen Nation] (Budapest 1937) 103—105.

Regierungszeit Maria Theresias im ganzen, trotz der äußeren Kriege, „das langersehnte Friedenszeitalter brachte, in welchem das Land erstarken konnte. Nicht immer unter vorteilhaften Umständen, aber bessere als sie hatten die Ungarn zu dieser Zeit keine Möglichkeiten zu wählen"[31].

Nach dem Ende des Zweiten Weltkriegs ergab sich natürlich auch in der Geschichtsschreibung eine neue Lage. Die bürgerliche Geschichtsschreibung lebte noch einige Jahre fort, aber es kam zu keiner neuen Stellungnahme, am wenigsten hinsichtlich der Beurteilung der Königin. 1946 erschien noch eine 9. Auflage der schon zitierten Geschichte Ungarns von Ferenc Eckhart[32], die aber eigentlich mit den früheren Auflagen identisch war.

Das Vordringen der marxistischen Geschichtsauffassung, das bald zu einer Hegemonie wurde, brachte prinzipiell abweichende Anschauungen hinsichtlich der Stellung der historischen Persönlichkeit, so daß eine Zeit lang ein auf Herrscherpersönlichkeiten ausgerichtetes Herangehen an geschichtliche Fragen sorgfältig vermieden werden mußte. In diesen ersten Jahren hatte auch die aktuelle Politik ganz offen in den Geschichtswerken aufzutreten. Es war zugleich die Zeit des Kalten Krieges, der die Ost-West-Beziehungen ungewöhnlich zuspitzte. In der Geschichtsauffassung wirkte sich das in der Form aus, daß man mit den alten osteuropäischen Klischees, wonach an allem Übel immer die Nachbarn schuld waren, aufzuräumen hatte, da ja die meisten Nachbarn jetzt demselben politischen Lager angehörten, wie man selbst. (Es sei denn, man konnte Tito unter dem Pseudonym Jelačić beschimpfen!). Ein Nachbar blieb aber glücklicherweise übrig, Österreich, das man mit Habsburg, und beide natürlich mit dem Westen und dem Imperialismus gleichsetzen konnte. Hinsichtlich des 18. Jahrhunderts konnte man auf verschiedene Züge der älteren bürgerlichen Konzeption zurückgreifen. So wurde dieses Jahrhundert zum Zeitalter des Verfalls, in dem die herrschenden Klassen die Überreste der Unabhängigkeit feilboten, Wien aber (d. h. der Westen) Ungarn zusätzlich in eine unterdrückte Kolonie verwandelte.

Ein Beispiel dieser Konzeption ist das Buch von Aladár Mód, schon in seinem Titel programmatisch: „400 Jahre Kampf um ein selbständiges Ungarn"[33], das in kürzerer Fassung schon während des Krieges erschien und 1951 bereits die 6. erweiterte Auflage erlebte. Der Wiener Hof (nicht die Königin persönlich!) machte die Kolonialisierung Ungarns zu seinem

---

[31] Domokos Kosáry, Magyarország története [Geschichte Ungarns] (Nemzetnevelők könyvtára [Bibliothek der Volksbildner] 1: Nemzetismeret [Nationalkunde] (Budapest 1943) 139, 140, 147, 157, 160. Zitat auf S. 147.

[32] Ferenc Eckhart, Magyarország története [Geschichte Ungarns] ([9]Budapest 1946).

[33] Aladár Mód, 400 év küzdelem az önálló Magyarországért [400 Jahre Kampf um ein selbständiges Ungarn] ([6]Budapest 1951).

Grundprinzip, worin sich die Interessengemeinschaft des Hofes und des österreichischen Handels- und Wucherkapitals ausdrückte. (Man mußte sich eben gleichzeitig klassenkämpferisch und national gebärden!) Zugleich schreibt aber auch Mód darüber, daß Maria Theresia als erste unterstrich, sie wolle für alle ihre Länder in gleichem Maße sorgen, und wenn auch die Industrie Ungarns vernichtet worden sei, habe es Versuche zur Hebung der Landwirtschaft gegeben, darunter eben die Urbarialregulierung. Diese jedoch habe keine wesentlichen Veränderungen gebracht, da die Reformbestrebungen des Hofes an dem ständischen Apparat der Verwirklichung Schiffbruch erlitten hätten[34].

Ein erster Versuch einer marxistischen Synthese der Geschichte, die „Geschichte des ungarischen Volkes"[35] (wiederum mit programmatischem Titel!) ging noch etwas weiter. Die früher so oft zitierte Szene des Reichstags von 1741 wurde hier in ihr Gegenteil uminterpretiert: Die ungarischen Stände hätten die Möglichkeit der Erringung der Unabhängigkeit gehabt, statt dessen aber unterstützten sie Maria Theresia mit dem Blut und Leben ihrer Hörigen. Auch die Bauernpolitik bezweckte nur die Gewinnung der Bauern und das Auslöschen der Traditionen des Unabhängigkeitskampfes in ihren Reihen[36].

An der Wende der 1950/1960er Jahre begann dann eine grundlegende Veränderung in der ungarischen Geschichtsschreibung. Sie kehrte zu den authentischen Quellen der marxistischen Geschichtsauffassung zurück und vertiefte zugleich die monographische Forschung hauptsächlich in der Sozial- und Wirtschaftsgeschichte. Ein regeres Interesse und besseres Verständnis der internationalen Voraussetzungen führte im allgemeinen zu ausgewogenen Urteilen. Der 3. Band der „Geschichte Ungarns"[37], als Lehrbuch für Hochschulen bestimmt, spiegelte in vielem noch die frühere Auffassung wider, sah aber auch schon merkantilistisch-populationistische Erwägungen als Grundlage der Wirtschaftspolitik, bezeichnete die Urbarialreform als starr, anerkannte aber andrerseits, daß sie der grundherrlichen Ausbeutung Grenzen steckte, um die staatliche Ausbeutung zu ermöglichen. Wie bei Mód finden wir auch hier, daß die Persönlichkeit der Königin fast nie hervortritt, es wird vielmehr unpersönlich vom Hof oder von Wien gesprochen. Die Verbreitung der deutschen Sprache wird aber

---

[34] Ebd. 81, 84, 87f., 92f.
[35] A MAGYAR NÉP TÖRTÉNETE. Rövid áttekintés [Geschichte des ungarischen Volkes. Kurze Übersicht] (Budapest 1951).
[36] Ebd. 177, 186.
[37] MAGYARORSZÁG TÖRTÉNETE 1526—1790: A késői feudalizmus korszaka. [Das Zeitalter des späten Feudalismus] (Budapest 1962).

noch immer als Ausdruck einer Kolonialisationstendenz, wenn auch nicht mehr als bewußte Germanisierung betrachtet[38].

Eine nicht viel später erschienene, aber schon die neuesten Forschungsergebnisse widerspiegelnde Zusammenfassung der Geschichte Ungarns[39], größtenteils von der damals jüngeren Generation geschrieben, bleibt noch immer zumeist bei der Anonymität, beurteilt die Wirtschaftspolitik aber schon in dem Sinne, daß Ungarn zwar wirtschaftlich eine Kolonie der Erbländer geworden sei, nicht aber im politischen Sinne, wie es bei den überseeischen Kolonien geschah. Mehrere Reformen des aufgeklärten Absolutismus seien am Widerstand der Stände gescheitert, andere, wenn auch mechanisch aus dem Westen übernommen, hätten jedoch nützliche Ergebnisse gebracht[40]).

Die 1971 erschienene „Geschichte Ungarns"[41] bringt die vielleicht neueste Auffassung. Die Schwerpunkte der früheren Werke kehren hier alle wieder, mit einer, man möchte sagen, modernen Deutung. Sogar das „Vitam et sanguinem" tritt wieder auf, wobei die Wichtigkeit des Umstandes betont wird, daß die ungarischen Stände diese Gelegenheit nicht zu einem neuen Unabhängigkeitskampf benutzt haben. László Makkai, Autor dieses Teiles, schreibt: „Maria Theresia konnte ihre dankbare Verbundenheit mit Ungarn nicht genug betonen, doch erschöpfte sich diese zumeist nur in Äußerlichkeiten"[42]. Die politischen Kämpfe des Zeitalters bedeuten den Gegensatz von Absolutismus und Ständetum, ohne nationale Färbung. Hier wird schon ausgesprochen, daß man nicht von kolonialer Unterdrückung in der Wirtschaftspolitik sprechen kann, die Forderung der Industrie wurde nicht verboten, aber gewiß wurde der Handel Ungarns in die Erbländer gelenkt, auf sie hinorientiert. „Der streng katholisch eingestellten Königin widerstrebte zwar der weltliche Staatsgedanke des aufgeklärten Absolutismus, doch auch sie war von der Notwendigkeit einer auf die Volkswohlfahrt gerichteten Reformpolitik und einer straffen Zentralisation der Regierungsgewalt als deren Voraussetzung überzeugt"[43]. Maria Theresia bestand persönlich auf der Urbarialreform, die den Hörigen momentan eine Erleichterung brachte, da ihr Recht auf Grund und Boden anerkannt wurde. „Die Haupthindernisse ergaben sich weniger aus der Wirtschaftspolitik der Wiener Regierung als aus der erstarrten Feudalstruktur der ungarischen Gesellschaft"[44]. Die Schulpolitik der Königin wird

---

[38] Ebd. 507, 515f., 527.
[39] MAGYARORSZÁG TÖRTÉNETE 1 (Budapest 1964).
[40] Ebd. 344, 374, 378, 380.
[41] DIE GESCHICHTE UNGARNS (Budapest 1971).
[42] Ebd. 224.
[43] Ebd. 224f., Zitat auf S. 227.
[44] Ebd. 229, Zitat S. 234.

auch gewürdigt, die „Ratio educationis" „bildete unter weitgehender Berücksichtigung der Realien einen entschiedenen Fortschritt"[45]. In einer anderen populären Synthese der Geschichte Ungarns[46] wird hervorgehoben, daß Maria Theresia es erlaubte, daß die Bauern ihre Beschwerden persönlich der Königin vorlegten. Hinsichtlich der Wirtschaftspolitik wird hier der merkantilistische Standpunkt, die Arbeitsteilung unter den verschiedenen Ländern der Monarchie betont, die zwar die Industrie Ungarns nicht förderte, sich aber auf die Landwirtschaft vorteilhaft auswirkte[47].

Von der Bewunderung zur nüchternen Betrachtung — so könnte man vielleicht etwas leichtfertig resümieren, wenn die letzthin erwähnten Bewertungen eine allgemeine Auffassung der heutigen ungarischen Geschichtsschreibung darstellen würden. Davon kann aber keine Rede sein, da es weder eine offizielle Konzeption der gesamten ungarischen Geschichte, noch eine spontan herausgebildete allgemeine Auffassung gibt. Meinungsverschiedenheiten bestehen noch immer, und werden auch hoffentlich weiter bestehen, da ja eben die Diskussion, das Aufeinanderprallen der verschiedenen Auffassungen eine Grundvoraussetzung der Entwicklung der Wissenschaft bilden.

Ein Moment darf aber vielleicht doch festgehalten werden. Wir waren immer bestrebt, den Wandel in der Beurteilung der Kaiserin mit Motiven des eigenen Zeitalters des Historikers, also mit politischen Motiven zu begründen. Die Tatsache, daß sich dabei doch eine gewisse Kontinuität in der Würdigung der Gestalt Maria Theresias feststellen läßt, daß zwischen kritikloser Verherrlichung und gänzlicher Ablehnung im ganzen doch ein Mittelweg vorherrschte, der die historische Bedeutung und Größe dieser Herrschergestalt nicht in Zweifel zog, läßt die Hoffnung zu, daß die Geschichtsschreibung, so sehr sie auch dem Einfluß der aktuellen Politik zugänglich ist und es auch immer war, dennoch eine der historischen Wirklichkeit nahekommende Wertung erarbeiten kann.

Es erübrigt sich aber noch eine weitere Frage. Wenn auch in der neueren ungarischen Geschichtsschreibung internationale Faktoren der Entwicklung vielfach in Betracht gezogen wurden, bewegte sich im Grunde die ganze Beurteilung doch um die Persönlichkeit der Königin als Herrscherin von Ungarn, es ist also immer der nationale Blickwinkel, aus dem sie beurteilt wurde. Kann aber dieser Standpunkt einer solchen historischen Persönlichkeit gerecht werden, die zugleich Herrscherin auch anderer Länder und vieler Völker war? Unserer Meinung nach kann er das nicht

---

[45] Ebd. 235.
[46] Mátyás UNGER—Ottó SZABOLCS, Magyarország története [Geschichte Ungarns]. Rövid áttekintés [kurzer Abriß] (⁴Budapest 1979).
[47] Ebd. 141—144.

einmal im Falle eines nationalen Herrschers in einem Nationalstaat, geschweige denn im Falle einer Persönlichkeit wie Maria Theresia. Um sich zu einer allgemein gültigen Wertung durchringen zu können, muß man aber dennoch den Weg der national bestimmten Beurteilung gehen. Eben dies haben wir in diesem bescheidenen Beitrag versucht.

Győző Ember

DER ÖSTERREICHISCHE STAATSRAT UND UNGARN IN DEN 1760ER JAHREN

Das Verhältnis Ungarns zu Österreich in den vier Jahrhunderten der Verbundenheit durch gemeinsame Herrscher, einer Verbundenheit, die außer einer einfachen Personalunion auch mannigfache Beziehungen zwischen den beiden Ländern, darunter auch Kriege gegen gemeinsame Feinde oder gegeneinander entstehen ließ, gehört zu den meist behandelten und umstrittenen Fragen der ungarischen Geschichtsschreibung. Auch die österreichische Geschichtsschreibung hat sich viel mit dieser Frage beschäftigt. Wir sind trotzdem noch weit davon entfernt, sie als gehörig geklärt betrachten zu können. Noch gibt es einen weiten Raum für zukünftige, eventuell gemeinsam zu unternehmende Forschungen. Ich möchte nun ein solches Thema aus den vielen, oder eigentlich einen Themenkreis, aufgreifen[1].

Wenn unsere Historiker über Österreichs Ungarnpolitik, besonders über die Zeiten vor der ministeriellen Regierung schrieben, bezeichneten sie diese Politik im allgemeinen als jene des Herrschers oder des Wiener

---

[1] Nach dem Abschluß meiner Universitätsstudien wurde ich für ein Jahr Mitglied des Instituts für Ungarische Geschichtsforschung in Wien. Auf Anraten meines Professors Julius Szekfü setzte ich mir das Ziel, die Rolle des Staatsrates in ungarischen Angelegenheiten zu erforschen. Gewisse Teilgebiete wurden damals bereits von anderen Historikern untersucht, so z. B. die Wirtschaftspolitik von Franz Eckhart. Ich dehnte aber dann meine Untersuchungen auf sämtliche Agenden des Staatsrates aus. In der Folge arbeitete ich das Aktenmaterial des Staatsrates von acht Jahren durch. Zur Fortsetzung meiner Arbeit ist es dann nicht gekommen; nach 1945 war dies auch nicht mehr möglich, weil der überwiegende Teil der unvergleichlich wertvollen Staatsratsvoten dem Zweiten Weltkrieg zum Opfer gefallen war.

Auf Grund eines Teiles des von mir gesammelten Materials verfaßte ich in der zweiten Hälfte der dreißiger Jahre die unten angeführten Aufsätze. Die Bearbeitung des gesamten Stoffes mußte unterbleiben, obwohl die von mir kopierten Voteteile des Staatsrates in Ermangelung der Originale eine Publikation verdienen würden: Győző EMBER, Magyarország és az államtanács első tagjai [Ungarn und die ersten Mitglieder des Staatsrates], in: Századok 69 (1935), Ergänzungsheft, 554ff.; — DERS., Az egységes monarchia gondolata Mária Terézia korában [Die Idee der einheitlichen Monarchie in der Zeit Maria Theresias], in: Századok 70 (1936) 241—281; — DERS., Mária Terézia úrbérrendezése és az államtanács [Die Urbarialregulierung Maria Theresias und der Staatsrat], in: A Gróf Klebelsberg Kunó Történetkutató intézet évkönyve [Jahrbuch des Graf-Kuno-Klebelsberg-Instituts für Ge-

Hofes. So sprachen sie zum Beispiel von der Unterrichtspolitik Maria Theresias oder von der Wirtschaftspolitik des Wiener Hofes zur Zeit dieser Herrscherin. Dies wäre an und für sich noch nicht zu beanstanden. Doch ist zu bemängeln, daß sie — mit einigen Ausnahmen — die Wiener Politik einfach so zur Kenntnis nahmen, wie sie sich in den an die ungarischen Landesbehörden gerichteten Hofverordnungen präsentierte. Es wurde nicht danach gefragt, wie diese Hofdekrete in Wien entstanden waren, ob der meritorische Inhalt eines Dekrets vom Herrscher, von einer Hofstelle oder von einer den Herrscher beratenden Persönlichkeit stammte.

Unter den gemeinsamen Herrschern Österreichs und Ungarns war während eines Zeitraums von rund 400 Jahren Joseph II. wohl der einzige, der nicht nur seine Ungarnpolitik, sondern seine gesamte Reichspolitik, wenigstens in ihren Grundlinien, selbst entworfen hat.

Maria Theresia hingegen hat, obwohl sie zu den aktivsten Regenten gehörte, bei ihren Entscheidungen die Meinung ihrer Regierungsorgane und Berater in den verschiedensten ihr unterbreiteten Gegenständen nicht nur gehört sondern auch berücksichtigt.

Im 20. Jahr ihrer Regierung, 1760, befolgte sie auch den Ratschlag des Grafen (seit 1763 dann Fürsten) Wenzel Anton von Kaunitz-Rietberg, ihres einflußreichsten Beraters, des bedeutendsten Staatsmannes ihres Reiches, an ihrem Hofe ein Ratsgremium zu schaffen, dessen Mitglieder die ausschließliche Aufgabe haben sollten, die in den inneren Angelegenheiten des Reiches von den verschiedenen Hofbehörden unterbreiteten Vorschläge durchzustudieren und hinsichtlich der Entscheidung der Herrscherin ihre Meinung zu unterbreiten. Dieses Ratsgremium, der österreichische Staatsrat, trat 1761 in Funktion.

In der zweiten Hälfte der Regierung Maria Theresias wurde der Staatsrat das wichtigste Organ in den inneren Angelegenheiten des ganzen Reiches. Alle bedeutenden innenpolitischen Reformen und Verfügungen dieser zwanzig Jahre, die die Geschichtsschreibung mit dem Namen der Regentin verbunden hat, gingen vom Staatsrat aus oder waren in diesem Gremium herangereift. Auch die Ungarnpolitik der Regentin, das Verhältnis Österreichs zu Ungarn, wurde im wesentlichen durch die Stellungnahme des Staatsrates bestimmt. Diese Tatsache bedeutete keine Einschränkung der persönlichen Rolle der Regentin in der Regierung. Denn sie unterhielt engen Kontakt mit den Mitgliedern des Staatsrates, nahm oft an seinen Sitzungen teil und hatte dadurch Gelegenheit, seine Intentionen kennenzu-

---

schichtsforschung] 5 (1935) 103—149; — DERS., Egy katolikus államférfi a XVIII. században [Ein katholischer Staatsmann im 18. Jahrhundert], in: Regnum (1936) 327—345; — DERS., Der österreichische Staatsrat und die ungarische Verfassung 1761—1768, in: Acta Historica 6 (1959) 105—153, 331—371; 7 (1960) 149—187.

lernen. Auch der Thronfolger beteiligte sich von Anfang an an der Arbeit des Staatsrates, und dies bedeutete für ihn die Hohe Schule der Vorbereitung auf die Alleinregierung.

Von den sechs Mitgliedern des Staatsrates führten drei den Titel eines Staatsministers, drei den Titel eines Staatsrates. Staatsminister waren Fürst Wenzel Kaunitz-Rietberg, Graf Leopold Daun und Graf Friedrich Wilhelm von Haugwitz. Ihr Leben und ihre Taten wurden von der Geschichtsschreibung ausführlich behandelt. Ihre Figuren sind Teil des Maria Theresien-Denkmals auf dem Platz zwischen den beiden großen Museen in Wien. Die Staatsräte sind schon weniger bekannt, erhielten auch keine Statuen, sie verdienen aber nicht, der Vergessenheit anheimzufallen. Es waren dies Heinrich Graf Blümegen, Egyd Freiherr von Borié und Anton Freiherr von Stupan. Die wichtigsten Daten ihres Lebenslaufs sind in den biographischen Lexika enthalten. Die Reihenfolge ihrer Aufzählung entspricht ihrem Platz in der Rangliste der Hofwürdenträger.

Die bedeutendste Persönlichkeit unter ihnen war unstreitbar Kaunitz. Bis 1760 leitete er nur die äußeren Angelegenheiten der Reiches, seit 1761 nahm er auch die Leitung der inneren Angelegenheiten in die Hand, ohne die Leitung der Außenpolitik durch die Staatskanzlei aus der Hand zu geben.

Kaunitz' Erscheinen auf dem Gebiet der Innenpolitik, an der Spitze des zur Unterstützung der Regentin gegründeten obersten Ratsgremiums war das Zeichen dafür, daß sich in der Regierung des Reiches eine Gewichtsverlagerung vollzog. Die Regierung hatte sich in den ersten 20 Jahren der Herrschaft Maria Theresias vorwiegend mit Fragen der Außenpolitik beschäftigt, die Fragen der Innenpolitik folgten erst an zweiter Stelle. Das war in den Jahrzehnten des Kampfes um den Bestand des Reiches, sodann um die Erhaltung seiner Großmachtstellung nur selbstverständlich. Der Siebenjährige Krieg war im Jahr 1760 noch im Gange, es war aber schon klar, daß er nicht zum Ziele führen würde. Es schien darum zweckmäßiger, sich an Stelle des Krieges die innere Stärkung des Reiches zum Ziel zu setzen, um dessen Großmachtstellung zu erhalten, so traten statt der Außenpolitik die Fragen der Innenpolitik in den Vordergrund. Kaunitz aber übernahm auch die Leitung der Innenpolitik und verlegte sogar den Schwerpunkt seiner Tätigkeit darauf[2].

---

[2] Über die Errichtung des Staatsrats und die Rolle Kaunitz' in demselben vgl. DIE ÖSTERREICHISCHE ZENTRALVERWALTUNG II/3: Vom Sturz des Directoriums ... bis zum Ausgang der Regierung Maria Theresias, Aktenstücke, bearb. v. Friedrich Walter (Veröffentlichungen d. Kommission für neuere Geschichte Österreichs 29, Wien 1934); Friedrich WALTER, Kaunitz Eintritt in die innere Politik, in: Mitteilungen des österreichischen Instituts für Geschichtsforschung 46 (1932) 37—142. — Die Geschichte der Verwaltung des Staatsrates ist noch nicht geschrieben. Das Werk von Carl HOCK— N. I. BIDERMANN (Der

Zu Beginn der zweiten Hälfte der Regierung Maria Theresias kam es nicht nur in der österreichischen Reichspolitik zu einer Schwerpunktverlagerung hinsichtlich Außen- und Innenpolitik, sondern auch in der Innenpolitik selbst wurden die Gewichte anders gesetzt. Diese hatte bis 1760 vorwiegend die österreichischen und böhmisch-mährischen Provinzen des Reiches betroffen, die Angelegenheiten Ungarns wurden in den Hintergrund geschoben. So betraf auch die Haugwitzsche Regierungsreform im Jahre 1749 nur die cisleithanischen Länder. Seit 1761 verlegte sich dann der Schwerpunkt der Innenpolitik auf Ungarn. Diese Behauptung soll im folgenden noch näher erhärtet werden, an dieser Stelle sei nur erwähnt, daß sich Kaunitz auch mit ungarischen Angelegenheiten eingehend befaßt hat, hauptsächlich mit den Grundfragen der Ungarnpolitik des Reiches.

Für Daun und Haugwitz hatte die Berufung in den Staatsrat keine Beförderung, sondern eine „ehrenvolle Absetzung" bedeutet. Dem Feldmarschall Daun wurde die militärische Niederlage Österreichs im Siebenjährigen Krieg angelastet. Als er in den Staatsrat berufen wurde, entfernte man ihn damit gleichzeitig vom Kriegsschauplatz. Haugwitz aber wurde von der Spitze des 1749 von ihm gegründeten „Directorium in publicis et cameralibus" in den Staatsrat versetzt. Das Directorium wurde 1761 aufgelöst, das Haugwitzsche Regierungssystem nach Kaunitz' Ideen umgestaltet. In Kenntnis dieser Antezedentien ist es nicht überraschend, daß Daun und Haugwitz sich nicht anstrengten, sich über die vorkommenden ungarischen Gegenstände eine selbständige Meinung zu bilden, sondern sich einfach damit begnügten, dem Votum eines anderen Staatsrates, der sich bereits geäußert hatte, beizutreten, nur ein „similiter" vor ihre Unterschrift setzend. Die Mitglieder des Staatsrates äußerten sich nämlich auf den Votum-Bögen in umgekehrter Rangordnung, Stupan als erster, Kaunitz als letzter.

Der aus Mähren stammende Blümegen wich einer Stellungnahme in ungarischen Angelegenheiten nicht aus. In seinen Äußerungen sucht man aber umsonst nach originellen Gedanken. Ihm wurden die Votum-Bögen nach Stupan und Borié zugestellt. Er war in erster Linie darum bemüht, die Interessen der österreichischen, besonders aber der böhmisch-mährischen Provinzen des Reiches gegenüber den den Interessen Ungarns dienenden Initiativen Boriés zu vertreten. Dabei zog er nicht in Betracht, daß diese Initiativen Boriés den Interessen des Gesamtreiches, Ungarn mit inbegriffen, nicht zuwiderliefen, ja ihnen nützlich waren. Durch ihre Vereitelung hätten die cisleithanischen Länder zwar Ungarn gegenüber einen gewissen

---

österreichische Staatsrat 1760—1848, Wien 1868—1879) ist für die Zeit Maria Theresias besonders mangelhaft. Auf Mängel und Irrtümer dieses Werkes hat schon Friedrich Walter hingewiesen.

Vorzug erhalten, das ganze Reich aber hätte Schaden erlitten. Unter den sechs ersten Mitgliedern des Staatsrates war Blümegen der einzige, bei dem Ungarn gegenüber eine gewisse Voreingenommenheit, ja Feindseligkeit festzustellen ist.

Das talentvollste und aktivste Mitglied des Staatsrates in den sechziger Jahren des 18. Jahrhunderts war, wenn man von Kaunitz absieht, Borié. Er entstammte einer französischen Familie, sein Vater übersiedelte ins Reich, wo er im Jahre 1722 in den Adelsstand erhoben wurde. Er selbst studierte in Deutschland Jus und trat in den Beamtenstand, kam dann an den Wiener Hof, trat in den Dienst Maria Theresias, erhielt 1759 den Freiherrntitel und befaßte sich mit Reichsgegenständen, bevor er im Alter von 41 Jahren in den Staatsrat berufen wurde.

Mit ungarischen Angelegenheiten hatte Borié sich vor seiner Berufung in den Staatsrat nicht beschäftigt und die ungarischen Verhältnisse kannte er bis dahin nicht näher. Im Staatsrat mußte er sich aber dann nicht nur mit ungarischen Angelegenheiten sondern auch mit den verschiedensten Gegenständen aller Länder der österreichischen Monarchie befassen. Borié scheute nicht Zeit noch Mühe, um sich über die ungarischen Verhältnisse zu orientieren. Er las nicht nur die an den Herrscher gerichteten Repräsentationen, sondern auch deren Anlagen gründlich durch und benützte auch Vorakten und Archivalien. Er stöberte das ungarische Corpus Juris durch und berücksichtigte die früheren königlichen Mandate. Wir können ruhig behaupten, daß es in den sechziger Jahren des 18. Jahrhunderts keinen Staatsmann in Wien gab, der die ungarische Frage, die ungarischen Verhältnisse besser gekannt hätte als Borié. Seine Aufmerksamkeit konzentrierte sich nicht auf gewisse Sachbereiche, sie umfaßte sämtliche Gegenstände. Seine Vielseitigkeit führte zu keiner Oberflächlichkeit, sondern ging mit einer auch die kleinsten Detailfragen umfassenden Gründlichkeit Hand in Hand.

Die Gründlichkeit und Sorgfalt, mit der Borié zu Werke ging, floß aus dem Bestreben, in allen Fragen, mit denen er sich befaßte, klar zu sehen, ehe er Stellung nahm. In einem seiner Vota umriß er sein Arbeitsprinzip folgendermaßen: „Umb in einer Sache mit Würkung und Nuzen zu operieren, so muss mann diese gründlich kennen, ganz ein- und übersehen, sofort ein Systema fassen, und sodann auf dessen Execution onabweicherlich arbeiten. in dieser Art wird eine Sache auf einmahl erschöpft, es werden alle Theile unter sich, und diese mit dem Hauptsysteme verbunden. Mann ist darmit eines gedeyhlichen Erfolgs und dessen auch auf das Künftige allschon abgemessener guten Würkung versicheret, und die Arbeit des Souverains und dessen oberen Stellen wird erleichteret. Dahingegen mit stückenweiser Arbeit mann sich nur plaget und selten was Gutes richtet"[3].

---

[3] Haus-, Hof- und Staatsarchiv, Wien, Staatsratsakten (fortan HHStA, SR) 4105/1762.

Auf Grund dieses· Prinzips und dieser Methode entwarf Borié das System einer Ungarn gegenüber anzuwendenden Regierungspolitik, allgemeine Richtlinien die auf den verschiedenen Gebieten des Staatslebens befolgt werden sollten, und urteilte auch in den vorkommenden konkreten Fällen auf dieser Grundlage.

Borié war dafür, daß die Grundprinzipien der Regentenpolitik mutig durchgeführt werden sollten. „Und wann der Muth niemahlen gefasset wird, auch niemahlen was ausgerichtet werden mag", schrieb er in einem anderen Votum[4]. Er war sogar überzeugt, daß „Alles in der Welt möglich ist, wann mann nur will"[5]. Sobald die Prinzipien der Regierungspolitik einmal in ein System gefaßt seien, müsse man sie auch anwenden, man brauche Taten und keine Worte, keine weiteren Beratungen. In einem von Boriés Vota finden sich folgende Worte: „... und überhaupt dörfte zu bedencken seyn, ob es nicht rätlich wäre, mehr zu thuen und wenig zu sagen"[6]. In einem weiteren heißt es: „Nicht lange mehr zu fragen und zu rathen, sondern zum Werck zu greifen und realiter zu operiren ist. Indeme noch so schön dencken vergeblich ist, wann mann nichts thuet"[7]. Er war ein Gegner der Verzögerungen, jeder Abweichung vom Ordnungsgemäßen, vom festgesetzten Regierungssystem. „Mir bedüncket es", schreibt er in einem andern Votum, „dass in Sachen, welche am Ende doch geschehen müssen und werden, mann mit einer kurzen Zeit-Hülf sich nicht selbsten zu blenden, sondern einen standhaften Schluss fassen solle. Alle Abweichung von der Ordnung, unter was Angeben dieses auch immer geschehe, in sich und in der Folge schädlich ist"[8].

Das strenge Festhalten an den Prinzipien des Regierungssystems bedeutete aber nicht, daß Borié zur Erreichung seiner Zielsetzungen gewaltsame Mittel anwenden wollte. Er war sich bewußt, daß die Ansichten der Ungarn nicht mit einem Schlage geändert werden konnten, daß man die Einrichtung des Landes nicht von heute auf morgen umgestalten konnte. Werden aber die Bausteine ohne Unterlaß konsequent angelegt, so könne man „nach und nach", wie es immer wieder in seinen Voten heißt, den Grund zu einer glücklicheren Zukunft der Monarchie legen.

Einige Zitate aus den diesbezüglichen Voten Boriés seien hier angeführt: „Was nicht auf einmal bewürcket werden mag, jedoch nach und nach ausgeführet werden kann..."[9] — „Ich begreife gar wohl, dass ein altes

---

[4] HHStA, SR 301/1762.
[5] HHStA, SR 1249/1765, 1334/1766.
[6] HHStA, SR 3366/1762.
[7] HHStA, SR 2240/1763.
[8] HHStA, SR 2026/1762.
[9] HHStA, SR 825/1763.

Vorurtheil sich auf einmahl nicht überwinden lasse, sondern dass dieses nur nach und nach zu benehmen möglich seye. In diesem Anbetracht vermeine dahin einrathen zu sollen, dass gradatim fürzugehen wäre"[10]. — „Eine jede Sache einen ersteren Anfang nehmen müsse, und anerst stufenweis zu dem Grossen und Vollkommenen gelange"[11]. — „Eine jede Sache ist in ihrem ersten Anfang onvollkommen. Die Vollkommenheit mag nicht anderst, als stufenweis erlanget werden"[12]. — „Dem natürlichen Lauf deren menschlichen Handlungen ist es eigen, dass diese nicht anders, als nach und nach zur Vollkommenheit gebracht werden"[13]. Dieses von Borié so oft wiederholte „nach und nach" gibt den Schlüssel zur Ungarnpolitik Maria Theresias. Gerade das wurde von Joseph II. dann nicht übernommen, und daran ist seine Ungarnpolitik letztlich gescheitert.

Der ambivalente Grundzug der Persönlichkeit Boriés, seine systematische, konsequente Handlungsweise einerseits, seine Bedachtsamkeit und Geduld in der Annäherung des gesetzten Zieles und in der Beseitigung der auftauchenden Hindernisse, der Bewältigung der Schwierigkeiten anderseits, bedeuteten aber nur scheinbar einen Gegensatz. Das Festhalten an den Prinzipien und die Elastizität in der Praxis dienten gleichermaßen der Erreichung seiner Ziele. Maria Theresia billigte sowohl die Strategie als auch die Tätigkeit Boriés. Joseph II. übernahm später bloß seine Strategie, wendete aber eine Taktik an, die von jener seiner Mutter und Boriés abwich.

Stupan, der letzte in der Rangordnung der Staatsräte, äußerte stets als erster sein Votum. Seine Stellungnahmen waren von unendlicher Behutsamkeit charakterisiert. Seine Erwägungen waren objektiv, er überlegte die möglichen Lösungen, wies aber immer auch auf die damit verbundenen Schwierigkeiten hin, und besaß nicht den Mut und die Zuversicht Boriés, die beste Lösung zu wagen. Seine Behutsamkeit paarte sich mit Ängstlichkeit, er wurde umständlich, schrak vor jeder Initiative zurück. Stupan klagte viel, war unzufrieden mit den ungarischen Verhältnissen. Immer wieder verglich er die Länder der Stephanskrone mit den cisleithanischen Ländern, wobei das Ergebnis immer das gleiche war: scharfe Kritik und bittere Vorwürfe den ungarischen Ständen gegenüber, die keine Rücksicht auf die Lage des Gesamtreiches nehmen wollten, und hartnäckig an den Buchstaben ihrer Verfassung festhielten. Stupan war der Ansicht, daß man dem nicht abhelfen könne, es bleibe nichts anderes übrig, als die Politik des Hofes den unabänderlichen Verhältnissen anzupassen. Bei Stupan fehlte

---

[10] HHStA, SR 63/1765.
[11] HHStA, SR 31/1767.
[12] HHStA, SR 523/1767.
[13] HHStA, SR 3375/1766.

zwar, ähnlich wie bei Borié, die feindselige Haltung Blümegens gegenüber Ungarn, ansonsten war er aber von jenem völlig verschieden.

Wie bereits erwähnt, trat in der zweiten Hälfte der Regierungszeit Maria Theresias in der Politik der österreichischen Monarchie an Stelle der Außenpolitik die Innenpolitik in den Vordergrund, in ihr aber an Stelle der Probleme der cisleithanischen Länder jene der Länder der Stephanskrone.

Die Großmachtstellung der Monarchie wurde durch den österreichischen Erbfolgekrieg erschüttert. Der Siebenjährige Krieg, durch den die Position Österreichs hätte gefestigt werden sollen, endete mit einer Niederlage. Aus dieser Niederlage zog Kaunitz die Konsequenz, daß die Festigung der Großmachtstellung Österreichs nur durch die Heranziehung der Kraftquellen Ungarns möglich sei. Dies zu bewerkstelligen wurde zur wichtigsten Aufgabe des Staatsrates. Diese Tatsache erhellt aus den Voten der Staatsräte, aus denen im folgenden einige Beispiele angeführt seien: „Wenn dem durchleuchtigsten Erzhaus recht aufgeholfen werden soll, so muss auf Mittel gedacht werden, das grosse und schöne Königreich Hungarn vor sich glücklicher und vor den Souverain nützbarer zu machen", schrieb Kaunitz in einer seiner Voten[14]. In einem anderen heißt es: „Wann das grosse und fruchtbare Königreich Hungarn in eine rechte Verfassung gesetzt werden könte, so würde die Macht des durchleuchtigsten Erzhauses verdoppelt, und die grössten Resourcen einer weisen Regierung wären aus demselben zu ziehen. Es verdienet also dieses Königreich die meiste Aufmerksamkeit und die nehmliche landesmütterliche Sorgfalt, wie andere getreue Erblande"[15].

Es war Borié, der mit dem festesten Glauben behauptete, die österreichische Monarchie könne, auf Ungarn gestützt, zum stärksten der europäischen Staaten werden. „Ich finde mich überzeiget, dass die vielfältige Verbesserungen, deren das grosse Königreich Ungarn fähig ist, allein vermögend seynd der österreichischen Monarchie jene Stärcke zu geben, welche dieselbe nöthig hat, umb denen allenthalbigen mächtigen Nachbaren einen ausgiebigen Wiederstand leisten zu können, und in der Folge der Zeit zu einer überwiegenden Macht zu gelangen", heißt es in einem seiner Vota[16]. An anderer Stelle schreibt er: „Indeme nun die österreichische Monarchie nach meinem geringen Begriff das fernere Wachsthumb ihrer Macht hauptsachlich in dem zu suchen und zu finden hat, dass die grosse und so fruchtbare ungarische Lande in eine gute Cultur, das dasige Volck aber in die Erkanntnus deren Pflichten eines guten Bürger des Staats gesezet werden..."[17]. Und an einer dritten: „Und die Hauptbetrachtung

---

[14] HHStA, SR 1350/1761.
[15] HHStA, SR 1903/1761.
[16] HHStA, SR 2533/1765.
[17] HHStA, SR 1310/1766.

ist bey mir, dass nach meinem Begriff Ungarn, wann die Anordnungen gut getroffen werden, allein vermögend ist, die österreichische Monarchie in die alle andere Staaten überwiegende Macht zu sezen"[18].

Für die Verwirklichung seiner Intentionen gegenüber Ungarn, für die Anwendung des gleichen Verfahrens gegenüber diesem Land wie gegenüber den cisleithanischen Ländern, für die Sicherung seiner Entwicklung und Förderung im selben Ausmaß wie in den anderen Ländern der Monarchie erblickte der Staatsrat ein großes Hindernis in der Verfassung des Landes, also in seinen durch die Regenten sanktionierten Gesetzen. An erster Stelle in jenem Gesetz, das 1741 von Maria Theresia selbst sanktioniert worden war und das dem adeligen Gut, also dem Adel, Steuerfreiheit zugesprochen hatte. Die Entwicklung des Landes wäre auf diese Weise nicht den Steuerzahlern, sondern dem steuerfreien Adel zugute gekommen, ohne dem Regenten und seinem Reich Nutzen zu bringen. Kaunitz faßte dies folgendermaßen zusammen: „Allein zum Unglück ist seine innerliche Verfassung noch so beschaffen, dass die Wohlfahrt des Königs und des Landes gegen einander streitet, und alles was diesem durch Verschleiss der Naturalien, Anlegung der Manufacturen und durch das Commercium zugewendet würde, nicht dem Contribuenten, sondern dem von allen Beytrag zu den Staatserfordernussen befreyten Adel zu Gut kommet, solches aber zum schädlichsten Missbrauch gereichen, und eine verbesserte Einrichtung noch mehr erschweren könnte"[19].

Maria Theresia versuchte auf Anraten des Staatsrates, die ungarischen Stände dazu zu bewegen, an den öffentlichen Lasten teilzunehmen. Auf dem Landtag von 1764/65 scheiterte dieser Versuch jedoch. Die Stände hielten an ihren in Gesetzen verankerten Vorrechten fest. Nicht nur an der Steuerfreiheit sondern auch daran, daß die Lage Ungarns eine von jener der cisleithanischen Ländern verschiedene sei, daß dieses Land daher nicht wie die anderen regiert werden könne, sondern nur auf Grund seiner eigenen Gesetze und nach Anraten der ungarischen Ratgeber des Herrschers.

Der Widerstand der Stände den Absichten des Herrschers gegenüber wurde vom ungarischen Hochadel geleitet, dessen Angehörige zwar in Wien Paläste besaßen, am Hofleben teilnahmen und die ungarischen Hofstellen leiteten, trotzdem aber nicht als zum Hofadel im späteren Sinne des Wortes gehörig betrachtet werden können. Sie waren dem Herrscher und dem Herrscherhaus treu aber nicht ergeben, sie hielten an der Selbständigkeit ihres Landes fest, obwohl sie wußten, daß diese Selbständigkeit nur auf dem Papier existierte, und daß das Land einen hohen Preis dafür bezahlen mußte.

---

[18] HHStA, SR 166/1767.
[19] HHStA, SR 1903/1761.

Maria Theresia berief darum den ungarischen Landtag nicht mehr ein, die Stelle des 1765 vakant gewordenen Palatins wurde nicht mehr besetzt. Sie ließ die ungarische Verfassung einfrieren, und das Land nach den Vorschlägen des Staatsrates regieren, obwohl dieses Gremium zu ihrer Zeit kein einziges ungarisches Mitglied hatte.

Da Maria Theresia den ungarischen Adel nicht zur Steuerzahlung hatte bewegen können, wollte sie die steuerzahlenden Leibeigenen dem Adel gegenüber schützen. Sie regulierte daher die Urbarialverhältnisse und setzte die Urbarialgründe und -schuldigkeiten fest.

Daß ein Regent die wirtschaftliche Entwicklung Ungarns auf die gleiche Weise förderte, wie jene der cisleithanischen Länder, kam aber jetzt nicht mehr in Frage. Dies bezeugt unter anderem die Stellungnahme des Staatsrates, betreffend die Förderung der Industrie in Ungarn.

Im Jahre 1766 hatte ein privater Baumwollverarbeiter um Bewilligung angesucht, in Ungarn eine Fabrik gründen zu dürfen. Der Kommerzienrat hatte vorgeschlagen, diese Bitte abschlägig zu beantworten.

Der Staatsrat hatte schon früher, im Jahre 1761, prinzipiell die Frage der Bewilligung von Fabrikgründungen in Ungarn erörtert. Damals hatte der ungarische Kameralrat Baron Anton Cothmann die Förderung der Fabrikindustrie in Ungarn vorgeschlagen. Stupan war mit diesem Vorschlag nicht einverstanden. „Es wäre nicht wohl zu wünschen, dass in Ungarn die Fabriquen und Manufacturen mehrers emporkommen möchten, da eben die türkische Wolle und Baumwolle müssen den deutscherbländischen Fabriquen den mehristen Vorschub geben, welche gäntzlich zerfallen würden, wenn in Hungarn dieses Materiale verarbeitet würde", äußerte er als erster in seinem Votum[20].

Blümegen protestierte noch energischer gegen die Gründung von Fabriken in Ungarn. „In so lang man in Hungarn nicht das Endzweck — also die Änderung der Verfassung — erreichet hat, sehe ich allzeit für gefährlich an, dass in Hungarn einige Manufacturen, wie sie Namen haben mögen, errichtet werden sollen. Allzeit würden dadurch die Erbländer leiden, und die erbländischen Manufacturen in der grössten Gefahr stehen, weil sie wegen der Wohlfeil der Lebensmittelen den Hungarn nicht gleich kommen könnten. Ich glaube dahero, dass vielmehr pro principio statuiren wäre, dass man in Hungarn dermalen keine Manufacturen aufkommen lassen, sondern vielmehr alle Mittel, um solche verschräncken verwenden solle. Hungarn hat an seinen productis naturae schon genug, und bekommet jezo einen ganz besonderen Vortheil, da nunmehro das Commercium zur See auf den Überfluss der productorum naturae geöffnet wird"[21].

---

[20] HHSpA, SR 1903/1761.
[21] HHStA, SR 1903/1761.

Auch Kaunitz schloß sich dem Votum Blümegens an, fügte aber noch hinzu, daß die Stellungnahme des Hofes nicht offen ausgedrückt werden solle. „Da ich nach den vorausgesetzten Principiis vor ein grosses Unglück ansehe, wenn bey der jezigen Verfassung die Manufacturen und das Commercium in Hungarn zunehmen sollten. Ob nun zwar der Hof sich nicht directe dagegen zu sezen, noch seine eigentliche Absicht zu erkennen zu geben hat, so wäre doch das Vorhaben auf keine Weis zu begünstigen, sondern im Gegentheil unter der Hand, so viel immer möglich, zu hintertreiben"[22].

Borié war zu dieser Zeit das einzige Mitglied des Staatsrates, das die Meinung vertrat, man dürfe in Ungarn die Entstehung von Fabriken nicht verhindern. „Will es mich bedüncken", heißt es „nicht wohl möglich zu seyn, dass die Errichtung deren Manufacturen in Ungarn abgehalten werde. Es dörfte dannenhero vielmehr darauf zu sehen seyn, wie eine solche Austheilung deren Manufacturen getroffen werden möge, damit einem jeden Erbland einige Verdienste zugehen, und alle von der Bedürfnus der auswärtigen Landen einen Vortheil ziehen, wozumahlen dazu das zur See nun geöfnete Commercium die Gelegenheit giebet, wodann in Ungarn solche Manufacturen anzulegen, und diesen der Verschleis zu verschaffen wäre, welche die zum auswärtigen Commercium diensame Artefacte stellen, und welche in denen teutschen Landen wegen des geringen Verdienstes, oder wegen Mangel des Materialis nicht können gefertiget werden"[23].

Borié hat später ausführlich dargelegt, die Erzeugung welcher Waren in Ungarn bewilligt werden könnte. Kaunitz und sogar Blümegen schienen seine Argumentation im Prinzip zu würdigen.

Nach solchen Antezedentien kam im Jahre 1766 die Angelegenheit der Baumwollfabrik in Cseklész (Landschütz) vor den Staatsrat. Borié tat alles, um zu erreichen, daß der Staatsrat für die Bewilligung Stellung nehme. Blümegen und Kaunitz aber waren dazu nicht zu bewegen. Der Kommerzienrat hielt daran fest, in Ungarn keine Fabriksgründung zu bewilligen.

Borié hatte den beschränkten Standpunkt des Kommerzienrates, der Ungarn als eine Kolonie behandeln wollte, mit scharfen Worten verurteilt. Diese Behörde, schrieb er, „will Ungarn unter gleichen Zwang legen, der von England und anderen Nationen gegen ihre americanische Colonien gebraucht worden. Der Verfasser dieses Vortrages die Monarchie und deren Stärcke und Schwäche in dem Gantzen noch nicht kenne, die mehriste dessen Sätzen theils auf falschen Suppositis beruhen, theils an und für sich

---

[22] HHStA, SR 1903/1761.
[23] HHStA, SR 1903/1761.

fehlerhaft seyn, und dessen ganzes Schreib Werck ein unbestimmtes, ungegründetes Schreibwesen ist"[24].

Er versuchte, Maria Theresia unter Berufung auf ihr Gewissen und auf ihre Regentenpflicht davon zu überzeugen, daß der Standpunkt des Kommerzienrats unhaltbar sei. „Zu deme aber", schrieb er, „dass das Fabrique Wesen in Ungarn behinderet werden solle, kann ich niemahlen einrathen. Ungarn ist ein Erbland eben so, wie die teutsche Länder. Ihre Maiestät seynd die Regentin aller Länder und deren gemeinsame Mutter. Die Regentenpflicht, so ihre Maiestät leithet für den Nahrungsstand und für das Wohl der teutschen Unterthanen zu sorgen, ist die nemliche in Ansehung deren ungarischen Landen. Neyd und Missgunst ist eine verwerfliche niederträchtige Leidenschaft. Nur die Tugend ist denen Regenten eygen. Nach meinem Begrif wird man mit diesen niedrigen Principiis, die der Commercien Rath heget, nichts Gutes, wohl aber alles Üble richten. Dahingegen, wann mann Ungarn insgemein von der Fabrication abzuhalten suchen wollte, diese Nation, die an der Klugheit und Scharfsinnigkeit gar Vieles vor anderen Nationen hat, eben diese Fabriquen einschlagen dörfte, welche denen teutschen am gefährlichsten werden konnten"[25].

Was könnte ein ungarischer Historiker im Jahre 1980 diesen Worten eines österreichischen Staatsrates aus dem Jahre 1768 hinzufügen? Hätten nur mehr solche Staatsmänner, wie es Borié war, am Wiener Hofe gewirkt, und hätten denn die Herrscher wenigstens soweit ihrem Rate gefolgt, wie es Maria Theresia tat!

---

[24] HHStA, SR 1593/1768.
[25] HHStA, SR 1100/1768.

Helmut Reinalter

JOSEPHINISMUS, GEHEIMGESELLSCHAFTEN UND JAKOBINISMUS

Zur radikalen Spätaufklärung in der Habsburgermonarchie

Einleitung*

In der Habsburgermonarchie hat sich in der Mitte des 18. Jahrhunderts ein gesellschaftlicher, wirtschaftlicher und geistiger Umwandlungsprozeß vollzogen, der auf dem Weg zu moderneren Formen der Staatsverwaltung und gesellschaftlichen Ordnung wesentliche Elemente des alten Systems zurückließ. Zu dieser Zeit entstand — mit einiger Verspätung gegenüber den westeuropäischen Staaten — auch hier das moderne Bürgertum, das sich jedoch weder wirtschaftlich noch politisch so stark profilieren konnte, daß es den feudalabsolutistischen Staat durch eine konstitutionelle Monarchie oder gar durch eine Republik hätte ersetzen können.

Die zurückgebliebenen sozialen und gesellschaftlichen Verhältnisse erzwangen in Österreich, das noch vorwiegend agrarfeudal und ein in zahlreiche Nationalitäten zersplitterter Staat mit zurückgebliebener Sozialstruktur war, Reformen, die in anderen Ländern von der Aufklärung in Bewegung gesetzt wurden. Robert Kann betonte daher in diesem Zusammenhang zu Recht, daß in den habsburgischen Gebieten nicht die Philosophie zur Reform aufrief, sondern die Praxis der Aufklärung für die Durchführung von Neuerungsmaßnahmen entscheidend war[1]. In der Tat mußte Maria

---

* Dieser Beitrag stellt die überarbeitete Fassung meines Vortrages im Rahmen der 2. ungarisch-österreichischen Historikertagung, Wien 1980, mit dem Thema „Herausforderung 1780: Neue Aspekte im Verhältnis Ungarns zu Österreich" dar. Die Vortragsform wurde für die vorliegende Veröffentlichung beibehalten.

[1] Vgl. dazu Robert A. Kann, Kanzel und Katheder. Studien zur österreichischen Geistesgeschichte vom Spätbarock zur Frühromantik (Wien 1962) 127. — Eine Arbeit über die Entwicklung des frühen Bürgertums in der Habsburgermonarchie im 18. Jahrhundert fehlt noch; zum Bürgertum im allgemeinen s. Emil H. Maurer, Der Spätbürger (Bern—München 1963); Lucien Goldmann, Der christliche Bürger und die Aufklärung (Neuwied 1968); Iring Fetscher, Herrschaft und Emanzipation. Zur Philosophie des Bürgertums (Piper 146, München 1976); Hans Gerth, Bürgerliche Intelligenz um 1800. Zur Soziologie des deutschen Frühliberalismus (Kritische Studien zur Geschichtswissenschaft 19, Göttingen 1976); Rolf Engelsing, Zur Sozialgeschichte deutscher Mittel- und Unterschichten

Theresia aufgrund praktischer Notwendigkeiten Reformen in Angriff nehmen, zumal sich besonders während des österreichischen Erbfolgekrieges der Rückstand im Vergleich zu anderen Ländern deutlich zeigte. Daher sollte durch verschiedene Maßnahmen, wie Zentralisierung der Bürokratie, Gebiets- und Verwaltungsreformen, Einführung der allgemeinen Schulpflicht und eines staatlichen Schulwesens das bisher föderative Österreich mit seinen weitgehend autonomen Kronländern in einen zentralistischen Einheitsstaat verwandelt werden[2].

Mit dieser Politik verband sich ein ständig wachsender Zentralismus, der die Selbstverwaltung der Länder weitgehend beseitigte und gleichzeitig die Macht des Staatsbeamtentums und der Bürokratie bedeutend stärkte. Die Reformen des aufgeklärten Absolutismus haben aber wesentlich dazu beigetragen, daß die sozialen Mittel- und Unterschichten aus ihrer politischen Inaktivität aufwachten und zu einem stärkeren politischen Engagement angeregt wurden. Joseph II. zeigte sich dann allerdings von dieser Entwicklung betroffen, da die Grenzen der politischen Aktivitäten, wie er sie zu Beginn seiner Alleinregierung gezogen hatte, von den bürgerlichen Beamten, Schriftstellern und Intellektuellen überschritten wurden[3]. Der Abbau des aufgeklärten Absolutismus als Folge der unvorhergesehenen Auswirkungen der josephinischen Reformen führte schließlich zur teilweisen Resignation der kritischen Josephiner. Ein Teil von ihnen ging jedoch nach dem Ausbruch der Französischen Revolution in die politische Opposition. Diese Gruppe bildete 1793/94 den Kern der Jakobinerbewegung in der Habsburgermonarchie.

Ideologische und institutionelle Voraussetzungen des Jakobinismus

An der Entstehung der Jakobinerbewegung in Mitteleuropa und damit auch in der Habsburgermonarchie hatte die Aufklärung einen entscheidenden Anteil, da sie die ideologische Grundlage für den Politisierungs- und Emanzipationsprozeß der literarischen und philosophischen Intelligenz bildete. Dabei war für die Herausbildung des politischen Bewußtseins

---

(Kritische Studien zur Geschichtswissenschaft 4, ² Göttingen 1978). — Eine Literaturübersicht bei Helmut REINALTER, Aufklärung, Bürgertum und Revolution, in: Innsbrucker Historische Studien 1 (1978) 302ff.

[2] Über die theresianischen Reformen und den gesellschaftlichen Strukturwandel Mitte des 18. Jahrhunderts vgl. auswahlweise Grete KLINGENSTEIN, Staatsverwaltung und kirchliche Autorität im 18. Jahrhundert. Das Problem der Zensur in der theresianischen Reform (Österreich Archiv, Wien—München 1970) 56ff. und Helmut REINALTER, Aufgeklärter Absolutismus und Revolution. Zur Geschichte des Jakobinertums und der frühdemokratischen Bestrebungen in der Habsburgermonarchie (Veröffentlichungen der Kommission für Neuere Geschichte Österreichs 68, Wien 1980) 42ff.

kritischer Aufklärer vor allem die seit der Mitte des 18. Jahrhunderts einsetzende „Politisierung" bedeutsam geworden, ein Prozeß, der sich auf verschiedenen Ebenen manifestierte: Erweiterung des gesellschaftlichen Einflusses aufgeklärter Schriftsteller, stärkere Hinwendung der Aufklärer zu politischen Problemen und die Formulierung aufgeklärter Forderungen als öffentliche Meinung. Die Kritik am Feudalsystem, an den sozialen Verhältnissen und die gesellschaftlichen Reformideen, die von den späteren Jakobinern artikuliert wurden, waren schon in der Spätaufklärung diskutiert worden[4].

Ein Vergleich zwischen dem Gedankengut der Aufklärung und dem der Jakobiner zeigt, daß sich die gesellschaftstheoretischen Ansätze und politischen Handlungskonzepte, die von den radikalen Demokraten entwickelt wurden, an den Ideen der Aufklärung orientierten. Starke Einflüsse lassen sich dabei besonders bei den französischen Aufklärern Bayle, Montesquieu, Voltaire, Diderot, Rousseau, bei den Enzyklopädisten, beim französischen Materialismus und Atheismus nachweisen. Der Ausbruch der Französischen Revolution forderte, nachdem die Aufklärung den Kampf des Bürgertums gegen die ständischen Strukturen, sozialen Verhältnisse und feudalen Institutionen zum Ausdruck brachte, zu einer neuerlichen und verstärkten Politisierung heraus, wobei sich die Problematik vor allem auf die prinzipiellen wie tatsächlichen Möglichkeiten einer Staatsreform zuspitzte. Die Zeitgenossen erkannten den Zusammenhang von Aufklärung und Revolution. Dabei ging es auch um die Frage, ob Aufklärung zur Revolution führen müsse bzw. ob die Aufklärung die Französische Revolution bewirkt habe. Die Beantwortung dieser Frage führte schließlich zu einer neuerlichen Selbstreflexion der Aufklärung.

Auch Joseph von Sonnenfels hat in diese Diskussion eingegriffen und trotz Warnung vor einem falschen Gebrauch der Bedeutung von Menschenrechten, Freiheit und Gleichheit die Theorie von der Schuld der Aufklärung an Aufruhr und Revolution zu widerlegen versucht. Damit wollte er die Errungenschaften der Aufklärung klar von der späteren Revolution abheben[5].

---

[3] Reinalter, Aufgeklärter Absolutismus und Revolution 62ff.; Ernst WANGERMANN, Von Joseph II. zu den Jakobinerprozessen (Wien—Frankfurt—Zürich 1966) 48ff.

[4] Vgl. dazu Helmut REINALTER, Der Jakobinismus in Mitteleuropa. Eine Einführung (Urban 326, Stuttgart—Berlin—Köln—Mainz 1981) 27ff.; Werner SCHNEIDERS, Die wahre Aufklärung. Zum Selbstverständnis der deutschen Aufklärung (Freiburg—München 1974) 127ff.; Inge STEPHAN, Die Debatte über die Beziehungen zwischen Literatur, Aufklärung und Revolution am Ende des 18. Jahrhunderts in Deutschland, in: Revolution und Demokratie in Geschichte und Literatur. Zum 60. Geb. von Walter Grab, hg. von Julius H. Schoeps und Imanuel Geiss (Duisburger Hochschulbeiträge 12, Duisburg 1979) 41ff.

[5] Joseph von SONNENFELS, Betrachtungen eines österreichischen Staatsbürgers an seinen Freund (Wien 1793); vgl. dazu auch Reinalter, Aufgeklärter Absolutismus und

Im Zuge dieser neuen Politisierung ergab sich gleichzeitig auch eine stärkere Moralisierung der Aufklärung, wobei sicher die Auflösung der traditionellen Moral bzw. Politisierung der Moral in Frankreich eine wichtige Rolle spielte. Die Unterscheidung zwischen „wahrer" und „falscher" Aufklärung enthielt die Möglichkeit, sich von der französischen Aufklärung und Revolution zu distanzieren, ohne die eigenen Prinzipien über Bord zu werfen. Gleichzeitig wurde dadurch auch die Einheitlichkeit der Aufklärungsbewegung beseitigt und ein Prozeß der „Selbstzerstörung der Aufklärung" eingeleitet[6]. Dabei trat eine Tendenz zum Konservativismus hervor, da jeder, der nicht bereit war, für die Revolution einzutreten, sich der Seite der Konservativen und Gegner der Aufklärung näherte. So traten einige Intellektuelle für eine scharfe Trennung von Aufklärung und Revolution ein. Sie betonten, wie unbedeutend die Aufklärung für die revolutionären Ereignisse in Frankreich gewesen sei. Die Aufklärung war für sie nur ein Glied in einer langen Kette von Begebenheiten. Die Jakobiner hingegen stellten sich — im Gegensatz zu dieser Auffassung — mit theoretischer und zum Teil auch praktischer Konsequenz auf den Boden der Revolution und beriefen sich auch auf Vorstellungen der französischen Aufklärung. Sie glaubten nicht mehr daran, daß das Ancien régime an seinen eigenen Widersprüchen scheitern würde, sondern waren davon überzeugt, daß die feudalen Strukturen nur mehr durch den politischen Kampf zerbrochen werden konnten[7].

Eine weitere wichtige Voraussetzung für den Jakobinismus war auch der aufgeklärte Absolutismus, der sich von der Regierungsweise eines Ludwig XVI. nicht nur durch neue Formen propagandistischer Selbstrechtfertigung, sondern darüber hinaus auch durch zeitgemäßere innenpolitische Zielvorstellungen, Regierungsmaßnahmen und ein neues Selbstverständnis der Monarchie unterschied. Der aufgeklärte Absolutismus überwand allerdings den Feudalismus nur teilweise auf politischer, nicht aber auf sozialer Ebene. Zwar hatte er zumindest vorübergehend Teilerfolge in der Beseitigung rechtlicher und wirtschaftlicher Privilegien des Adels, doch blieb das aufstrebende Bürgertum letztlich doch benachteiligt. Der aufgeklärte Absolutismus stieß dort auf Grenzen, wo „die Persönlichkeit des Herrschers, die Struktur des jeweiligen Landes und von außen wirkende Faktoren eine entscheidende Rolle spielten"[8]. Außer Zweifel steht jedoch, daß er bereits

---

Revolution 150f.; DERS., Joseph von Sonnenfels und die Französische Revolution, in: Innsbrucker Historische Studien 1 (1978) 92.

[6] Schneiders, Die wahre Aufklärung 127ff.

[7] Reinalter, Der Jakobinismus 28.

[8] Eberhard WEIS, Gesellschaftsstrukturen und Gesellschaftsentwicklung in der frühen Neuzeit, in: Karl Bosl—Eberhard Weis, Die Gesellschaft in Deutschland 1 (München 1976) 219.

innenpolitische Ziele verfolgte, wie im wirtschaftlichen Bereich, besonders in der Landwirtschaft, im Polizei- und Gesundheitswesen, im Schul- und Bildungssystem. Schließlich darf bei seiner Beurteilung nicht vergessen werden, daß mit ihm der Versuch unternommen wurde, den gesamten Staat und alle seine Einrichtungen von einem säkularisierten Weltverständnis her neu zu gestalten. Unter diesem Aspekt steht er der Revolution sicher näher als der vorhergehenden Gesellschaft. In diesem Zusammenhang wurde auch behauptet, daß er in jenen Ländern, in denen er seine Ziele verwirklichen konnte (in der Habsburgermonarchie haben wir den Fall vor uns, daß spätere lokale Erhebungen die Reformen zum Teil wieder in Frage stellten), die Tradition der Revolution von oben begründet habe und in sich ein revolutionärer Vorgang gewesen sei, zumal die von ihm eingeleiteten Veränderungen weit in das 19. Jahrhundert hineinwirkten[9].

Am Beispiel der Revolution zeigt sich jedoch sehr deutlich der Weg, der den aufgeklärten Absolutismus von der radikalen Aufklärung abhob: Jener wollte eine Monarchie, in der der Herrscher durch Gesetze gebunden war, während die radikale Aufklärung letztlich die Monarchie beseitigen und die Feudalität überwinden wollte. Dabei war das erstere „eine pragmatische Lösung, die niemals das Ideal des frei entscheidenden Menschen zu ihrer Maxime erheben konnte. Das letztere, die Revolution, wollte die vom aufgeklärten Denken eingeleitete totale Veränderung durch die Freiheit des einzelnen krönen. Wenn die Lehre vom Gesellschaftsvertrag auch die gemeinsame Wurzel beider Entwicklungen war, so war bei ihr doch von Anfang an eine Ausdeutungsmöglichkeit im Sinne einer Auflösbarkeit dieses Vertrages, das heißt also einer Revolution, möglich, an der das Aufklärungsdenken nicht vorbei konnte"[10].

Obwohl der aufgeklärte Absolutismus im allgemeinen die Entfaltung des Bürgertums begünstigte und damit eine wichtige Voraussetzung für die Entwicklung zum Jakobinismus schuf, bildete sich in der Habsburgermonarchie kein wirtschaftlich und politisch potentes Bürgertum, das in der Lage gewesen wäre, den feudalabsolutistischen Staat durch eine Republik zu ersetzen. Wenn man bedenkt, daß in Österreich die staatlich verordnete Aufklärung, die unter Joseph II. ihre stärkste Ausprägung erfuhr, im Vergleich zu anderen Ländern am wirksamsten war, so mag diese Tatsache überraschen, zumal auch zwischen dem aufgeklärten Monarchen und jenen Männern, die nach 1789 als Jakobiner verhaftet wurden, teilweise enge Beziehungen bestanden. Die Entwicklung in der Habsburgermonarchie stellt aber — wie schon eingangs kurz erwähnt — einen Sonderfall dar, da

---

[9] Karl O. Freiherr von ARETIN (Hg.), Der aufgeklärte Absolutismus (Neue Wissenschaftliche Bibliothek Geschichte 67, Köln 1974) 36 ff., 43 f.
[10] Ebd. 38.

hier die gesellschaftlichen Verhältnisse Reformen erzwangen, die in anderen Ländern von der Aufklärung eingeleitet wurden. Die Philosophie erfüllte hier „ihre Rolle sozusagen als geistige Nachhut erfolgreich eingeführter Reformen"[11].

Entscheidend ist jedoch im Zusammenhang mit den Entstehungsbedingungen des späteren Jakobinismus der Gesichtspunkt, daß die Reformen des aufgeklärten Absolutismus wesentlich dazu beigetragen haben, die sozialen Mittel- und Unterschichten der Bevölkerung zu einer stärkeren politischen Aktivität zu ermutigen, die schließlich die Grenzen der politischen Absichten Josephs II. überschritt. In dieser Entwicklung ist auch der Grund zu suchen, warum es noch unter Joseph zum Abbau des aufgeklärten Absolutismus gekommen ist. Was nun diese Aktivitäten betrifft, so muß hier vor allem auch die Naturrechtslehre erwähnt werden, die die Grundlage verschiedener Konzepte bildete und mit deren Hilfe die Reformen gegenüber der ständischen und kirchlichen Opposition verteidigt wurden. Die Publizisten nahmen die aus der Naturrechtslehre gewonnenen Theorien über den Gesellschaftsvertrag auf und machten sie im Volk bekannt. So formulierte zum Beispiel der 1795 als ungarischer Jakobiner hingerichtete Ignaz von Martinovics in seinen Schriften die Vertragstheorie, und auch Joseph von Sonnenfels, ein Schüler Martinis, trat für eine an das Recht gebundene Monarchie und eine Sammlung politischer Gesetze ein[12].

Verschiedene Maßnahmen innerhalb des theresianisch-josephinischen Reformwerks wurden vor allem im Hinblick auf die Zurückdrängung der klerikalen und adeligen Privilegien getroffen. So traten Absolventen der reformierten Universitäten in den Staatsdienst ein, wo sie die neuen, von der Aufklärung beeinflußten Ideen in die Gesetze und Verordnungen einbauten. Dadurch wurden die Unterprivilegierten stärker in die politischen und religiösen Auseinandersetzungen der Zeit einbezogen. Die gegen Adel und Geistlichkeit gerichteten Angriffe ließen nicht lange auf sich warten. Ihre Träger waren in erster Linie Personen aus sozial mittleren Schichten, teilweise aber auch Adelige. 1791 wandte sich zum Beispiel Martinovics mit einem politischen Programm an den Kaiser, in dem er sich neben der Wiedereinführung der aufgehobenen josephinischen Gesetze auch für die Säkularisierung der bischöflichen Kapitelgüter zugunsten der „nützlichen Klassen" aussprach. Sonnenfels unterbreitete Leopold II. den Vorschlag, die praktische Durchführung von Regierungsleitlinien, die in einem

---

[11] Kann, Kanzel und Katheder 127.
[12] Reinalter, Der Jakobinismus 31; ders., Augeklärter Absolutismus und Revolution 52ff.; Karl-Heinz OSTERLOH, Joseph von Sonnenfels und die österreichische Reformbewegung im Zeitalter des aufgeklärten Absolutismus (Historische Studien 409, Lübeck—Hamburg 1970) 204ff.

politischen Kodex festgelegt werden sollten, auf repräsentativen Landtagen zu beraten[13].

Einen interessanten Vorschlag arbeitete ungefähr zur selben Zeit Andreas Riedel aus, einen Verfassungsentwurf mit einer Wahlordnung, den er Leopold II. überreichte, um die Diskussion über Probleme des Konstitutionalismus weiter anzuregen. Dabei handelte es sich um den Entwurf einer kaiserlichen Proklamation an die Völker der Monarchie, der eine Repräsentation für den Gesamtstaat vorsah[14]. Martinovics Verfassungsentwurf für Ungarn faßte die Einrichtung eines unabhängigen, mit den übrigen Ländern der Monarchie nur durch Personalunion verbundenen Staates ins Auge[15]. Diese konstitutionellen Bestrebungen blieben jedoch nicht nur auf die erwähnten Adeligen beschränkt, sondern erstreckten sich auch auf Regierungskreise, wo Stimmen für eine Zulassung mittlerer und unterer Sozialschichten zu den Landtagen laut wurden. In mehreren Ländern der Habsburgermonarchie engagierten sich zur selben Zeit Bürger und Bauern, um durch politische Aktionen die angestrebte Vertretung im Landtag zu erreichen[16]. Ähnliche Bewegungen gab es auch in Ungarn, wo der Versuch des Adels, alle Nichtprivilegierten von Ämtern auszuschalten, in den Städten bei Bürgern ein verstärktes politisches Engagement für eine bessere Vertretung im Reichstag hervorrief. In den übrigen Ländern der Monarchie zeigte sich, daß die Agitation der Bürger dort am stärksten war, wo die Stände die größten Forderungen erhoben und am intensivsten für die Erhaltung ihrer Privilegien eingetreten waren.

In diesen verschiedenen politischen Aktivitäten ist die Bedeutung der Josephiner erkennbar, die zwar keine revolutionäre Gesinnung hervorbrachten, die die Grundlagen des Staates ernsthaft bedroht hätte, aber doch Begeisterung und Überzeugung zeigten und als Mitarbeiter und Beamte des Kaisers praktische Erfahrungen mitbrachten, die nicht zu unterschätzende Voraussetzungen für die spätere Entwicklung zum Jakobinismus waren.

---

[13] Reinalter, Aufgeklärter Absolutismus und Revolution 97ff.; bes. aufschlußreich die Stellungnahme von Sonnenfels zur „Bittschrift des Landmanns in der Steiermark, ihre Deputierten und Verordneten", HHStA, Kaiser-Franz-Akten 8 (alt 10a, Konv. 1), fol. 110—111.
[14] Alfred KÖRNER (Hg.), Die Wiener Jakobiner (Deutsche revolutionäre Demokraten 3, Stuttgart 1972) 18ff.
[15] Abgedruckt bei Fritz VALJAVEC, Die Entstehung der politischen Strömungen in Deutschland 1770—1815 (ADT 7212, Kronberg/Ts.—Düsseldorf 1978) 490ff.
[16] Reinalter, Aufgeklärter Absolutismus und Revolution 97ff., bes. 103ff. — Tirol bildete hier eine Ausnahme, da dort das Recht der Bauern auf Vertretung im Landtag vorher nie aufgehoben wurde. (Vgl. dazu Helmut REINALTER, Aufklärung—Absolutismus—Reaktion. Die Geschichte Tirols in der 2. Hälfte des 18. Jahrhunderts, Wien 1974.)

Wichtig ist in diesem Zusammenhang auch die Frage nach der grundsätzlichen Einstellung Leopolds II. zu diesen frühdemokratischen Bestrebungen. Die leopoldinische Politik war sicher elastischer und taktisch klüger als die josephinische, auch wenn sie sich in grundsätzlichen Fragen kaum wesentlich voneinander unterschieden. Die wichtigsten Züge der Politik Leopolds lassen sich in gesellschaftlich-sozialer Beziehung mit folgenden Feststellungen kurz charakterisieren: Leopold II. wollte die Opposition der Bürger und Bauern, um die Forderungen des Adels und Klerus in Schranken zu halten, und so war er bestrebt, die sozialen Unterschichten zu unterstützen, um wenigstens einen Teil seines politischen Programms zu verwirklichen. Der Kaiser war also durchaus bereit, gegenüber den demokratischen oppositionellen Kräften eine flexiblere Politik anzuwenden und von einer doktrinären Linie Abstand zu nehmen. Dafür baute er einen geheimen Mitarbeiterkreis für Informationszwecke auf, der später zur Beeinflussung der öffentlichen Meinung verwendet wurde. Aus diesem geheimen Mitarbeiterstab schlossen sich dann wenige Jahre später unter dem Einfluß der Ereignisse in Frankreich und dem reaktionären Kurs Franz II. einige ehemalige Vertraute des Kaisers der Jakobinerbewegung an, die unter dem Druck der franziszeischen Restaurationspolitik und des Obrigkeitstaates nicht mehr an die Fortsetzung der josephinischen und leopoldinischen Politik glaubten[17].

Freimaurerei und Geheimgesellschaften

Eine wichtige Bedeutung kam im Prozeß der Aufklärung, insbesondere der Spätaufklärung, jener Institution zu — und damit komme ich nun zu den institutionellen Voraussetzungen des Jakobinismus —, die sich im sozialen Leben zu einem anerkannten Ort der gesellschaftlichen Repräsentation zu entwickeln vermochte — der Freimaurerei[18]. Parallel mit der

---

[17] Denis SILAGI, Ungarn und der geheime Mitarbeiterkreis Kaiser Leopolds II. (Südosteuropäische Arbeiten 57, München 1961); Reinalter, Aufgeklärter Absolutismus und Revolution 219ff.; Wangermann, Von Joseph II. zu den Jakobinerprozessen 123ff.

[18] Zur neueren Literatur über Freimaurerei vgl. den Forschungsbericht von Ludwig HAMMERMAYER, Zur Geschichte der europäischen Freimaurerei und der Geheimgesellschaften im 18. Jahrhundert. Genese—Historiographie—Forschungsprobleme, in: Beförderer der Aufklärung in Mittel- und Osteuropa. Freimaurer, Gesellschaften, Clubs, hg. von Éva H. Balázs, Ludwig Hammermayer, Hans Wagner und Jerzy Wojtowicz (Studien zur Geschichte der Kulturbeziehungen in Mittel- und Osteuropa 5, Berlin 1979) 9ff., und den Sammelband von Helmut REINALTER (Hg.), Freimaurer und Geheimbünde seit dem 18. Jahrhundert (suhrkamp taschenbuch Wissenschaft, im Druck) (mit einer umfassenden Bibliographie). Eine interessante Fallstudie über I. Feßler nun von Peter F. BARTON, Jesuiten—Jansenisten—Josephiner (Studien und Texte zur Kirchengeschichte und Geschichte 2. R./4, Wien—Köln—Graz 1978) bes. 368ff.

aufkommenden bürgerlichen Emanzipationsbewegung und der Aufspaltung der Öffentlichkeit in eine konservativ-reaktionäre und aufklärerisch-liberale Bewegung bildeten sich in einem zeitlichen Phasenablauf zahlreiche literarische, wissenschaftliche, praktisch-ökonomische und religiös ausgerichtete Sozietäten, Vereine und Zirkel heraus, deren Organisationsformen eine neue Qualität aufwiesen: „Aktive, selbstbewußte bürgerliche Kräfte schufen sich hier zusammen mit gesellschaftlich engagierten Adeligen eine Stätte, wo sich ihr Drang nach öffentlicher Tätigkeit außerhalb der höfischen und kirchlichen Sphäre, ihr Bedürfnis nach weltlicher, von allen religiösen Bindungen freien Bildung und Aufklärung und dann nicht zuletzt nach einem die Gleichheit der Menschen praktizierenden geselligen Leben verwirklichen konnten"[19]. Die Freimaurerei verbreitete sich in der zweiten Phase der Aufklärung nach 1740 sehr rasch. Sie übte eine starke Faszination auf das Bürgertum und die literarische sowie philosophische Intelligenz aus, ist aber nie zu einem Zentrum politischer Opposition geworden, da sie sehr rasch in das höfische Leben integriert wurde und der Adel bald das Übergewicht bekam. Sicher war sie aber ein Versuch der indirekt politischen Gewaltenbildung im absolutistischen Staat. Insofern stellt ihre gesellschaftliche Formation eine spezifische Antwort auf das System des Absolutismus dar[20]. Da sie auch neben dem Bürger den Adel ansprechen konnte, fand das bürgerliche Element eine gemeinsame Basis, auf der alle ständischen Unterschiede nivelliert wurden. Dies war zwar gegen das bestehende Sozialgefüge gerichtet, doch stand die Freimaurerei deshalb noch nicht in einem Widerspruch zum absolutistischen Staat, zumal die durch politische Gleichheit der Untertanen bewirkte soziale Angleichung ständischer Unterschiede noch keine Sprengung des politischen Systems des absolutistischen Staates bedeutete. Sicher war aber in den Logen die soziale Gleichheit eine Gleichheit außerhalb des Staates, weil der Freimaurer innerhalb der Loge kein Untertan der Staatsgewalt, sondern Mensch unter Menschen war. Diese Freiheit, die mehr als soziale Gleichheit bedeutet, kann als das „eigentliche Politicum der bürgerlichen Logen" bezeichnet werden, denn die „innere Gesetzlichkeit der Logen, ihre Freiheit und Unabhängigkeit waren nur möglich in einem Bereich, der dem Einfluß sowohl der kirchlichen Instanzen wie dem politischen Zugriff der herrschenden Staatsgewalt entzogen blieb"[21].

---

[19] Richard van DÜLMEN (Hg.), Der Geheimbund der Illuminaten. Darstellung—Analyse—Dokumentation (Stuttgart—Bad Cannstatt 1975) 18; DERS., Die Aufklärungsgesellschaften in Deutschland als Forschungsproblem, in: Francia 5 (1977) 251 ff.
[20] Reinhart KOSELLECK, Kritik und Krise. Eine Studie zur Pathogenese der bürgerlichen Welt (suhrkamp taschenbuch wissenschaft 36, Frankfurt/M. 1973) 49 ff.
[21] Ebd. 58.

Insofern muß m. E. auch die These vom letztlich unpolitischen Charakter der Freimaurerei an jener Stelle korrigiert werden, wo sie sich gegen die antifeudale Bewegung in Mitteleuropa (auch in der Habsburgermonarchie) richtete: Daß sich nämlich „diese indirekte Gewaltenbildung ... nur auf der Grundlage der Separation vom öffentlich-politischen Leben ... und auf der Grundlage einer Trennung von Politik und Moral vollziehen konnte, hängt mit der besonderen Stellung des Bürgertums im feudalabsolutistischen Staat zusammen und sollte daher nicht in unhistorischer Weise als Vorwurf gegen das Bürgertum gewendet werden"[22].

Wie das Beispiel der österreichischen Freimaurerei zeigt, waren viele Freimaurer später auch Mitglieder verschiedener Jakobinerklubs, deren radikalste Elemente unter dem Einfluß der Französischen Revolution für eine revolutionäre Veränderung der gesellschaftlichen und sozialen Verhältnisse eintraten und nicht mehr an ein Reformprogramm josephinisch-leopoldinischer Prägung glaubten. Hinzu kamen noch die zahlreichen Verbindungen der Freimaurer zum Ausland, die sich auch auf die Entwicklung des Jakobinismus in der Habsburgermonarchie auswirkten. Andreas Riedel schlug zum Beispiel im Zusammenhang mit der Gründung verschiedener Jakobinerklubs eine Art „Logenersatz" vor, Gesellschaften mit Freimaurerzeichen, die sich im Aufbau an den Freimaurerlogen orientieren sollten. Leopold II. wollte die Freimaurerei seinen politischen Zielen dienstbar machen, um auf diese Weise zu verhindern, daß sie in oppositionelle Haltung zur Regierung geriet. Diesem Zweck dienten zahlreiche Eingaben, in denen eine Reorganisation der Freimaurerei ins Auge gefaßt wurde[23].

Die Aufspaltung der Öffentlichkeit in ideologisch-politische Bewegungen und die strukturelle Krise des Absolutismus in den 70er Jahren des 18. Jahrhunderts führten schließlich zu einer Krise im Selbstverständnis der Maurer, die den Niedergang der Freimaurerei einleitete. An ihre Stelle traten zum Teil entgegengesetzt orientierte Gesellschaften, wie die Rosenkreuzer, asiatischen Brüder, Illuminaten und der Evergetenbund, der nominell von 1792—95 bestand[24]. In ihm gab es zwei politisch und ideologisch entgegengesetzte Gruppen, den politisch weniger interessierten und in erster Linie auf moralische Aufrüstung ausgerichteten Kreis um

---

[22] Inge STEPHAN, Literarischer Jakobinismus in Deutschland (1789—1806) (Metzler M 150, Stuttgart 1976) 60.

[23] Vgl. dazu Helmut REINALTER, Aufklärung, Freimaurerei und Jakobinertum in der Habsburger-Monarchie, in: Jakobiner in Mitteleuropa, hg. von Helmut Reinalter (Innsbruck 1977) 243ff.; ders., Aufgeklärter Absolutismus und Revolution 186ff., bes. 202ff.

[24] Reinalter, Der Jakobinismus 43ff.; Literatur über Geheimbünde ebd. 134f. — Nun auch Ludwig HAMMERMAYER, Der Wilhelmsbader Freimaurer-Konvent von 1782 (Wolfenbütteler Studien zur Aufklärung 5/2, Heidelberg 1980).

Ignatius Aurelius Feßler und die Freunde Zerbonis, die politisch engagiert, von der Französischen Revolution begeistert und stark vom Illuminatenorden beeinflußt waren. Die Rosenkreuzer bildeten zum Teil selbständige Organisationsformen, standen — wie der Evergetenbund und Illuminatenorden — mit der Freimaurerei in Verbindung und entwickelten ein starkes esoterisches Interesse und eine gegenaufklärerische Haltung, die den Bedürfnissen der neuen konservativen Bewegung weitgehend entgegenkam. Der entscheidende Unterschied zwischen Rosenkreuzern und Illuminaten lag jedoch nicht nur in der Zielsetzung, sondern auch in der strafferen Organisation und in der Opposition gegen das absolutistische System, das der Illuminatenorden bekämpfen wollte. In starkem Gegensatz zu den Illuminaten stand auch der Orden der asiatischen Brüder, ein Hochgradsystem, das 1782 von Hans Heinrich Freiherr von Ecker und Eckhoffen ausgearbeitet wurde und durch Graf Sinzendorf in den österreichischen Erblanden größere Verbreitung fand. Er war im Grunde ein Ableger der Rosenkreuzerbewegung[25].

Die Illuminaten setzten hingegen die aufklärerischen Ideen fort, radikalisierten sie und waren bemüht, die Freimaurerei viel stärker als politisches Instrument einzusetzen. In ihrem Programm wurde die Aufklärung nun explizit mit politischen Zielvorstellungen, politisches Denken mit politischer Praxis, verbunden. Der Orden beabsichtigte taktisch eine langfristige Durchdringung der Staatsämter und kirchlichen Positionen, um entscheidende Stellen der politischen Macht in die Hand zu bekommen. Er besaß also letztlich einen politisch rationalen Kern. Der Orden wurde 1776 von Adam Weishaupt, der Professor für kanonisches Recht an der Universität Ingolstadt war, gegründet. Den Anlaß zu dieser Gründung bildete eine von Weishaupt vermutete und gegen die Aufklärung gerichtete Verschwörung durch Exjesuiten und Rosenkreuzer. Daher sollten seine Mitglieder eine Gegenkraft zu dem in Bayern einflußreichen und mächtigen Katholizismus und zu den mit ihm eng verbundenen Jesuiten- und Rosenkreuzerorden sein[26]. Ideologisch war er, der sich zuerst auch Geheimbund der „Perfectibi-

---

[25] Über den Orden der asiatischen Brüder Jacob KATZ, Jews and Freemasons in Europe 1723—1939 (Cambridge/Mass. 1970) 26 ff.; über Rosenkreuzer nun auch Horst MÖLLER, Die Gold- und Rosenkreuzer. Struktur, Zielsetzung und Wirkung einer antiaufklärerischen Geheimgesellschaft, in: Geheime Gesellschaften, hg. v. Peter Christian Ludz (Wolfenbütteler Studien zur Aufklärung 5/1, Heidelberg 1979) 153 ff.

[26] Über den Illuminatenorden s. die Literaturhinweise bei Reinalter, Der Jakobinismus (wie Anm. 4) 135, Anm. 65; dazu nun Ludwig HAMMERMAYER, Illuminaten in Bayern. Zu Geschichte, Fortwirken und Legende des Geheimbundes, in: Krone und Verfassung. König Max I. Joseph und der neue Staat. Beiträge zur Bayerischen Geschichte und Kunst 1799—1825, hg. von Hubert Glaser (Wittelsbach und Bayern 3/1, München—Zürich 1980) 146 ff. und Helmut REINALTER, Das Weltall als Wirkung einer „höchsten Ursache". Zur Geschichtsphilosophie und Struktur des Illuminatenordens (im Druck).

listen" nannte, von der radikalen materialistischen französischen Aufklärungsphilosophie abhängig, womit er wesentlich über die Freimaurerei hinausging. Die Ziele des Illuminatenordens waren eingebunden in einen universalen geschichtsphilosophischen Begründungszusammenhang, wonach die Aufklärung als eine Entwicklungsstufe eines naturwüchsigen Geschichtsprozesses verstanden wurde, dessen Ursprung in einem vorhistorischen Zustand lag. Ziel dieses Geschichtsprozesses war ein Endzustand, der sich mit dem Ausgangspunkt der Gesellschaft, dem Naturzustand, deckt. Dabei handelt es sich um eine kosmopolitische Weltordnung ohne Staaten, Fürsten und Stände. Letztlich wollte der Orden den die menschliche Natur depravierenden Despotismus überwinden und einen kosmopolitischen Republikanismus errichten, in dem die aufgeklärte Vernunft den Naturzustand des Menschen von Gleichheit und Freiheit wiederherstellt. Damit wurde unter Berufung auf die Aufklärung der Geltungsanspruch vernünftiger Normen auf den staatlichen Bereich erweitert und in der Forderung nach einem Vernunftstaat eine politische Utopie konzipiert, die die politische Seite des aufgeklärten Denkens nun auch tatsächlich verwirklichen sollte[27].

Anfang 1780 begann sich der Orden, der ursprünglich nur ein geheimer Studentenbund war, über Bayern hinaus zu verbreiten. Mit dem Eintritt Adolph Freiherrn von Knigges wurde er neu strukturiert und durch eine Reform des Ordenssystems gestärkt. Knigge konnte durch unermüdlichen Einsatz und zahlreiche persönliche Beziehungen dem Orden weitere Mitglieder zuführen[28]. Die Ziele, die er verfolgte, waren auch darauf gerichtet, die Verbindung zwischen dem Orden und der Freimaurerei zu lösen, weshalb er die Unterwanderung der bestehenden Logen und die Einverleibung in den eigenen Orden vorsah. Ähnlich wie in München die Loge „Theodor zum guten Rath" als Pflanzschule des Illuminatenordens fungierte, war in Wien vor allem die Loge „Zur wahren Eintracht" ein Zentrum dieser Richtung. So gibt zum Beispiel Innsbruck seine Verbindung mit München auf und unterstellt sich Wien[29]. Über die Mitglieder der Illuminaten in der Habsburgermonarchie sind wir teilweise aus Münters Tagebuch und Briefen unterrichtet. Über die streng konspirative Organisation der Illuminaten gibt uns darüber hinaus auch Martinovics Aufschluß, der allerdings in seinen Berichten an Leopold II. diese Richtung fälschlicherweise als „Französisch-Deutsch-Amerikanische Union" bezeichnet hat[30].

---

[27] Vgl. dazu van Dülmen, Der Geheimbund der Illuminaten 107ff.

[28] Ebd. 43ff.

[29] Reinalter, Aufklärung, Freimaurerei und Jakobinertum 259; über die Loge „Zur wahren Eintracht" vgl. Edith ROSENSTRAUCH-KÖNIGSBERG, Freimaurerei im josephinischen Wien (Wiener Arbeiten zur deutschen Literatur 6, Wien 1975).

[30] Reinalter, Aufklärung, Freimaurerei und Jakobinertum 260f.

Auf dem Höhepunkt seines Aufbaus umfaßte der Orden ca. 600 Mitglieder, die sich größtenteils aus Beamten, Professoren und Weltgeistlichen, darunter auch ein hoher Anteil an Adeligen, zusammensetzten, während Kaufleute und Kleinbürger unterrepräsentiert waren, was auf einen Widerspruch innerhalb des Ordens hinweist. Die verschiedenen Gegensätzlichkeiten und die Aufdeckung sowie Verfolgung 1784/85 führten schließlich zum Verfall und zur Auflösung des Geheimbundes. Mit der Aufdeckung bekam die reaktionär-konservative Entwicklung neuen Auftrieb und zudem den Beweis in die Hand, daß die Aufklärung religions- und staatsfeindlich eingestellt war. So wurden die Illuminaten als Feinde des bestehenden politischen Systems denunziert und nach 1789 als Jakobiner und Urheber der Französischen Revolution verketzert[31]. Schüchterne Wiederbelebungsversuche, wie zum Beispiel Carl Friedrich Bahrdts „Deutsche Union", blieben nur kurze Erscheinungen. Dieser radikale Geheimbund, der sich aus der aufklärerischen Intelligenz zusammensetzte, hieß zuerst höchstwahrscheinlich nach seiner Mitgliederzahl „Union der Zweiundzwanziger". Als Bahrdts anonyme Publikation „Über die Aufklärung und die Beförderungsmittel derselben von einer Gesellschaft" erschien, existierte die „Deutsche Union" nicht mehr als geheime Gesellschaft. Sie zerfiel schließlich nach kurzer Zeit im Frühjahr 1789 mit der Inhaftierung Bahrdts und Degenhard Potts. Ihre Ziele, die aus Bahrdts erwähnter Schrift hervorgingen, umfaßten eine Verbindung aller Anhänger der Aufklärung, Vernunft, Wahrheit und Tugend, um das Wohl der Menschheit zu fördern und ein Gegengewicht zu jenen Bewegungen zu schaffen, die die Aufklärung verhindern wollten[32].

Im Zusammenhang mit der Frage nach dem Verhältnis von Aufklärung, Revolution und Illuminatenorden bzw. Jakobinismus müssen die von der zeitgenössischen Reaktion vorgenommenen Gleichsetzungen mit großer Vorsicht und Behutsamkeit beurteilt werden, da die Rolle der Geheimbünde nicht selten bewußt überschätzt wurde, wie zum Beispiel in der Zeitschrift „Eudämonia", von Polizeiminister Pergen und Leopold Alois Hoffmann, die als Vertreter der sog. „Verschwörungstheorie" anzusehen sind. Diese Theorie, die in den Geheimbünden die Ursache der Revolution von 1789 sah und die Verbreitung ihrer Ideen als Werk eines großen Netzes radikaler Wühlarbeit zu erklären versuchte, wurde besonders von dem französischen Exjesuiten Augustin Barruel vertreten. Er und seine Anhänger übersahen dabei die grundlegenden Unterschiede zwischen dem nach hierarchischen Strukturen aufgebauten sowie gesellschaftsreformatorisch eingestellten Illuminatenorden, der die gewaltsame Revolution ablehnte, da er die Herrschaft der Moral auf konspirativem Wege erreichen wollte,

---

[31] Reinalter, Der Jakobinismus 45.
[32] Ebd. 45f. Literatur über Bahrdt ebd. 135.

ohne den absolutistischen Staat revolutionär zu bedrohen, und dem auf Volkssouveränität, revolutionärer Gewalt und dem Bündnis zwischen Bürgertum und Volksbewegung beruhenden Jakobinismus[33].

Sicher lassen sich aber starke ideelle und personelle Verbindungen zwischen Freimaurern, Illuminaten und Jakobinern feststellen, zumal diesen Bewegungen die antifeudale Grundeinstellung und die Bindung an das Denken der Aufklärung gemeinsam waren. Einer eindeutigen Klärung dieses Problems stellt sich allerdings der Widerspruch zwischen Ordenswirklichkeit und Ordensprogrammatik entgegen. Der Jakobinismus stellte gegenüber dem zeitlich vor der Revolution liegenden utopisch-reformerischen Illuminatismus eine aus dem Revolutionsgeschehen hervorgegangene Ideologie dar, die die Widersprüche des Feudalabsolutismus direkt politisch angriff und revolutionär zu überwinden versuchte. So ist es keinesfalls zufällig, daß eine große Anzahl von Jakobinern vor der Revolution Freimaurer oder/und Illuminaten waren, da sich in diesen Gruppierungen stärker als in den Lesegesellschaften die Selbstverständigung, Politisierung und Organisierung der Intelligenz vollzog. Illuminaten wurden sicher nicht aufgrund ihrer Zielsetzung später Jakobiner, denn der Orden hätte die Jakobinerherrschaft verurteilt. Der Illuminatismus war aber vom Programm her und als Idee politisch, in seiner Konsequenz sicher systemverändernd angelegt. Unter diesem Aspekt gab es doch wieder starke Berührungspunkte mit dem Jakobinismus.

Éva H. Balázs hat in einer jüngst erschienenen Studie[34] zwei Extreme in der Beurteilung der Freimaurerei im Zusammenhang mit dem aufgeklärten Absolutismus hervorgehoben: eine positive Einschätzung der Stellung der Freimaurerei gegenüber dem aufgeklärten Absolutismus (Ludwig Abafi) und die Auffassung, daß die Freimaurerei für die Jakobinerverschwörung in Ungarn verantwortlich sei (Verschwörungstheorie). Zwar trifft beides zu, doch muß die zweite Einschätzung modifiziert werden. Die Logen hatten sicher die Funktion von Werkstätten des aufgeklärten Absolutismus, da sie für das josephinische Programm eintraten und eine reformpolitische Gesinnung zeigten. Sie lehnten jedoch die Jakobinerdiktatur ab und wandelten sich in Ungarn stärker zu Girondistenverbindungen. In Österreich wurden die Logen zum Teil von den Illuminaten unterwandert, wodurch in einigen Bauhütten ein stärkerer politisch-rationaler Kern zum Durchbruch kam.

---

[33] Über die Verschwörungstheorie nun Johannes ROGALLA VON BIEBERSTEIN, Die These von der Verschwörung 1776—1945. Philosophen, Freimaurer, Juden, Liberale und Sozialisten als Verschwörer gegen die Sozialordnung (Europäische Hochschulschriften 3/63, ²Frankfurt/M.—Bern—Las Vegas 1978).

[34] Éva H. BALÁZS, Freimaurer, Reformpolitiker, Girondisten, in: Beförderer der Aufklärung (wie Anm. 18) 127ff.

Zusammenfassung

Meine Ausführungen sollten längerfristige strukturelle Entstehungsbedingungen am Beispiel ideologischer und institutioneller Voraussetzungen des Jakobinismus aufzeigen. Die älteren Arbeiten führen — im Gegensatz zu Kálmán Benda — die Wurzeln der Jakobinerbewegung nicht auf die josephinische Intelligenz oder auf die sich seit 1792 radikalisierenden Demokraten zurück, sondern auf den Herrscher selbst, da nach dem Tod Leopold II. die Reformen nur mehr auf dem Weg einer „Verschwörung" gegen Franz II. verwirklicht werden konnten[35]. Bei einer Analyse der revolutionären Schriften Martinovics, so betont zum Beispiel Denis Silagi, spiegeln sich die Ideen Leopolds, die gleichsam die Grundlagen des Jakobinismus darstellen. Daher war für ihn die Jakobinerbewegung nichts anderes als ein Zerrbild des von Leopold II. verbesserten Josephinismus. Oder: ein „mißgeleiteter letzter Ausläufer der innenpolitischen Reformbestrebungen" des Kaisers[36].

Benda hebt demgegenüber hervor, daß Martinovics in der Tat vom Gedankenkreis des Josephinismus ausgegangen und durch den Leopoldismus politisch geschult worden sei, doch könne gleichzeitig nicht geleugnet werden, daß er und seine Freunde vom höfischen Reformismus zum Jakobinismus vorstießen[37]. Ernst Wangermann hat neben Benda in der josephinischen Aufklärung eine wesentliche Vorstufe des Jakobinismus gesehen, eine Einschätzung, die sich gegen die Schlußfolgerungen Bernards wenden, der jeden Zusammenhang zwischen josephinischer Aufklärung und späterem Jakobinismus leugnet[38]. Die Jakobinerverschwörung war für Bernard letztlich nur eine Art „Operettenverschwörung". Dabei stützt er sich auf ältere Darstellungen und zeitgenössische Literatur, jedoch kaum auf archivalische Quellen. Er bezweifelt auch die reale Existenz einer Jakobinergruppe um Hackel und Blumauer, obwohl sie in den entsprechenden Verhörsprotokollen der „Vertraulichen Akten" im Haus-, Hof- und Staatsarchiv, Wien, eindeutig feststellbar ist und weiß nichts von Jakobinerklubs in den Ländern der Habsburgermonarchie[39].

---

[35] Z. B. Denis SILAGI, Jakobiner in der Habsburger-Monarchie. Ein Beitrag zur Geschichte des aufgeklärten Absolutismus in Österreich (Wiener Historische Studien 6, Wien—München 1962); zur Jakobinismusforschung s. Reinalter, Der Jakobinismus 115ff., bes. 117ff.

[36] Silagi, Jakobiner 176; ders., Ungarn und der geheime Mitarbeiterkreis Kaiser Leopolds II. S. VI.

[37] Kálmán BENDA, Probleme des Josephinismus und des Jakobinertums in der Habsburgischen Monarchie, in: Jakobiner in Mitteleuropa (wie Anm. 23) 283f.

[38] Paul Peter BERNARD, Jesuits and Jacobins. Enlightenment and Enlightened Despotism in Austria (Urbana—Chicago—London 1971) 155ff.

[39] Vgl. dazu bes. Rosenstrauch-Königsberg, Freimaurerei im josephinischen Wien, und Reinalter, Aufgeklärter Absolutismus und Revolution 229ff.

Zum Unterschied von Bernard hebt Wangermann besonders die durch die josephinischen Reformen verursachte soziale und politische Auseinandersetzung hervor, die das politische Bewußtsein jener Schichten weckte, die vom Reformwerk profitierten — die Josephiner. Ein überzeugendes Beispiel für den engen Zusammenhang zwischen Josephinismus und späterem Jakobinismus bietet eine Stelle in der Verteidigungsschrift Heinrich Jelines, der darin betonte, daß Kaiser Josephs Aufklärung in ihm ein „helles Feuer" gezündet habe: „... ich fiel mit unersättlicher Begierde über die politischen und Reformationsbücher her und wurde ganz republikanisch gesinnt"[40]. Über dieses Beispiel hinaus erhärten noch viele andere Aussagen österreichischer und ungarischer Jakobiner die enge Verbindung zwischen Aufklärung und Jakobinismus, wenngleich daraus noch keine revolutionäre Haltung abzuleiten war.

Die Hauptthese Wangermanns besteht darin, daß unter Franz II. eine tiefgreifende Änderung im politischen Leben der Habsburgermonarchie eintrat, da nun die Restaurationsbestrebungen des jungen Kaisers die Hoffnungen der früheren josephinischen Reformer zerstörten. Aus der Gruppe dieser enttäuschten Josephiner wurde langsam eine aktive politische Opposition gegen die Politik Franz II. und seiner konservativen Ratgeber, die sich in Jakobinerklubs organisierte. Dies sind die kurzfristigen Ursachen des Jakobinismus. Die heutige Jakobinerforschung führt die Entstehungsbedingungen auf den gesellschaftlichen Strukturwandel der Habsburgermonarchie Mitte des 18. Jahrhunderts, auf die josephinischen Reformen und konstitutionellen Ansätze Leopolds II. zurück und greift damit weiter aus als die ältere Forschung, wobei zur Zeit besonders Fragen eines engeren Zusammenhanges zwischen Aufklärung, Geheimgesellschaften und Jakobinismus im Vordergrund des wissenschaftlichen Interesses stehen[41]. Diese Problematik muß aber noch stärker in den größeren Rahmen des mitteleuropäischen Jakobinismus gestellt und mit anderen ideologisch-politischen Bewegungen, die um 1770 entstanden, verglichen und abgegrenzt werden. Nur so kann sie dem Vorwurf, ein ideologisch verengtes Thema zu sein, entgehen[42].

---

[40] HHStA, VA 8, fol. 502; zit. auch bei WANGEMANN, Josephiner, Leopoldiner und Jakobiner, in: Jakobiner in Mitteleuropa (wie Anm. 23) 232.

[41] Reinalter, Der Jakobinismus 122ff.

[42] Vgl. dazu Elisabeth FEHRENBACH, Deutschland und die Französische Revolution, in: 200 Jahre amerikanische Revolution und moderne Revolutionsforschung, hg. von Hans-Ulrich Wehler, Geschichte und Gesellschaft, Sonderh. 2 (Göttingen 1976), 232ff.; Helmut REINALTER, Von der Aufklärung zum frühen Liberalismus, Sozialismus und Konservativismus. Zur historischen Entwicklung des Ideologiebegriffs und zu den Anfängen ideologisch-politischer „Strömungen", in: Ideologien im Bezugsfeld von Geschichte und Gesellschaft, hg. von Anton Pelinka (Vergleichende Gesellschaftsgeschichte und politische Ideengeschichte der Neuzeit 2, Innsbruck 1981, 63ff.).

Moritz Csáky

DIE HUNGARUS-KONZEPTION

Eine „realpolitische" Alternative zur magyarischen Nationalstaatsidee?

Die Beurteilung und Bewältigung der Vergangenheit geht stets notwendigerweise von der Realität der Gegenwart aus. So entlehnt auch der Historiker einen Teil seines Instrumentariums, mit dessen Hilfe er sich an die Vergangenheit und ihre Lebensbedingungen herantastet, jener Zeit, in der er sich konkret befindet. Mag auch der „Stoff" des Historisch-Vergangenen gleich bleiben (Materialobjekt): der Blickwinkel, aus dem Vergangenes beleuchtet wird (Formalobjekt), wird nicht nur von der Fülle des Wissens, vielmehr auch vom sogenannten „Gegenwartsbezug" bestimmt. Insgesamt führt uns das jeweils verschiedene Formalobjekt zu einer vertieften Erkenntnis unserer Vergangenheit. In der Tat hat uns z. B. der an der Problematik der Gegenwart geschulte Blick für soziale und ökonomische Zusammenhänge und Probleme manche Ereignisse der Vergangenheit in einem ganz neuen Lichte erscheinen lassen. Nun befinden sich unter den erkenntnistheoretischen Prinzipien unseres historischen Instrumentariums immer wieder Kategorien, die wir unbefragt gleichsam als selbstverständliche Kriterien akzeptieren und auf die Vergangenheit anwenden. Zu diesen unreflektierten Kriterien gehört unzweifelhaft auch heute noch die Kategorie des Nationalen.

Diese Kategorie des Nationalen ist, in unserem heutigen speziellen Verständnis zumindest, das Ergebnis der Volks- und Staatsvorstellung des 19. Jahrhunderts. Genauer genommen: sie ist ein theoretisch-abstraktes Postulat, das, zur Zeit der Aufklärung formuliert, zum ideologischen Rüstzeug des Liberalismus des 19. Jahrhunderts gehörte. Nun ist es bezeichnend, daß wir, ohne zu fragen, ob die Kriterien von Nation, wie sie im 19. Jahrhundert festgesetzt wurden, sowohl auf unsere Gegenwart, als auch auf die historische Realität früherer Jahrhunderte anwendbar seien, dazu übergangen sind, Nation und Nationalbewußtsein gleichsam als eine Konstante unserer Geschichte vorauszusetzen und zu postulieren, als ein Ideal und Desiderat hinzustellen. Zumal gilt dies ganz allgemein für jene Gruppe von historischen Werken, die sich über ihren methodischen Standpunkt nicht im klaren sind bzw. ideologische Voreingenommenheit („falsches

Bewußtsein") unreflektiert rezipieren und tradieren. Einer solchen methodisch fragwürdigen Position, die diese spezifische Kategorie des Nationalen als Baustein ihres Gebäudes verwendet, begegnen wir recht häufig auch in der ungarischen Historiographie und den ihr angrenzenden Gebieten der Gegenwart. Demnach wird die Vergangenheit nicht nur an einer — wie noch gezeigt werden soll — einseitigen und in bezug auf ihr Anwendungsfeld anachronistischen Größe gemessen, vielmehr dient diese auch als Formal- und Auswahlprinzip des Objektes „Vergangenheit". Zwei Beispiele mögen dies erläutern.

Erstens: Der Kampf Thökölys oder Rákóczis z. B. wird vor allem in popularisierenden historischen Darstellungen noch immer primär als ein Kampf für eine „nationale" Freiheit apostrophiert, obwohl uns längst bekannt ist, daß die unterschiedlichsten Freiheitsvorstellungen verschiedenster sozialer Gruppen — gewiß unter einem ständisch-nationalen Nenner vereinigt — das eigentliche Motiv dieser „Freiheits"kämpfe waren. Zweitens: Im Bereich der Kultur- und Literaturgeschichte Ungarns gilt ganz allgemein als wichtigster Aspekt der der Nationalsprache. Dies scheint zunächst einleuchtend zu sein, da ja die Sprache zumindest eines der bestimmendsten Formalprinzipien nicht nur jeder Dichtung, sondern — in übertragenem Sinne — jeder Kultur ist. Die auch heute noch übliche, nicht nur auf Ungarn beschränkte, Forcierung dieses (national)sprachlichen Prinzips hat jedoch zur Folge, daß der wahren kulturellen und literarischen Realität des historischen Ungarn keineswegs entsprochen wird. So wird z. B. die bedeutende deutschsprachige Literatur Ungarns der ersten Hälfte des 19. Jahrhunderts weder von der ungarischen Literaturwissenschaft gebührend beachtet — weil sie sich eben nicht der ungarischen „Nationalsprache" bediente —, noch von der deutschen oder österreichischen Literaturgeschichtsschreibung zur Kenntnis genommen, da sich die Vertreter dieser Literatur weder als Deutsche noch als Österreicher, sondern als Ungarn (!) bezeichneten und nachweislich nicht in einem der deutschen Kultur zugehörigen Raum wirkten[1].

---

[1] Vgl. das repräsentative Werk über die deutschsprachige Literatur Ungarns: Béla PUKÁNSZKY, A magyarországi német irodalom története [Geschichte der deutschen Literatur Ungarns] (Budapest 1926); Robert GRAGGER, Geschichte der deutschen Literatur in Ungarn (Wien—Leipzig 1914). Die Tatsache, daß die Darstellung der Kultur und Literatur Ungarns um 1800 durchwegs von der ungarisch-sprachigen Kultur ausgeht, entspricht viel eher dem Postulat des (einseitigen) nationalen Selbstverständnisses des 19. Jahrhunderts, als der Realität der ungarischen Kulturlandschaft. Eine pluralistische Beurteilung der Kulturlandschaft Ungarns im ausgehenden 18. und beginnenden 19. Jahrhundert, die die reale Zusammensetzung der ungarischen Gesellschaft zum Ausgang ihrer Betrachtung machen müßte, fehlt bei den meisten Untersuchungen zu diesem Thema. Das einseitig ungarisch-sprachliche Formalprinzip etwa der Arbeit von József WALDAPFEL, Ötven év Buda és Pest irodalmi életéből 1780—1830 [Dreißig Jahre aus dem literarischen Leben von

Angesichts dieser Situation der historischen Forschung und Darstellung mag es daher vielleicht von einigem Nutzen sein, zum einen der Ausformung dieser auch unser heutiges Denken — bewußt oder unbewußt — bestimmenden Kategorie des „Nationalen" zu Beginn des 19. Jahrhunderts nachzugehen, zum anderen aber zu fragen, ob es zu jener Nationalvorstellung, deren wichtigstes Kriterium eben die Sprache war, überhaupt eine Alternative gab, und wenn ja, wie diese aussah.

Bis ins ausgehende 18. Jahrhundert waren in Ungarn im allgemeinen zwei Vorstellungen von Nation vorhanden, die beide bis ins Mittelalter zurückreichten. Auf der einen Seite begegnen wir einem ständischen Begriff von Nation, wie er sich im Bereich des Staatsrechts ausgebildet hatte und in der ständischen ungarischen Verfassung seinen Niederschlag fand. So zählten etwa laut dem Tripartitum Werbőczis zur „natio" oder zum „populus" — als ihrem Synonym — nur die „freien" Stände des Landes: nämlich der hohe Klerus, die Magnaten, der Adel und die freien Städte. Jene Bewohner des Landes, die nicht „frei" waren, d. h. keine verfassungsmäßig verankerten politischen Rechte besaßen —, also der Großteil der Bevölkerung — bildete die „plebs": diese war nicht Teil der historischen Nation. Ohne hier den eben angesprochenen Freiheitsbegriff einer näheren Analyse zu unterziehen, muß zur Verdeutlichung dennoch hinzugefügt werden, daß politische und wirtschaftliche Freiheit die zwei komplementären Seiten ein und desselben Freiheitsbegriffs waren, der die Voraussetzung bzw. die Bedingung der Zugehörigkeit zur natio bildete[2].

Ofen und Pest 1780—1830] (Budapest 1935) wirkt sich noch bis in die Gegenwart, z. B. bis zur monumentalen Geschichte Budapests aus. Vgl. Lajos NAGY—György BÓNIS, Budapest története a török kiüzésétől a márciusi forradalomig [Geschichte Budapests von der Vertreibung der Türken bis zur Märzrevolution], hg. v. Domokos Kosáry, in: Budapest története [Geschichte Budapest] 3, hg. v. László GEREVICH (Budapest 1975) insbesondere S. 473—516 (kulturelles Leben). An dieser einseitigen Sicht ändert im wesentlichen auch die etwas einschränkende Einleitung Kosárys (S. 12—13) nicht viel. — Eine moderne Darstellung selbst der ungarisch-sprachigen Literatur etwa hätte von jener Vielfalt auszugehen, zumal sie sich äußerst positiv ausgewirkt hatte und insgesamt, in bezug auf inhaltliche und formale Kriterien, von einer einzigen ungarischen Kulturlandschaft gesprochen werden kann (trotz Verschiedensprachigkeit). Eine vollgültige historische Erfassung und Beschreibung der Kultur Ungarns um 1800 kann daher nur mit Hilfe einer komparatistischen Methode geschehen. Vgl. dazu u. a. György Mihály VAJDA, Essai d'une histoire de la littérature comparée en Hongrie, in: Littérature hongroise — littérature européenne. Études de littérature comparée, hg. v. I. SŐTÉR—O. SÜPEK (Budapest 1964) 525—588. Neuerdings macht u. a. István Fried auf die Notwendigkeit der Integration der Kulturvielfalt zur Erfassung des Wesens einer ungarischen Kultur aufmerksam. Vgl. István FRIED, Adatok Rumy Károly György sajtó- és kiadvány-vállalkozásainak történetéhez [Beiträge zu den Unternehmungen Karl Georg Rumys auf dem Gebiet der Presse und der Editionen], in: Magyar Könyvszemle 95 (1979) 288—297, bes. 297.

[2] Zur Unterscheidung Werbőczis zwischen „populus" (natio) und „plebs": „... appellatione populi, universi nobiles, tam magnates, quam inferiores etiam ignobilibus computatis,

Auf der anderen Seite findet sich auch noch eine andere Umschreibung von Nation, die außerhalb der rechtlich-ständischen Begrifflichkeit beheimatet war. Demnach gehörten alle Einwohner des Landes, insbesondere die dort Geborenen, der „natio Hungarica" im weitesten Sinne des Wortes an. Dies entspricht einem an sich a-politischen Nationsbegriff, der einerseits die Vorstellung der „cognatio" — der Blutsverwandtschaft —, andererseits aber ein von historisch-geographischen Bedingungen abhängiges Zusammengehörigkeitsgefühl voraussetzt; dieser Nationsbegriff findet etwa in der „natio Hungarica" der spätmittelalterlichen Universitäten ihren Ausdruck. Im Laufe des 17. und 18. Jahrhunderts wird vor allem die Vorstellung von der gemeinsamen „patria" ein wichtiges Kriterium für diesen gewissermaßen frühbürgerlichen Nationsbegriff[3]. Diese Konzeption von Nation erhält sich nun neben der ständischen bis ins frühe 19. Jahrhundert und ergibt dann hier ein inhaltlich-formales Vehikel zur Ausbildung eines allumfassenden, bürgerlichen Nationsbegriffs. Zur deutlichen Abhebung gegenüber der Entwicklung im 19. Jahrhundert wäre zu bemerken, daß weder bei der ständischen, noch bei dieser frühbürgerlichen Nationsbestimmung das sprachliche Kriterium eine bestimmende Rolle spielt.

Als nun im Laufe des 18. Jahrhunderts die ständische Struktur der Gesellschaft in zunehmendem Maße zunächst theoretisch in Frage gestellt wurde und die Aufklärung mit ihren politischen und wirtschaftlichen Postulaten einer allgemeinen Freiheit und Gleichheit aller auch in Ungarn an Boden gewann, konnte es vor allem nicht mehr genügen, Nation primär nach ständisch-juristischen Kriterien zu definieren: „Freiheit" im politischen und privaten Sinne konnte sich nicht mehr in der „libertas nobilis" erschöpfen und „Gleichheit" schloß zumindest eine theoretische Einbeziehung der „plebs" in die Rechte der bisher adeligen politischen Nation mit ein. Vom sozialhistorischen Aspekt her gesehen, pflegt man diesen Vorgang

---

significantur; plebis autem nominatione soli ignobiles intelliguntur". Tripartitum, hg. v. Kálmán CSIKY (Budapest 1894) III/41 §1—2, S. 287. Die Verbindung von politischen und wirtschaftlichen „Freiheiten": „... omnes domini praelati, et ecclesiarum rectores, ac barones et caeteri magnates, atque nobiles, et proceres regni huius Hungariae, ratione nobilitatis, et *bonorum temporalium*, una eademque libertatis, exemptionis, et immunitatis praerogativa gaudent". Ebd. I/2, S. 62—63.

[3] Vgl. dazu Jenő SZŰCS, „Nemzetiség" és „nemzeti öntudat" a középkorban. Szempontok az egységes fogalmi nyelv kialakításához [„Nationalität" und „nationales Selbstverständnis" im Mittelalter. Gesichtspunkte zur Herausbildung einer einheitlichen Begriffssprache], in: Nemzetiség a feudalizmus korában. Tanulmányok [Nationalität im Zeitalter des Feudalismus. Studien] (Budapest 1972) 9—71; Endre ARATÓ, A magyar „nemzeti" ideológia jellemző vonásai a 18. században [Charakteristische Züge der ungarischen „nationalen" Ideologie im 18. Jahrhundert], ebd. 130—181; Moritz CSÁKY, Populus, patria, natio. Zur Entwicklung des neuzeitlichen Nationsbegriffs, in: Bericht über den dreizehnten österreichischen Historikertag 1976 (Wien 1977) 57—64; DERS., Nation und Nationalstaat. Gedanken zur Genese des neuzeitlichen Nationsbegriffs, in: Integratio 11/12 (1979) 15—22.

auch mit „Verbürgerlichung der Gesellschaft" zu bezeichnen, obwohl damit im Grunde genommen mehr gemeint war, als die bloße Einbeziehung eines dritten oder vierten Standes in eine politisch verantwortliche Gesellschaft. Solche Tendenzen, die einen allgemeinen „Demokratisierungsprozeß" einleiteten, lassen sich in den verschiedensten Bereichen nachweisen: etwa in einer neuen theoretischen Begründung des Staates und der Repräsentation der Gesellschaft in seiner Führung, in der Rationalisierung der Mechanismen der Verwaltung oder in der Neueinschätzung wirtschaftlicher Faktoren, die unter dem Aspekt der Gleichheit zu einer Neuverteilung der Produktionsmittel tendieren mußte. Mit der „Ratio educationis" von 1777 setzte dann auch auf dem Gebiet der Bildung und des Unterrichts — und im weitesten Sinne der Kultur — die Überwindung des ständischen Nationsbegriffs ein: Einerseits eröffnete die Ratio eine (hypothetisch) allgemein verpflichtende Schulausbildung, die schon von ihrer Konzeption her auf die Überwindung von ständischen Schranken ausgerichtet war, andererseits aber postulierte sie die Pflege einer Volkssprache (lingua nationalis), um den Bildungsinhalten eine möglichst weite, das ganze Volk — eben die ganze Nation in dem oben an zweiter Stelle angeführten Sinne — umfassende Verbreitung zu sichern[4]. So meinte auch die politische Forderung nach einer „educatio nationalis" auf dem Landtag von 1790/91 zunächst Verbreitung von Bildung im ganzen Volk (natio), sie implizierte aber bereits an zweiter Stelle die Einführung von Ungarisch als verbindlicher Volkssprache (lingua nationalis); diese sollte nun nicht nur das elitäre, überholte Latein als Amts-, Verwaltungs- und Rechtssprache ersetzen, sie sollte die bestimmende Sprache der ganzen Bevölkerung werden. Damit reagierte man einerseits auf Bestrebungen des Wiener Hofes, die Verwaltung der Gesamtmonarchie — also auch Ungarns — mittels der deutschen Sprache zu vereinheitlichen, andererseits verbirgt sich dahinter bereits die Vorstellung, daß die einheitliche Volkssprache eben zum Wesen dessen gehöre, was ein Volk, was eine Nation sei. Die Übereinstimmung von Sprache und Nation wird hier zumindest intentional, gleichsam im Unterbewußtsein, postuliert.

Es ist im Rahmen dieser kurzen Ausführungen nicht möglich, das Werden der hier bereits einsetzenden sprachlich-nationalen Bewegung eingehender zu analysieren. Vor allem drei Faktoren scheinen dabei eine bedeutende Rolle gespielt zu haben.

---

[4] L. Lajos CSÓKA, A Ratio educationis korszaka [Das Zeitalter der Ratio educationis], in: Magyar művelődéstörténet [Ungarische Kulturgeschichte], hg. v. Sándor DOMANOVSZKY 4 (Budapest o. J.) 453—481; Moritz CSÁKY, Von der Ratio educationis zur Educatio nationalis. Die ungarische Bildungspolitik zur Zeit der Spätaufklärung und des Frühliberalismus. In: Wiener Beiträge zur Geschichte der Neuzeit 5 (Wien 1978) 205—238, bes. 216 ff.

Erstens wäre hier die ungarische Sprachreform und der mit dieser engstens verbundene Aufschwung der neuen ungarischen Dichtung und Literatur zu nennen, wobei nicht uninteressant ist, daß gerade die in Wien angesiedelten ungarischen Intellektuellen dabei — zumindest zu Beginn — eine nicht unerhebliche Rolle spielten[5].

Zweitens müßte auf die Rezeption der deutschen Spätaufklärung, vor allem des Herderschen Volks- und Nationsbegriffs aufmerksam gemacht werden, wonach die Sprache das wesentliche Konstitutivum eines Volkes, einer Nation sei. Bekanntlich kam der These Herders bei der ideologischen Ausgestaltung des Sprachnationalismus vor allem bei den Slawen eine besondere Bedeutung zu.

Und drittens muß hier auf die Rolle des mittleren Adels aufmerksam gemacht werden: diesem ging es zunächst gegenüber den Zentralisierungs- und Modernisierungsbewegungen der Wiener Regierung um die Verteidigung der alten (ständischen) Verfassung, d. h. um die Erhaltung und Petrifizierung seiner politischen Prärogativen und Freiheiten (libertates nobiles). Mit dem konkreten Versuch Josephs II., Deutsch als verbindliche Verwaltungssprache einzuführen, rückte dann das Argument der eigenen Sprache in das zentrale Blickfeld des Interesses. Bedenkt man nämlich, daß in den meisten Komitaten de facto Ungarisch die Verwaltungssprache war — wobei z. B. in manchen oberungarischen Komitaten auch Slowakisch dazukam —, trotz des offiziellen Lateins der amtlichen Dokumente; bedenkt man ferner, daß der mittlere Adel, dessen Domäne die Komitatsverwaltung war, wohl Ungarisch und Lateinisch, nicht aber allgemein

---

[5] Csáky, Von der Ratio a. a. O. 218. Es sei u. a. auf die ungarischen Gardeschriftsteller, insbesondere auf Bessenyei und Báróczi hingewiesen. Vgl. Aladár BALLAGI, A magyar királyi testőrség története különös tekintettel irodalmi müködésére [Geschichte der Königlich Ungarischen Leibgarde, unter besonderer Berücksichtigung ihrer literarischen Tätigkeit] (Budapest 1872); Moritz CSÁKY, Die Präsenz der ungarischen Literatur in Wien um 1800, in: Die österreichische Literatur. Ihr Profil an der Wende vom 18. zum 19. Jahrhundert (1750—1830), hg. v. Herbert Zeman, 1 (Graz 1979) 475—489. Bekanntlich wurde Franz (Ferenc) Kazinczy in seinem Bemühen um die Reform der ungarischen Sprache nachhaltig von diesen „Wiener Ungarn", insbesondere von Báróczi, dessen gesammelte Werke er 1813—1814 in acht Bänden herausgab, beeinflußt. — Über die Sprachreform bzw. Spracherneuerung, deren wichtigster Exponent Franz (Ferenc) Kazinczy (1759—1831) wurde, vgl. Lajos CSETRI, A magyar nyelvujitás kora irodalomszemléletének nyelvfilozófiai alapjairól [Die sprachphilosophischen Grundlagen der Literaturbetrachtung während der Zeit der ungarischen Spracherneuerung], in: Irodalom és felvilágosodás [Literatur und Aufklärung], hg. v. J. SZAUDER—A. TARNAI (Budapest 1974) 229—279; Loránd BENKŐ, A magyar irodalmi irásbeliség a felvilágosodás korának első szakaszában [Die ungarische Literatursprache während der ersten Periode der Aufklärung] (Budapest 1960); Gyula MÉREI—Károly VÖRÖS (Hgg.), Magyarország története 1790—1848 [Geschichte Ungarns 1790—1848]. (Magyarország története, hg. v. Zsigmond Pál PACH, 5, Budapest 1980) 1055ff., 1392f.

Deutsch konnte, so wird ohne weiteres verständlich, daß mit der Durchführung der josephinischen Sprachverordnung ein Großteil des mittleren Adels de facto seiner politischen Ämter, d. h. seiner politischen und z. T. auch wirtschaftlichen Existenz (was für den verarmten, beamteten Komitatsadel gilt!) beraubt worden wäre, daß er also befürchten mußte, bald nur mehr im theoretischen und nicht mehr auch im praktischen Genuß seiner politischen Freiheiten zu sein[6].

Das Auftreten des mittleren Adels gegen die deutsche und seine entschiedene Parteinahme für die ungarische Sprache war somit zunächst nichts anderes, als eine Verteidigung der alten adeligen Rechte, des ständischen Nationsbegriffs also und ständischer ökonomischer Strukturen. Somit wurde die ungarische Sprache beim mittleren Adel zum Symbol für die „libertas nobilis" und für den Fortbestand der historischen „natio Hungarica", die ungarische Sprache wurde also auch von dieser rein adeligrechtlichen Seite her gesehen zur „lingua nationalis", zur „Nationalsprache". Anders ausgedrückt: das Eintreten für Ungarisch als lingua nationalis geschah nun nicht mehr allein unter dem Prätext der Wissensvermittlung und -verbreitung im Sinne der Aufklärung, das Eintreten für Ungarisch — als Nationalsprache — wurde zu einer Forderung der ständischen politischen Räson: es wurde zu einem Politikum. Für die weitere Entfaltung dieses mitteladeligen Nationalismus ist nun ein doppelter Umstand bemerkenswert.

Auf der einen Seite bediente sich diese nationale adelige Widerstandsbewegung zur Verteidigung ihrer Freiheiten, d. h. der historischen ständischen Verfassung, in zunehmendem Maße einer Ausdrucksweise, die der modernen westeuropäischen Rechtssprache entlehnt war; dort verstand man aber unter Verfassung nun nicht mehr eine ständische, sondern ein parlamentarisches demokratisches Repräsentativsystem. Indem nun der Adel mit dieser modernen Sprache die alte ständische Verfassung, „seine" Freiheiten also, verteidigte, übernahm er allmählich, gleichsam unbewußt, auch Inhalte dieser modernen Rechtssprache — die er zur Verteidigung der alten Rechte einzusetzen glaubte — und wurde so unversehens auch zum Befürworter eines frühliberalen, „demokratischen" Repräsentativsystems, einer modernen, liberalen Verfassung.

---

[6] Über den Widerstand des Komitatsadels vgl. u. a. Michael HORVÁTH, Fünfundzwanzig Jahre aus der Geschichte Ungarns 1823—1848, 1 (Leipzig 1867) 93ff.; DERS., Magyarország történelme [Geschichte Ungarns] 8 ([2] Pest 1873) 490ff.; Géza BALLAGI, A nemzeti államalkotás kora [Die Zeit der nationalen Staatsgründung], in: A magyar nemzet története [Geschichte der ungarischen Nation], hg. v. Sándor Szilágyi, 9 (Budapest 1897), bes. 94ff.; Alajos DEGRÉ, Szervezési rend a megyegyűléseken 1838 előtt [Die Organisationsordnung in den Komitatsversammlungen vor 1838], in: Fejér megyei történeti évkönyv 7 (1973) 121—140.

Auf der anderen Seite freilich blieb das Argument der Verteidigung der ungarischen Sprache voll aufrecht und wurde mit dem inneren Wandel des Verfassungsverständnisses gleichsam zum Garanten einer modernen, eben nicht mehr ständischen Verfassung. D. h. während die ständische Verfassung allmählich in eine moderne Repräsentativverfassung umgedeutet und somit ihrer adeligen Exklusivität entkleidet wurde, blieb die Nationalsprache bzw. das Postulat nach ihr eine wesentliche Konstante und Grundlage auch der neuen Verfassungsidee: eben des modernen ungarischen Staates. Dies ist deshalb so wichtig, weil damit eine Ideologisierung und Verpolitisierung der Sprache eingeleitet wurde, die die rein kulturelle und literarische Attitüde der aufgeklärten Spracherneuerer auf eine neue, eben politische Ebene erhob.

Der Inhalt dieser nationalen Sprachideologie aber war: Bürger dieses modernen ungarischen Staates konnte nur der sein, der sich auch zu der Sprache dieses Staates bekannte. Oder anders ausgedrückt: Durch die Aneignung und Verbreitung der ungarischen Sprache verhalf man einem modernen ungarischen Nationalstaat, der seinerseits eine liberale Verfassung implizierte, zum Sieg. Die Pflege und Verbreitung der ungarischen Sprache bekam so den Nimbus einer staatsbürgerlichen Pflicht, und wer dieser Pflicht nicht nachkam, indem er entweder eine andere Sprache als diese sprach, oder sich um die ungarische Sprache nur an zweiter Stelle bemühte, konnte eben kein guter Bürger dieses neuen ungarischen Nationalstaates sein. So ist es dann auch ohne weiteres verständlich, daß die ungarische Sprachreform und die ungarische Dichtung — von der literarischen auf die politische Ebene erhoben — zu einem wesentlichen Element für den Aufbau eines ungarischen Nationalstaates uminterpretiert, und zum festen Bestandteil der nationalen Ideologie des 19. Jahrhunderts wurde: Ungarisch zu schreiben und zu dichten wurde schon an sich, rein formal, eine nationale Aufgabe; als noch vollkommener aber wurde jene Dichtung angesehen, die nicht nur im Formalen, sondern auch ihrem Inhalt nach auf die Nation ausgerichtet war und eine nationale Thematik behandelte.

Freilich, eine solche nationalsprachliche Ideologie mußte im besonderen Fall des historischen, „multinationalen" Ungarn weitreichende Konsequenzen haben und an die Existenz dieses Staates rühren. Zwei Gesichtspunkte wären hier besonders hervorzuheben. Zum einen war die Exklusivität der nationalen Sprachideologie der vielsprachigen Realität des Landes diametral entgegengesetzt. Zum anderen aber versprach sich diese Ideologie vor allem und fast ausschließlich von der Förderung und Entwicklung der ungarischen Sprache die Lösung der wichtigsten Probleme des Landes und vernachlässigte in zunehmendem Maße die Einleitung von sozialen Veränderungen, die ein modernes Ungarn primär erfordert hätte.

Diese Einstellung entspricht im wesentlichen dem Kulturoptimismus der Spätaufklärung und des Frühliberalismus. Man war überzeugt, daß Bildung und Pflege des kulturellen Bereichs der Gesellschaft bzw. eines Volkes das Humanum der einzelnen soweit entwickeln würde, daß ein Großteil der sozialen und wirtschaftlichen Konflikte sich von selbst bzw. mit dem Fortschreiten von Bildung lösen würde, „daß der vollständig aufgeklärte einzelne sich im Eigeninteresse zugleich gemeinschaftskonform verhalten werde; aufgeklärte Bildung ist ... das Allheilmittel für soziale und politische Probleme"[7].

In bezug auf die angesprochene Mehrsprachigkeit kann noch folgendes festgehalten werden. In der Argumentation der nationalsprachlichen Ideologie erschien die Förderung nichtungarischer Sprachen als zweitrangig, ja schädlich und da Sprache mit Nation, Nationalität identifiziert wurde, erstreckte sich die negative Einschätzung dieser Sprachen auch auf die Nationalitäten selbst. Und nachdem nur jener ein vollgültiger Staatsbürger sein konnte, der sich zu der einen (ungarischen) Nationalsprache bekannte, betrachtete man eben die nicht ungarischsprachigen Bewohner des Landes als Bürger zweiter Kategorie. Ein solcher Standpunkt führte nun bezüglich der nichtungarischen Nationalitäten zum einen zu einer Politik der Assimilierung, zum anderen bediente man sich in zunehmendem Maße zur Sicherung und Verbreitung des Ungarischen chauvinistisch-repressiver Methoden.

Hier stellt sich aber eine wichtige Frage: identifizierte sich nun tatsächlich um 1800 jeder ungarischsprachige Ungar mit der soeben skizzierten Ideologie des ungarischen Sprachnationalismus? Welches Selbstverständnis hatten jene Bewohner des Landes, deren Muttersprache nicht Ungarisch war? Gab es zu der nationalsprachlichen Ideologie eine „reale" Alternative, die sowohl der ungarischsprachigen als auch der nicht ungarischsprachigen Bevölkerung des Landes Rechnung trug?

Nun führt uns ein Blick auf die Literatur dieser Zeit, insbesondere auf die nichtungarische des Landes, ganz deutlich vor Augen, daß sich eben auch jene Autoren, die nicht ungarisch schrieben, bezeichnenderweise als „Ungarn", als „Hungari" apostrophierten. D. h. sie hielten sich ebensogut für Ungarn, wie jene, deren Mutter- und Literatursprache Ungarisch war, nur konnten sie sich auch auf das historische Argument einer (ebenso) langen Präsenz im Lande berufen und auf die jahrhundertealte Vielsprachigkeit — oder, negativ ausgedrückt, Toleranz — verweisen. Es ging ihnen viel mehr um die kontinuierliche Evolution vor allem jener alten,

---

[7] Vgl. diese im Zusammenhang mit William Godwin (1756—1836) gemachte Bemerkung in: Marxismus im Systemvergleich, hg. v. C. D. KERNIG, Geschichte 1 (Frankfurt—New York 1974) Sp. 182 (Iring Fetscher).

nichtständischen Variante von Nation, als um die Rezeption eines sich zwar modern bezeichnenden, im Grunde genommen aber repressiven Sprachnationalismus. Zu diesen „Hungari" zählten nun nicht nur zahlreiche nicht ungarischsprachige Ungarn — ein Teil von ihnen wurde ja ebenfalls zu Sprachnationalisten, aber im antimagyarischen Sinne! —, auch viele ungarisch sprechende schlossen sich ihnen an, sei es, weil sie vor den repressiven, inhumanen Konsequenzen des Sprachnationalismus zurückschreckten, sei es, weil sie erkannten, daß wahre Reformen nicht mit dem Argument der Sprache, sondern in erster Linie durch soziale Veränderungen zu erreichen gewesen wären.

Den Unterschied zwischen dem Sprach-Ungarn („Magyare") und dem Ungarn als „Hungarus" in dem bezeichneten, umfassenden Sinn charakterisierte schon im Jahre 1778 der Polyhistor Daniel Cornides mit den Worten: „De Hungaris iam pauca et de Magyaris, quos ego ita distinguo, ut omnes Magyaros quidem pro Hungaris habeam, sed non vice versa Hungaros omnes pro Magyaris. Hungari genus constituunt, Magyari speciem"[8]. Fast zwei Generationen später (1821) bemerkte der bekannte Publizist Johann (János) Csaplovics in bezug auf dasselbe Problem in einer deutschsprachigen Abhandlung mit dem bezeichnenden Titel „Das Königreich Ungern ist Europa im Kleinen": „Unter dem Wort ‚Ungarn' begreift man aber alle in Ungern wohnenden Völker; Slowaken ebenso gut als Walachen, Teutsche ebenso gut, als Vandalen etc. alle sind Ungarn, weil sie in Ungern wohnen. Magyaren dagegen sind nur jene, die die Haupt-Nation bilden, welche sich selbst Magyarok nennen"[9].

Freilich, hinter solchen zunächst akademischen Unterscheidungen verbarg sich mehr als eine sprachlich-grammatikalische Distinktion etwa von genus und species (Cornides); hinter dem Wort „Hungarus" (Ungar) verbarg sich, zumal 1821 (Csaplovics), ein ganzes (politisches) Programm, das sich freilich, wie wir wissen, auf weite Sicht nicht durchzusetzen vermochte, das aber — was mit aller Entschiedenheit betont werden muß — vom historischen, aber auch vom politischen Standpunkt aus gesehen, zumindest in den ersten Jahrzehnten des 19. Jahrhunderts ebenso ernst genommen werden wollte, wie die magyarische sprachnationalistische Ideologie, die schließlich den Sieg davongetragen hat. Die Hungari konnten — Andor Tarnai hat dies nachgewiesen[10] — auf eine lange historische Tradi-

---

[8] Daniel Cornides an den Stuhlrichter Thomas Roth de Királyfalva, Pest, 30. März 1778. Magyar Tudományos Akadémia Kézirattár [Handschriftenabteilung der Ung. Akademie d. Wissenschaften], Magyar Ir. Lev. 4r, 57 sz, 1. k.

[9] Johann von CSAPLOVICS, Das Königreich Ungern ist Europa im Kleinen. In: Erneuerte vaterländische Blätter für den österreichischen Kaiserstaat (1820) 410.

[10] Andor TARNAI, Extra Hungariam non est vita. Egy szállóige történetéhez [Zur Geschichte eines geflügelten Wortes] (Budapest 1969).

tion zurückblicken, sie fanden in dem jahrhundertealten Ungarn-Verständnis vergangener Generationen auch ihre volle Rechtfertigung[11]. Nun, zur Zeit des beginnenden, „modernen" Nationalismus, im ausgehenden 18. und beginnenden 19. Jahrhundert, traten sie wieder stärker und mit Entschiedenheit in Erscheinung. Worum ging es ihnen?

Während einerseits die magyarischen Sprachnationalisten — wie gezeigt werden konnte — ein exklusives Nationalbewußtsein förderten, das entweder auf eine sprachliche Einschmelzung der nicht ungarischsprachigen Bevölkerung des Landes oder auf eine zumindest dominierende Position der Sprachungarn ausgerichtet war, andererseits aber die sich z. T. an denselben Prinzipien (z. B. Herder) orientierenden Nationalbewegungen der nicht Ungarisch sprechenden Nationalitäten des Landes auf weite Sicht gesehen eine zentrifugale Tendenz verfolgten, ja durch die Extremposition der ungarischen Sprachideologie dahin gedrängt wurden, ging es den Hungari um eine „via sana et media". Im Konkreten beriefen sie sich einerseits auf die rationalen und allgemein humanitären Überzeugungen der Aufklärung, andererseits auf einen Staats- (und nicht National-) Patriotismus, der der historischen Realität des Landes, also dem historischen Bewußtsein und der historischen Einheit auf Grund der gemeinsamen Rechtspflege, Verwaltung, Verfassung und Kultur entsprach. Zu einer solchen Hungarus-Konzeption bekannten sich unter anderem sowohl „bürgerliche" Intellektuelle (Honoratiores), als auch Vertreter des historischen Adels, der ja seiner Zusammensetzung nach nicht sprachlich konstituiert war, vor allem jene, die der zunehmend sprachnationalen Ideologie des militanten mittleren Adels in dem oben beschriebenen Sinn nicht folgen konnten oder wollten.

Die Zielsetzung der Hungari war eine doppelte: erstens Toleranz in sprachlicher Hinsicht, d. h. Anerkennung der nichtmagyarischen Sprachen (und Kulturen) des Landes[12], was sie aber nicht hinderte, sowohl die Entfaltung der ungarischen Sprache und Dichtung zu fördern, als auch Ungarisch als Verwaltungssprache zu bejahen; und zweitens Präferenz für die notwendigen sozialen und wirtschaftlichen Reformen gegenüber der

---

[11] Tibor KLANICZAY, A régi magyarországi irók nemzeti hovatartozása [Die nationale Zugehörigkeit der alten ungarländischen Schriftsteller], in: Irodalomtörténeti Közlemények 77 (1973) 148—153 und DERS., A mult nagy korszakai [Große Epochen der Vergangenheit] (Budapest 1973) 19—31. In diesem Zusammenhang sei auch hingewiesen auf Béla PUKÁNSZKY, „Patrióta" és „hazafi" [Patriot und Vaterlandsfreund], in: Budapesti Szemle 230 (1933) 34—53, 173—181.

[12] Vgl. etwa die gleichmäßige Förderung aller Nationalitäten in Bildungskreisen (Pesti kör, Eperjesi kör) und durch die mehrsprachige Editionstätigkeit der Pester Universitätsdruckerei. Dazu Endre ARATÓ, A nemzetiségi kérdés története Magyarországon 1790—1840 [Geschichte der Nationalitätenfrage in Ungarn] 1 (Budapest 1960) 152ff., 157ff.

Betonung einer Bildungs- und Sprachreform durch die ungarischen Sprachideologen.

Hält man sich diese doppelte Zielsetzung der Hungari vor Augen, dann läßt sich sagen, daß das Gegenwartsverständnis der Hungari viel eher der Komplexität des Real-Konkreten entsprach, als dem auf die Exklusivität der Sprache als dem Inbegriff alles Ungarischen fixierten Abstraktum der magyarischen Sprach-Ideologen. Aus einer solchen realistischen Grundhaltung entwickelte sich dann bei den Hungari so etwas wie ein ideologischer Überbau einer nun ebenfalls abstrakten Gesamtstaatsidee, die sich mit den Gesamtstaatsbestrebungen des in vieler Hinsicht gewiß reaktionären Wiener Kabinetts traf. Gerade dieser Umstand aber wurde ihnen übel vermerkt: Sie wurden vor allem von den Sprachnationalisten als Handlanger der Wiener Regierung betrachtet — was sie in Wirklichkeit keineswegs waren — und verloren so gegenüber den sich der staatlichen Unabhängigkeit Ungarns bewußten Sprachideologen etwa ab den dreißiger Jahren immer mehr an Attraktivität.

In verschiedenen Ländern der Habsburgermonarchie begannen sich zu Beginn des 19. Jahrhunderts — analog zu der Entwicklung der politischen Frontstellung im übrigen Europa — zwei politische Zielgruppen zu formieren, die in den kommenden Jahrzehnten die Gestalt von politischen „Parteiungen" annahmen, um nach 1848 schlechthin als die konstitutiven Konstanten der politischen Parteienlandschaft hervorzutreten: Konservative und Progressive. „Konservativ" und „progressiv" um 1800 hatte aber noch keineswegs jenen ideologiebelasteten, plakativ-etikettierenden oder rein abwertenden Sinn, der diesen Begriffen im 20. Jahrhundert zukommen sollte. Vielmehr repräsentierten sie zwei politische Richtungen, die sich beide bewußt auf die Ideale der Aufklärung bezogen: Konservative und Liberale (Progressive) Österreichs beriefen sich noch in der zweiten Hälfte des 19. Jahrhunderts auf den Josephinismus. In diesem Sinne muß z. B. die Identifizierung von Konservativismus, Traditionalismus und Reaktion bzw. Restauration für die ersten Jahrzehnte des Jahrhunderts ebenso entschieden zurückgewiesen werden wie die Gleichsetzung von Progression und Revolution bzw. Umkehrung aller tradierten Werte.

Der Konservativismus, im Verständnis des beginnenden 19. Jahrhunderts, bezieht sich bewußt auf zwei Ziele: Reform der gegenwärtig vorhandenen — sozialen, ökonomischen, kulturellen und politischen — Zustände; gleichzeitig aber Achtung vor historisch gewachsenen Werten, d. h. Aufbau auf der historisch gewachsenen Realität der Gegenwart. Die Progressiven halten gerade die historisch gewachsene Wirklichkeit für eine Fehlentwicklung, wollen diese — zunächst — radikal ändern und streben primär nach der Verwirklichung von politischen Zielen, die bisher weitgehend nur in abstracto formuliert und postuliert wurden. Was nun die Hungari und die ungarischen Sprachnationalisten betrifft, so entsprachen die ersteren eher den Konservativen, die letzteren aber den Progressiven, wobei einschränkend hinzuzufügen wäre, daß jeweils Elemente der einen oder anderen Gruppierung bis zu einem gewissen Grade bei beiden vorhanden waren. Die Hungari bezogen sich nun eben auf die historische Realität des Landes, auf die Multinationalität und wollten die daraus erwachsenen Antinomien durch soziale und ökonomische Reformen beheben. Den magyarischen Sprachnationalisten aber schwebte nicht nur der utopisch-abstrakte — auch später nicht zu verwirklichende! — Einheitsstaat vor Augen, sie bezogen sich anfänglich auf eine vermeintlich historische, in Wirklichkeit jedoch fiktive (Adels-)Konstitution, die gewiß — nicht zuletzt aufgrund der Rezipierung einer modernen Rechtssprache — in das Postulat eines liberalen Konstitutionalismus umgedeutet wurde.

Extremer (Sprach-)Nationalismus und völkerverbindender Patriotismus sind in dieser Zeit aber nicht bloß für Ungarn charakteristisch. Es genüge, darauf hinzuweisen, daß es nicht nur in den deutschen Provinzen der Monarchie eine bedeutende Bewegung deutscher Sprachnationalisten gab, die auf ein einiges Deutschland hinarbeiteten unter Miteinbeziehung der österreichischen Provinzen. Es gab z. B. in einem anderen mehrsprachigen Land der Monarchie ebenfalls eine den „Hungari" vergleichbare Bewegung: In Böhmen bemühte man sich seit der zweiten Hälfte des 18. Jahrhunderts nicht bloß um die Hebung und Verbreitung des Tschechischen als Volks-, Literatur- und Bildungssprache, vielmehr betonten gerade die wichtigsten Förderer des Tschechischen die Notwendigkeit und Zweckmäßigkeit der Erhaltung auch des deutschen Idioms. Ein erster Vertreter dieses „Bohemismus" war z. B. Josef Dobrovský, der 1792 sein bahnbrechendes Werk über die tschechische Sprache und Literatur bezeichnender Weise in deutscher Sprache herausgab[13]. Eine Generation später veröffentlichte noch ein František Palacký die ersten Bände seiner „Geschichte von Böhmen" nicht tschechisch, sondern deutsch[14]. In den Rahmen dieser

---

[13] Josef DOBROVSKÝ, Geschichte der böhmischen Sprache und Literatur (Prag 1792). Vgl. Eduard WINTER, Barock, Absolutismus und Aufklärung in der Donaumonarchie (Wien 1971) 206ff.; Emil NIEDERHAUSER, A nemzeti megujulási mozgalmak Kelet-Európában [Die nationalen Erneuerungsbewegungen in Osteuropa] (Budapest 1977) 76. Über die Querverbindungen der tschechischen Erneuerungsbewegung zu Ungarn vgl. Richard PRAŽÁK, Josef Dobrovský als Hungarist und Finno-Ugrist (Brno 1967) 9—30, 42ff.

[14] František PALACKÝ, Geschichte von Böhmen, 9 Bde. (Prag 1836—67). Während der Arbeit am dritten Band begann Palacký mit der Edition der tschechischen Version: Dějiny národu českého v Čechách a v Moravě (Praha 1848—76). Vgl. Richard G. PLASCHKA, Von Palacký bis Pekař. Geschichtswissenschaft und Nationalbewußtsein bei den Tschechen (Graz—Köln 1955); Eduard WINTER, Romantismus, Restauration und Frühliberalismus im österreichischen Vormärz (Wien 1968) 166ff.; Niederhauser, A nemzeti megujulási mozgalmak 77.

bohemistischen Bewegung gehört auch die Gründung des Vaterländischen Museums (1822) unter Kaspar Sternberg und Anton Kolowrat, mit dem ausgesprochenen Ziel der Förderung der tschechischen Sprache und Literatur. Eines seiner Mitglieder war übrigens J. W. Goethe, der die Absichten dieser Gesellschaft u. a. so umschreibt: „Neben der böhmischen Sprache besteht die deutsche jetzt als eine wirklich einheimische in Böhmen ... Beide Sprachen vereinigend und vermittelnd, indem sie keine derselben verabsäumt, wirkt die Gesellschaft des vaterländischen Museums..."[15]. Und wie die Hungari dem Gesamtstaatspatriotismus zumindest entgegenkamen, so entsprach dem Bohemismus im Politischen die austroslawische Konzeption — gewiß auch als Gegengewicht zu Einverleibungstendenzen in den deutschen politischen Bereich —, für den die Worte Palackýs charakteristisch sein dürften: „Wenn der österreichische Staat nicht schon seit langer Zeit bestünde, wären wir im Interesse der Menschheit und Europas verpflichtet, uns schleunigst um seine Gründung zu bemühen"[16].

Doch zurück zu den Hungari. Im folgenden mögen einige Beispiele ihre Position bzw. das Verhältnis zwischen ihnen und den Sprach-Magyaren etwas näher beleuchten.

Der Pädagoge Samuel Bredeczky betonte im Jahre 1809, daß es in Ungarn zwischen zwei Alternativen zu wählen gelte: zwischen dem „Patriotismus", jenem „heiligen Feuer, welches den edlen, guten Staatsbürger zu edlen Handlungen antreibt", und dem „Nationalismus" einer „verderblich schleichenden Glut, welche ungesehen die Stütze der Gebäude verkohlt und zum Einsturz vorbereitet". Der Patriot bewahre Gleichmut in nationalen Streitigkeiten und Beharrlichkeit im Bemühen um den Staat, „der Nationalist schreyt und lärmt mit einem Ungestüm, der allen in die Augen fällt" und läßt jene Großzügigkeit vermissen, die für eine tiefgreifende Reform des Landes nötig ist[17]. Damit spricht Bredeczky jenen wichtigen Punkt im Programm der Hungari an, den wir bereits erwähnten: den Primat von Reformen im sozialen, wirtschaftlichen und sozio-kulturellen Bereich.

Ähnlich wie Bredeczky argumentierte auch der Sárospataker Jurist und Lehrer Kossuths, Alexander (Sándor) Kövy, betonte aber vor allem die Notwendigkeit einer Verfassungsänderung im Sinne der allgemeinen Ausweitung der adeligen Prärogativen auf die Gesamtbevölkerung, also die

---

[15] Johann Wolfgang GOETHE, Sämtliche Werke 14 (Artemis-Ausgabe Zürich 1977) 586.

[16] Johannes URZIDIL, Tschechen und Slowaken, in: Die Welt der Slawen, hg. v. Hans KOHN, 1: Die West- und Südslawen (Fischer Bücherei 340, Frankfurt/M.—Hamburg 1960) 187 (dort das Palacký-Zitat).

[17] Samuel BREDETZKY, Reisebemerkungen über Ungern und Galizien 1 (Wien 1809) 185—186. Zur Person Bredeczkys vgl. Ödön HORVÁTH, Bredeczky Sámuel élete 1772—1812 [Das Leben von S. B.] (Budapest 1924) bes. 209ff.

verfassungsmäßige Verankerung von sozialen und wirtschaftlichen Reformen mit allgemeinpolitischen Konsequenzen[18].

Weiters sei an Männer wie Johann (János) Genersich, Jakob (Jakab) Glatz, Gregor (Gergely) Berzeviczy oder Karl Georg (Károly György) Rumy erinnert, die der oberungarischen, „internationalen" Zipser Tradition der Hungari entstammten.

So wie Glatz die soziale und wirtschaftliche Modernisierung des Landes — gegenüber der Sprachenfrage — für erstrangig hielt[19], so mahnte auch sein Landsmann, der Historiker Johann Christian (János Keresztély) Engel am Ende seiner in deutscher Sprache verfaßten „Geschichte des Ungarischen Reichs": „Verbessert ... ernstlich Euren Civil-Codex, Euern noch sehr langsamen verwickelten Processgang, und nähert Euch mehr dem Grundsatze der Gleicheit Aller vor dem Gesetz. Schützet die Freyheit des Bürgers, schonet und vermehret den verarbeitenden Bürgerstand"[20].

Ganz deutlich kommt die Absicht der Hungari vor allem in der Argumentation Berzeviczys zum Ausdruck: ihm ging es um die Modernisierung von Handel und Wirtschaft, um eine Reform der Besitzverhältnisse, um die Beseitigung von veralteten, ungerechten gesellschaftlichen (adeligen) Privilegien und um die verfassungsmäßige Repräsentation des ganzen Volkes. Angesichts solcher, bereits grundsätzlich liberaler Überlegungen vermochte Berzeviczy der ideologischen Fixierung auf die Sprache nur wenig abzugewinnen, ja er hielt sie für ungerecht, da sie nur einen Teil der Bevölkerung berücksichtige, er hielt sie für verfehlt, da sie die wichtigen Reformen des Landes in den Hintergrund dränge[21].

---

[18] Sehr interessant ist diesbezüglich eine Mitschrift der Vorlesungen Kövys in Sárospatak (ca. 1814): Ius Naturae. Budapesti Egyetemi Könyvtár, Kézirattár [Handschriftenabteilung d. Budapester Universitätsbibliothek] B 43, bes. pag. 269ff.

[19] [Jacob GLATZ], Freymüthige Bemerkungen eines Ungars über sein Vaterland auf einer Reise durch einige Ungarische Provinzen (Teutschland 1799) 5f., 22ff., 89. U. a. plädierte Glatz für eine Änderung der Gesellschaftsstruktur: „Aber einer Reformation bedarf es. Die Pfaffen und die Aristokratie müssen mehr im Zaume gehalten, und durch weise menschliche Gesetze eingeschränkt werden". Ebd. 41.

[20] Johann Christian von ENGEL, Geschichte des Ungrischen Reichs 5 (Wien 1814) 352—353.

[21] „Sie heben die Idee des Nationalismus aus: ich bin nicht dieser Meinung, weil Nationalismus schon an sich etwas Einseitiges ist, und weil wir in Ungarn, eigentlich keine Nazion sind. — Nach meinem Begriff, steht der Staat oben an, mit seiner Unabhängigkeit, Selbständigkeit, und möglichst erreichbaren Gleichheit seiner Einwohner, wozu Wohlstand, Kultur, Moralität der Mehrzahl nothwendig gehört. — Das Übrige, e. g. Nationalismus, Privilegien, Verfassungen, Gewohnheiten etc. ist unterordnet". Briefkonzept Berzeviczys an Kazinczy, Lomnitz 17. März 1809. Országos Levéltár Budapest [Staatsarchiv Budapest] P 53, 131 cs.

Die berühmt-berüchtigte Debatte zwischen Berzeviczy und dem Sprachideologen und Dichterpapst Franz (Ferenc) Kazinczy[22] veranschaulicht die widersprüchliche Position der Hungari und der Sprach-Magyaren. Während Kazinczy von der Reform und Verbreitung der ungarischen Sprache und Sprachbildung den (nationalen) Fortschritt erwartete, widersprach Berzeviczy dieser Ansicht und betonte mit Entschiedenheit die Notwendigkeit von strukturellen Veränderungen im gesellschaftlichen und wirtschaftlichen Bereich. D. h. Berzeviczy und die Hungari sahen die Priorität gesellschaftlicher Veränderungen, Kazinczy und die Sprachnationalisten hingegen erwarteten sich das Heil von einer Bildungsrevolution im Sinne einer intensiven Magyarisierung der Bevölkerung, eine Position, die während der ganzen Zeit der nun einsetzenden Reform (reformkorszak) — im Gegensatz zur notwendigen Sozialreform — vorherrschend blieb. Die berühmt-berüchtigte Debatte zwischen den Exponenten dieser beiden Varianten der Lösung des Nationalproblems begann dort tragische Dimensionen anzunehmen, wo Kazinczy dem reformeifrigen, aber des Ungarischen nicht vollkommen mächtigen Berzeviczy gegenüber ausführte: „Die Existenz meiner Nation, der Nationalismus, ist mir teurer als Gold" (= d. h. als die Reform und Entwicklung der Wirtschaft und des Handels)[23], und in einer deutschsprachigen Replik auf Reformvorschläge Berzeviczys über die Bauern lakonisch vermeldete: „Ein Glas Branntwein, eine Pfeife Tabak, und das beneidenswerte far niente umfasst den ganzen Kreis seiner [des Bauern] Glückseligkeit"[24]. Und wenn Kazinczy „den drei B's" [nämlich Bredeczky, Berzeviczy und Vinzenz Batthyány] entgegenhielt, sie wünschten bloß, „unsere Nation möge nur aufhören, jene Nation zu sein, die sie bisher war"[25], so verkannte er damit nicht nur die soziale und wirtschaftspolitische Attitüde seiner Gegner, der Hungari, er übersah auch völlig, daß gerade durch die Schriftsteller- und Übersetzertätigkeit eben der Hungari, durch Ignaz Fessler — als „ausländischem" Exponenten —, durch Engel,

---

[22] Vgl. die alte Literatur bei Domokos KOSÁRY, Bevezetés a magyar történelem forrásaiba és irodalmába [Einführung in die Quellen und Literatur der ungarischen Geschichte] 2 (Budapest 1954) 254—258. Ferner: Gábor ZSIGMOND, Berzeviczy Gergely és Kazinczy Ferenc vitája a parasztok állapotáról Magyarországon [Die Auseinandersetzung von B. und K. über den Zustand der Bauern in Ungarn], in: Valóság 1975, Heft 4, 77—91; Domokos KOSÁRY, Napóleon és Magyárország [Napoleon und Ungarn] (Budapest 1977) 95ff.; DERS., Napoléon et la Hongrie, in: Studia Historica 130 (Budapest 1979) 43ff., 59ff., 109f.

[23] Kazinczy an Berzeviczy, 5. Februar 1809. In: Kazinczy Ferenc levelezése [Die Korrespondenz von F. K.] 22, hg. v. István HARSÁNYI (Budapest 1927) 239ff.

[24] [Ferenc KAZINCZY], Von aber für Nicht-Ungarn. In: Ungarische Miscellen 1 (1817) 109.

[25] Kazinczy Ferenc levelezése [Die Korrespondenz von F. K.] 23, hg. v. Jenő BERLÁSZ u. a. (Budapest 1960) 201.

Johann (János) Mailáth, Alois (Alajos) Mednyánszky oder Georg (György) Gaál die Kenntnis über Ungarn und seine reiche Literatur und Kultur in der gesamten Habsburgermonarchie und im Ausland bekannt und bewundert wurde[26]. Es ist interessant, hier anzumerken, daß analog zu den ungarischen auch die (liberalen) tschechischen Sprachnationalisten wenig Eifer für die Lösung der doch erstrangigen sozialen Fragen an den Tag legten[27].

Der Wettlauf zwischen den Hungari und den Sprachnationalisten um die Gunst der Öffentlichkeit und um politische Effizienz entschied sich schließlich zugunsten der letzteren. Vielleicht nicht zuletzt deshalb, weil die Nationalidee unter Zugrundelegung des Prinzips der einheitlichen Sprache zum Inhalt jener politischen Ideologie gehörte, die modern und dem ständischen Denken gegenüber in der Tat fortschrittlich war: des Liberalismus[28]. Weiter wohl auch deshalb, weil, wie bereits angedeutet

---

[26] Man muß sich vor Augen führen, daß die Werke dieser Autoren maßgeblich zur Kenntnis über Ungarn — bis in die Gegenwart — beigetragen haben. Ignaz Aurel FESSLER, Die Geschichte der Ungern und ihrer Landsassen, 10 Bde. (Leipzig 1815—1825); Johann Christian v. ENGEL, Geschichte des ungrischen Reichs und seiner Nebenländer, 4 Bde. (Halle 1796) bzw. die Neuauflage: Geschichte des ungrischen Reichs, 5 Bde. (Wien 1813—1814). Das bahnbrechende Werk: Magyarische Gedichte (Stuttgart 1825) von Johann (János) MAILÁTH, eine Anthologie mit einer ausführlichen Einführung in die ungarische Literatur, war nicht nur von größtem Einfluß auf die „Ungarn-Rezeption" des 19. Jahrhunderts — vgl. auch MAILÁTHS Magyarische Sagen und Märchen (Brünn 1825) —, es diente auch als Vorbild für Franz TOLDYs Handbuch der ungrischen Poesie (Pest—Wien 1827/28). Der Hungarus Mailáth stand gewiß der Gesamtstaatsidee Hormayers und seines Kreises nahe, die auf literarischem Gebiet vor allem in der Rezeption aller Nationalliteraturen (als Gesamtliteratur) der Monarchie ihren Ausdruck fand. Ihr Ziel war aber keineswegs ein „Substanzverlust" der Nationalliteraturen durch ihr „Einschmelzen" in eine Gesamtliteratur, eine Meinung, die oft irrtümlich vertreten wird. Dazu: István FENYŐ, Toldy Ferenc irodalomtörténeti szintézisei [Franz T.s literaturgeschichtliche Synthesen], in: Irodalomtörténet 67 (N. F. 12) (1980) 405. MAILÁTH war auch der Verfasser einer ungarischen Geschichte: Geschichte der Magyaren, 5 Bde. (Wien 1828—1831). Mednyánszky war lange Zeit Mitarbeiter Hormayers und Verfasser zahlreicher Untersuchungen über die ungarische Geschichte und Literatur in deutscher Sprache. Georg (György) GAÁL war Ersterházy'scher Bibliothekar in Wien und ebenfalls ein Vermittler ungarischer Literatur, etwa durch seine Sammlung: Ungarische Märchen (Wien 1822). Vgl. dazu Csáky, Die Präsenz a. a. O. 485ff. (mit Literaturangaben).

[27] Niederhauser, A nemzeti megujulási mozgalmak a. a. O. 78.

[28] Im multinationalen Ungarn vertraten die ungarischen Sprachnationalisten am entschiedensten die politischen Forderungen des Liberalismus und traten u. a. für die Schaffung einer „bürgerlichen" Konstitution ein. Auch verschiedene liberale Wirtschaftsmaßnahmen wurden in der „Reformzeit" (ungarischer Vormärz) getroffen und zeigten bald erste Erfolge. D. h. die Suprematie der ungarischen Sprache und Kultur schien unmittelbar mit der Modernisierung des Landes — worunter vor allem die politisch-konstitutionelle, nicht die soziale verstanden wurde — verknüpft zu sein, das Bekenntnis zu modernen, liberalen Ideen implizierte die Anerkennung und Aneignung der ungarischen Sprache. Diese Verbindung von Liberalismus und Sprachnationalismus in Ungarn, die übrigens eine Variante der

wurde, der mittlere Komitatsadel ganz vehement für die ungarische Sprachidee eingetreten war; nun war der Komitatsadel aber eine relativ homogene soziale Gruppe, die bereits im Besitz politischer Rechte, politischer Macht war, die sie, gegenüber den inhomogenen, weil z. T. eben auch bürgerlichen und politisch machtlosen Hungari, rascher und wirkungsvoller einzusetzen vermochte — ganz abgesehen davon, daß ja gerade der mittlere Adel sich in zunehmendem Maße westlichen, liberalen Ideen zuwandte.

Gewiß gab es noch in der ungarischen Reformzeit (ca. 1825—1848) Stimmen, die sich der Argumentation der Hungari bedienten. So bezeichnete der große Reformer Stephan (István) Széchenyi, der im Endeffekt einer Magyarisierung des Landes nicht abgeneigt war, in seiner Akademierede (1842) die Ideologie der Sprachnationalisten als eine „Täuschung", und hielt es für einen großen Fehler „daß wohl in keinem Lande dieser Erde die hehre Idee der Vaterlandsliebe so sehr mit der Heimatsprache vermengt" würde, wie in Ungarn[29].

Trotz solcher Äußerungen müssen wir aber festhalten, daß jene, die der Ideologie der Sprachnationalisten und Kazinczy folgten, die Überhand behielten und die Politik Ungarns für viele Jahrzehnte bestimmten. Der Sprachnationalismus und der spätere Chauvinismus wurden zur Neurose der ungarischen Gesellschaft des 19. Jahrhunderts.

Wenn man die hier vorgetragenen Argumente vorsichtig gegeneinander abwägt, könnte man abschließend und zusammenfassend wohl zu folgendem Schluß kommen:

1. Es sollte und könnte uns erneut bewußt werden, daß zu Beginn des 19. Jahrhunderts neben jener ideologischen Position, die schließlich den Sieg davontrug und das ganze Jahrhundert bestimmte, noch eine andere Variante „nationaler Besinnung" da war, die rein theoretisch ebenfalls eine Zeitlang wohl die gleiche Chance hatte, realisiert zu werden, nämlich die Konzeption der Hungari.

2. Wir sollten endlich — mit allen Konsequenzen — auch als Historiker zur Kenntnis nehmen, daß die Ideologie der Sprachnationalisten, trotz ihrer Verdienste im Bereich der Pflege der ungarischen Sprache und Bildung, anderen Nationalitäten und Sprachen gegenüber, die in Ungarn

---

Verschmelzung von liberaler und nationaler Idee, die in Gesamteuropa zu beobachten war, darstellte, ist wohl einer der wichtigsten Gründe für die zahlreichen freiwilligen Magyarisierungsversuche vieler nicht magyarischer Bewohner, insbesondere Intellektueller des Landes während des ganzen 19. Jahrhunderts.

[29] István SZÉCHÉNYI, A Magyar Akadémia körül (1842) [Über die Ungarische Akademie], in: Gróf Széchényi István írói és hirlapi vitája Kossuth Lajossal [Die Schriftsteller- und Presseauseinandersetzung Széchényis mit Ludwig Kossuth], hg. v. Gyula VISZOTA. Gróf Széchényi István összes munkái [Sämmtliche Werke von Sz. I.] 6/1 (Budapest 1927) 148—196, Zitat 188.

eben eine Realität darstellten, eine repressive, ungerechte und daher inhumane Politik verfolgte. Die weitreichenden Konsequenzen dieser Politik sind wohl allgemein bekannt. Dazu kam noch das — zumindest anfänglich — geringe Interesse der Sprachnationalisten für die Lösung sozialer und wirtschaftlicher Probleme.

3. Daher könnte man sich abschließend fragen, ob in bezug auf eine Lösung „nationaler" Probleme in der Vergangenheit nicht doch gerade die Konzeption der unterlegenen Hungari die weitaus gerechtere, humanere, eben modernere war gegenüber jener, die die Geschichte Ungarns dann so maßgeblich bestimmte. Insofern, als die Hungari zum einen von der realen Gegebenheit des Landes ausgingen, zum anderen aber den politisch-ethnischen und sozial-ethischen Forderungen gerecht wurden — aber gewiß nicht unter dem Aspekt des Erfolges, der ihnen nicht beschieden war! —, kann man wohl zu Recht von der Konzeption der Hungari als einer „realpolitischen Alternative" sprechen[30].

---

[30] Die Frage, was unter Realpolitik zu verstehen sei, wird oft irrtümlicherweise mit dem Hinweis auf ihren Erfolg bzw. Mißerfolg beantwortet. Dabei sind doch die eigentlichen Konstitutiven einer solchen Politik nicht vom erreichten Ziel, sondern von den Voraussetzungen, von den Prämissen zu bestimmen: ob z. B. eine solche Politik den wirklichen, gegebenen Verhältnissen eines Landes bzw. eines Volkes Rechnung trägt, ob ihre Zielsetzung eine Verbesserung der gesellschaftlichen Situation herbeizuführen imstande ist, und vor allem, ob die Mittel, die eingesetzt werden, um solche Ziele zu erreichen, vernünftig und situationskonform sind. Realpolitik läßt sich also nicht so sehr von ideologischen, d. h. abstrakten Voraussetzungen und Absichten, als vielmehr von der historisch-politischen Wirklichkeit leiten. In bezug auf die Lösung des nationalen Problems (das wohlgemerkt nicht zuletzt ein soziales und ökonomisches war) in Ungarn im ausgehenden 18. und beginnenden 19. Jahrhundert muß gewiß eingeräumt werden, daß ein exklusiver Nationalismus, der vom Primat der Sprache und Volkseinheit ausging, auch bei den nichtmagyarischen Nationalitäten des Landes, vor allem bei den Slawen, bereits Gestalt anzunehmen begann. Man darf und muß sich aber mit Recht fragen, ob dieser ansatzmäßig vorhandene Nationalismus nicht gerade durch die Ideologie des bereits entwickelteren intoleranten magyarischen Sprachnationalismus, in dialektischer Gegenwehr gleichsam, jenen Umfang und jene Größe erreichte, wie er uns dann in der zweiten Hälfte des 19. Jahrhunderts entgegentritt und konsequenterweise zur Auflösung des historischen Ungarn wesentlich beitragen mußte.

DOMOKOS KOSÁRY

DIE UNGARISCHE UNTERRICHTSREFORM VON 1777

Seit Ernő Fináczy im Jahre 1902 das erste gründliche und in gewisser Hinsicht bis heute maßgebende Werk[1] über Ungarns Unterrichtswesen im theresianischen Zeitalter veröffentlicht hat, hat die ungarische Geschichtsschreibung selbstverständlich einen langen Weg zurückgelegt. Wir wissen heute über das 18. Jahrhundert viel mehr, versuchen neue Zusammenhänge herauszuarbeiten und neue Fragen zu beantworten. Aber man kann nicht umhin, zu bekennen, daß die Entwicklung nicht ganz geradlinig war, sondern mehr als einmal über Umwege führte, welche gegensätzliche, an vielen Punkten fragwürdige Urteile über die theresianische Unterrichtsreform zeitigten. In der gegenrevolutionären Atmosphäre der zwischen den zwei Weltkriegen liegenden Jahre wurden eher die barocken und religiösen Züge der theresianischen Kulturpolitik hervorgehoben und mit Anerkennung den aufgeklärten Tendenzen gegenübergestellt[2]. In der Wertung des aufgeklärten Absolutismus machte sich in mehr als einer Hinsicht die alte ungarische ständische, adelige Tradition bemerkbar. Nach 1945 mußte sich das natürlich grundlegend ändern. Nur wurde die entsprechende Korrektur einige Zeit durch den Dogmatismus der 1950er Jahre aufgehalten, der die Geschichte mit Vorliebe seinen politischen Taktiken unterordnete und nicht selten mit alten adelig-nationalistischen Devisen manipulierte. Das Ergebnis war, daß gewisse Elemente der dem aufgeklärten Absolutismus feindlich gegenüberstehenden adeligen Tradition in einer womöglich noch einseitigeren Form wiederbelebt wurden. So wird das 18. Jahrhundert des langsamen Wiederaufbaus und der Aufklärung in einer im Jahr 1952 herausgegebenen Ungarischen Geschichte extremer als je zuvor als die Epoche des wirtschaftlichen und politischen Verfalls beschrieben und die Reform von 1777, die Ratio Educationis, welche nach Ansicht des Verfas-

---

[1] Ernő FINÁCZY, A magyarországi közoktatás története Mária Terézia korában [Geschichte des Unterrichtswesens in Ungarn im Zeitalter Maria Theresias] 2 (Budapest 1902). Einen viel weniger modernen und aus ständisch-kirchlicher Sicht gefärbten Standpunkt findet man bei Mór KÁRMÁN, Közoktatásunk országos szervezésének nehézségei a XVIII. században [Die Schwierigkeiten der staatlichen Organisation unseres Unterrichtswesens im 18. Jahrhundert], in: Budapesti Szemle 145 (1911) 218—239, 344—429.

[2] Gyula SZEKFŰ, Magyar történet [Ungarische Geschichte] 4 ([2]Budapest 1935) 531—534.

sers lediglich „zur Vervollkommnung des Kolonialsystems" diente, kurz unter dem Schlagwort „kultureller Verfall" erwähnt[3]. In einer auf einem etwas höheren Niveau gehaltenen Erörterung nennt ein damals an der Universität benütztes Lehrbuch die Ratio noch immer ein „Instrument der habsburgischen Kolonialpolitik"[4]. Von dieser „Kolonialtheorie" ist seitdem nachgewiesen worden, daß sie zu den politischen Waffen der aufgeklärten ständischen Bestrebungen des ausgehenden 18. Jahrhunderts gehörte, und in dieser Form auf die übrigens tatsächlich untergeordnete Lage Ungarns historisch nicht anwendbar ist[5].

Seitdem haben sich unsere Geschichtsforscher viel und vielleicht nicht erfolglos darum bemüht, vom 18. Jahrhundert und von der Unterrichtsreform ein wahrheitsgetreues Bild zu geben. Auf einer Sitzung der Ungarischen Akademie der Wissenschaften die vor einigen Jahren stattfand, haben verschiedene Fachleute die „Ratio" mit sorgfältiger Überlegung und mit Anerkennung in Erinnerung gerufen[6]. Ich selbst habe versucht, die ungarische Unterrichtsreform in einer unlängst veröffentlichten Monographie über die Kultur Ungarns im 18. Jahrhundert sowie in einem die ungarischen Unterrichtsreformen des aufgeklärten Absolutismus kürzer zusammenfassenden Artikel in französischer Sprache im Lichte dieser neuen Konzeption zu behandeln[7]. Sehr wahrscheinlich wird die zusammenfassende Erziehungsgeschichte, welche von der Pädagogischen Forschungsgruppe der Ungarischen Akademie der Wissenschaften vorbereitet wird, einen ähnlichen Standpunkt vertreten.

Da ich hier nicht die Möglichkeit habe, in Einzelheiten zu gehen, möchte ich nur drei wichtige Probleme hervorheben, in deren Beurteilung die neuere Literatur eine gewisse Veränderung gebracht hat, und zwar: 1. die Ratio und der aufgeklärte Absolutismus, 2. die Ratio und die Frage der Sprache und 3. die Ratio und die Protestanten bzw. die adelige Aufklärung.

Der aufgeklärte Absolutismus, so wie wir ihn heute sehen, war der Versuch einer Anzahl von Staaten an den relativ weniger entwickelten nördlichen, östlichen und südlichen Randzonen Europas, sich mittels der Konzentrierung ihrer Kräfte den entwickelten Staaten anzuschließen,

---

[3] A MAGYAR NÉP TÖRTÉNETE. Rövid áttekintés [Geschichte des ungarischen Volkes. Kurzer Überblick] (²Budapest 1953) 203—204.

[4] A MAGYARORSZÁG TÖRTÉNETE. [Geschichte Ungarns] 2 (Budapest 1962) 527.

[5] Domokos KOSÁRY, Les antécédents de la Révolution industrielle en Hongrie. In: Acta Historica 1975, 365—375.

[6] Vgl. Domokos KOSÁRY, A kétszáz éves Ratio Educationis [Die zweihundertjährige Ratio Educationis]. In: Magyar Pedagógia 1977, 375—387.

[7] Domokos KOSÁRY, Művelődés a 18. századi Magyarországon [Kultur in Ungarn im 18. Jahrhundert] (Budapest 1980); DERS., Les réformes scolaires de l'absolutisme éclairé en Hongrie entre 1765 et 1790 (Studia Historica 149, Budapest 1980).

allerdings noch innerhalb der Ordnung des Feudalismus. Die Gestaltung der internationalen Kräfteverhältnisse, die Wechselwirkung und die Rivalität der entwickelten und der rückständigen Länder innerhalb ein und desselben Kontinents führten notwendigerweise dahin, daß die letzteren ihre veraltete Struktur zu modernisieren versuchten.

Bekanntlich unternahm die Habsburgermonarchie diesen Versuch unter dem Druck der preußischen Rivalität und teilweise geradezu nach preußischem Muster. Um aber ihre inneren Kraftquellen besser ausnutzen zu können und den wirtschaftlichen, gesellschaftlichen und politischen Aufgaben gewachsen zu sein, benötigte sie bessere Fachleute in der Staatsverwaltung, im Finanz- und Wirtschaftsleben, besser geschulte Ingenieure, Ärzte usw., und nicht nur das, sondern auch gebildetere Handwerker und Bauern. Mit einem Wort, man brauchte um vieles bessere Unterrichtsanstalten. Man mußte also Reformen durchführen, die das Unterrichtswesen aus dem Wirkungskreis der Kirchen herausnahmen, unter staatliche Kontrolle stellten und gleichzeitig auf ein höheres Niveau brachten, auf welchem es den neuen Ansprüchen gerecht werden konnte.

Die Ratio Educationis von 1777, die erste umfassende staatliche Regelung des Unterrichtswesens in Ungarn[8], markiert einen besonders bedeutenden Punkt in einem längeren Prozeß, im Laufe dessen der aufgeklärte Absolutismus das Schulsystem Ungarns im Rahmen der Habsburgermonarchie mittels Reformen zu modernisieren suchte. Die Ratio muß also in einem breiteren Kontext, und nicht isoliert betrachtet werden. Ansätze, auf die sie bauen konnte, gab es allerdings schon früher, so in der Reorganisation des Volksschulwesens seit 1775 (nach den Direktiven Felbigers) wie auch auf dem Gebiet des Hochschulwesens, so daß sich die Ratio verhältnismäßig ausführlich mit der Frage der Mittelschulen beschäftigen konnte, die nach der Abschaffung des Jesuitenordens besonders dringend geworden war. Auch wurde die Ratio später durch weitere Reformen ergänzt, wie z. B. die Ausweitung des Ingenieurstudiums an einem Lehrstuhl für Mathematik der philosophischen Fakultät zu einem Institut für Ingenieurwesen (1782), das selbst nach dem Zusammenbruch des josephinischen Systems noch erhalten blieb[9]. Gegenüber früheren, irrtümlichen Behauptungen unternahm die theresianische Unterrichtsreform im Interesse der Entwicklung der Volksschulen große Anstrengungen. Ja noch mehr, obwohl das Prinzip der Schulpflicht im Wortlaut der Ratio nicht gesondert erwähnt wird, wurde diese von der Konferenz der Volks-

---

[8] Ratio Educationis totiusque rei litterariae per regnum Hungariae et provincias eidem adnexas (Vindobonae 1777).

[9] Ferenc FODOR, Az Institutum Geometricum [Das Institutum Geometricum] (Budapest 1955).

schulinspektoren im Jahre 1778 sowie von der darauffolgenden Verordnung in die neuen Vorschriften miteinbezogen.

Es ist viel über die Identität der nicht genannten „braven Männer", die dem Kanzleirat József Ürményi bei der Vorbereitung der Ratio zur Seite standen, diskutiert worden, einer vielleicht etwas übertriebenen Meinung nach soll Ádám Kollár dabei eine Hauptrolle gespielt haben[10]. Soviel kann jedenfalls mit Sicherheit festgehalten werden, daß alle auf irgendeine Weise zu den Anhängern des aufgeklärten Absolutismus zählten. Zu diesen gehörten auch die meisten Direktoren und Inspektoren der neu eingerichteten neun Schuldistrikte, über deren Leben und Tätigkeit wir noch immer wenig wissen[11]. Die Bestrebungen des aufgeklärten Absolutismus kamen nicht nur in der Betonung der religiösen Toleranz sondern auch in der neuartigen Zusammenstellung des Lehrplanes zum Ausdruck[12]. Neuerdings haben einige Autoren besonders hervorgehoben, daß die Ratio sichtlich darauf bedacht war, den Unterricht möglichst vieler nützlicher Kenntnisse, wie Mathematik[13], Naturwissenschaften, Geschichte[14] usw. in die neben dem unbedingt notwendigen Unterricht der lateinischen Sprache, der offiziellen Sprache des Landes, noch verbleibende Unterrichtszeit hineinzu-

---

[10] J. Lajos Csóka, Mária Terézia iskolareformja és Kollár Ádám [Maria Theresias Schulreform und Adam Kollár] (Pannonhalma 1936); Ders., Der erste Zeitabschnitt staatlicher Organisierung des öffentlichen Unterrichtswesens in Ungarn 1760—1791, in: Jahrbuch des ... Instituts für ungarische Geschichtsforschung in Wien 9 (1939) 45—124; Ders., A Ratio Educationis korszaka [Das Zeitalter der Ratio Educationis], in: Sándor Domanovszky (Hg.), Magyar Művelődéstörténet [Ungarische Kulturgeschichte] 4 (Budapest 1941) 453—481. Neuerdings auch Ders., Kollár Ádám és az 1777-i Ratio Educationis [Adam Kollár und die Ratio Educationis von 1777], in: Magyar Pedagógia 1977, 388—408.

[11] Imre Madzsar, Első tankerületi beosztásunk keletkezése [Die Entstehung unserer ersten Schuldistrikteinteilung], in: Magyar Pedagógia 1922, 97—108; Ders., Vörös Antal [Antal Vörös], in: A budapesti tankerület 3. sz. értesitője [Anzeiger des Budapester Schuldistrikts] 3 (Budapest 1922).

[12] János Ravasz, Az 1777-i Ratio Educationis általános tantervi céljairól [Über die allgemeinen Lehrplanziele der Ratio Educationis von 1777], in: Pedagógia Szemle 1977, 996—1014. Vgl. Ders., Az 1777-i Ratio Educationisról [Über die Ratio Educationis von 1777], in: Tanulmányok a neveléstudomány köréből [Studien aus dem Bereich der Erziehungswissenschaft] (Budapest 1958) 423—456; Ders., A felvilágosult abszolutizmus neveléspolitikája [Die Erziehungspolitik des aufgeklärten Absolutismus], in: J. Ravasz u. a. (Hgg.), A magyar nevelés története a feudalizmus és a kapitalizmus korában [Geschichte der ungarischen Erziehung im Zeitalter des Feudalismus und des Kapitalismus] (Budapest 1968) 45—49.

[13] Mária Oláhné Erdélyi, Az 1777-i Ratio Educationis és a matematikaoktatás [Die Ratio Educationis von 1777 und der Mathematikunterricht, in: Magyar Pedagógia 1977, 409—422; Dies., Matematikai tankönyvek a két Ratio idejében [Lehrbücher der Mathematik in der Zeit der zwei Rationes], in: Pedagógiai Szemle 1977, 1028—1036.

[14] Brúnó Balassa, A töréténttanitás multja hazánkban [Die Vergangenheit des Geschichtsunterrichts in unserem Lande] (Pécs 1929).

zwängen. Andere Forscher wiesen auf die neuen Institutionen des Hochschulwesens hin, von der medizinischen Fakultät (1769) über die Einführung der Landwirtschaftslehre oder der Statistik bis zu den fünf königlichen Akademien, welche die künftigen Beamten im Geist der aufgeklärten Kameralistik ausbildeten[15]. Wieder andere betonen die Wichtigkeit der „Normalschulen", d. h. der Musterschulen auf dem Gebiet der institutionellen Lehrerausbildung, des Zeichenunterrichts und der aus dem letzteren hervorgehenden Industriepädagogik[16]. Die Wirklichkeit barg freilich viele Widersprüche. Aufgrund neuer lokaler Teiluntersuchungen erhält man auch ein Bild der Schwierigkeiten gegen die sich die Durchführung der Reform in den verschiedenen Provinzen des Landes durchsetzen mußte[17]. Man kann auch betonen, daß die Autoren der ungarischen Ratio die adeligen Interes-

---

[15] Éva H. BALÁZS, A magyarországi felsőoktatás a felvilágosult abszolutizmus korában [Der Hochschulunterricht in Ungarn im Zeitalter des aufgeklärten Absolutismus], in: Felsőoktatási Szemle 1968, 407—413; András TÓTH, Egyetemünk berendezkedése Budán, 1777—1789 [Die Etablierung unserer Universität in Buda], in: Annales Universitatis Budapestiensis 4 (1962) 89—114; Imre SZENTPÉTERY, A bölcsészettudományi kar története 1635—1935 [Geschichte der philosophischen Fakultät] (Budapest 1935); József KOVACSICS, Statistikunterricht an der Universität von A. Barits bis S. Konek, in: Annales Universitatis Budapestiensis 4 (1962) 363—389; Ernö ÉBER, A mezőgazdaságtan első hazai egyetemi tanszéke és első tanára: Mitterpacher Lajos [Der erste ungarische Lehrstuhl der Agrarwissenschaft und sein erster Professor: L. Mitterpacher], in: A Mezőgazdasági Muzeum Közleményei 1962, 33—43. János BARTA, Mezőgazdasági szakirodalmunk a XVIII. században [Unsere Agrarfachliteratur im 18. Jahrhundert] (Budapest 1973); József R. ANTALL—Viola R. HARKÓ—Tivadar VIDA, Die Ofener Jahre der medizinischen Fakultät nach der Übersiedlung der Tyrnauer Universität, in: Az Országos Orvostörténeti Könyvtár Közleményei 1971, Nr. 57—59, 141—153.
[16] Károly SZÁNTÓ, Adalékok a tanitóképzés történetéhez Pécsett a XVIII. és XIX. században [Angaben zur Geschichte der Lehrerbildung zu Pécs im 18. und 19. Jahrhundert], in: A Pécsi Tanárképző Főiskola Közleményei 1964, 37—71; László VERBÉLYI-VESZELKA, A soproni rajziskola története 1778—1799 [Geschichte der Zeichenschule in Sopron], in: Soproni Szemle 1938, 203—220, 300—304; Gyula XANTUS, Hazai rajzoktatásunk története 1: A rendszeres iskolai rajzoktatás kezdete [Geschichte des einheimischen Zeichenunterrichts 1: Anfänge des systematischen Zeichenunterrichts in den Schulen], in: Tantárgytörténeti tanulmányok [Studien zu Geschichte der Lehrgegenstände] 1 (Budapest 1960) 371—388; Hedwig SZABOLCSI, Magyarországi butormüvészet a XVIII—XIX. század fordulóján [Ungarische Möbelkunst um die Wende des 18./19. Jahrhunderts] (Budapest 1972).
[17] Aus der neueren Literatur seien erwähnt: J. KANYAR, Adatok Somogy megye müvelődéstörténetéhez a XVIII. század második felében, 1770—1789 [Angaben zur Kulturgeschichte des Komitats Somogy in der zweiten Hälfte des 18. Jahrhunderts], in: Somogy megye multjából [Aus der Vergangenheit des Komitats Somogy] 1 (Kaposvár 1970) 55—92; M. MÓRA, A Ratio Educationis megvalósitására irényuló törekvések Fejér megye népiskoláiban [Bemühungen zur Verwirklichung der Ratio Educationis in den Volksschulen des Komitats Fejér], in: Fejér megyei történéti évkönyv [Historisches Jahrbuch des Komitats Fejér] 1973, 199—214; I. KOTNYEK, A zalai népoktatás az I. Ratio Educationis bevezetésekor, in: Pedagógia Szemle 1977, 1037—1045.

sen noch ein wenig bestimmter zur Geltung brachten als ihre österreichischen Kollegen. Im großen und ganzen ist jedoch festzustellen, daß im Vergleich zu der früheren Situation und unter den gegebenen Verhältnissen die Ratio einen positiven Fortschritt darstellte und auch auf internationaler Ebene ein gutes Niveau vertrat.

Was nun die Frage der Sprache betrifft, hebt die „Ratio" den „besonderen Nutzen" der deutschen Sprache hervor (§102) und ist bestrebt, ihre Aneignung auf jeder Stufe weitgehend zu fördern. Diese auffallende und einseitige Tendenz ist von den ungarischen Historikern stark kritisiert worden. Nur geschah dies nicht immer aus der richtigen Grundhaltung.

Unter den gegebenen Umständen war es nämlich an sich nicht ganz ungerechtfertigt, daß die „Ratio" von den modernen lebenden Sprachen gerade die deutsche fördern wollte. Dafür sprach erstens der große politische Rahmen der Habsburgermonarchie, zu der auch Ungarn gehörte, weiters die traditionellen Kulturbeziehungen, die zwischen dem Land und der deutschen Kultur bestanden, sowie der Umstand, daß viele ungarische, vor allem protestantische Studenten deutsche Universitäten besuchten. Darüber hinaus war Deutsch eine der in Ungarn vertretenen Sprachen, und sein Unterricht war von ungarischer Seite schon vor der „Ratio" für nötig erklärt worden.

Es ist auch nicht wahr, daß die „Ratio" den Gebrauch der ungarischen Sprache im Unterricht zurückgedrängt hätte. Im Gegenteil: durch die Entwicklung der muttersprachigen Volksschulen und die Erhöhung ihrer Zahl trug sie nicht wenig zur Förderung des Ungarischen bei[18]. Die ersten ungarischen Lehrbücher der Grammatik, der Rechtschreibung — u. a. von erstklassigen Verfassern wie z. B. dem Schriftsteller und Sprachforscher Miklós Révai[19] — entstanden gerade zu dieser Zeit und als Folge der Reform.

Der wichtigste Vorwurf, den man der „Ratio" gegenüber erheben kann, ist also, daß sie außer der obligatorischen lateinischen und der empfohlenen deutschen Sprache den Unterricht der ungarischen oder der anderen im Lande gesprochenen Sprache in den Mittel- und Hochschulen nicht ermöglicht hat. Allerdings spricht sie gesondert (§155) über das Erlernen der ungarischen oder einer anderen heimatlichen Sprache („lingua domestica") im Rahmen der außerordentlichen Gegenstände. Damit wurde aber nur bezweckt, in dem multinationalen Land möglichst viele Leute auch andere Sprachen erlernen zu lassen und nicht etwa, den Ungarn eine Möglichkeit

---

[18] József BAKOS, Adatok a magyar tanítás történetéhez 1527—1790 [Angaben zur Geschichte des Unterrichts der ungarischen Sprache], in: Az Egri Pedagógiai Főiskola Évkönyve 2 (1956) 299—331.

[19] Zoltán ÉDER, Révai Miklós (Budapest 1972).

zu bieten, ihre eigene Sprache auch auf einer höheren Stufe zu erlernen bzw. ihre eigene Sprache in den verschiedenen Fächern anzuwenden.

Die ungarischen Historiker haben später mit vollem Recht eingewandt, daß in der „Ratio" die ungarische Sprache nur auf der untersten Stufe aufscheint, ein Umstand, in dem sie, schon in Kenntnis der späteren Sprachverordnung Josephs II., das erste Zeichen einer Grundtendenz zu erblicken wähnten. Es wäre auch noch akzeptabel gewesen, wenn sie die Ansicht geäußert hätten, daß die ungarische Sprache der Intention der Ratio zufolge neben ihrer Funktion als Muttersprache auch als eine Art von „lingua franca" im alten Ungarn hätte dienen sollen, also als gemeinsame Gebrauchssprache, welche die Kontakte erleichtert, ohne die Entfaltung anderer Sprachen zu verhindern. Aber dort kann man diesen Historikern kaum zustimmen, wo sie aufgrund der Fiktion der ungarischen „politischen Nation", welche im 19. Jahrhundert in Ungarn entstand[20], den aufgeklärten Absolutismus der Habsburger auf der einen Seite darum verurteilten, weil er die deutsche Sprache dem Land aufgenötigt habe, und auf der anderen Seite darum, weil er die Herrschaft der ungarischen Sprache über andere Sprachen nicht sicherte und die „Ratio" keinen Rangunterschied zwischen der „staatsbildenden Nation" und den „Nationalitäten" kannte[21], sondern im allgemeinen darüber sprach, daß „alle Nationen" über Volksschulen verfügen müßten. Die Ratio erwähnt sieben solche „Nationen" in Ungarn, d. h. sie rechnet außer mit den „eigentlichen" Ungarn auch mit dem spezifisch „nationalen" Charakter der deutschen, slowakischen, ruthenischen, kroatischen, „illyrischen", also serbischen, und rumänischen Sprache bzw. Ethnie — wenn auch nicht in jenem Sinne, den später das 19. Jahrhundert ihm geben sollte[22].

Freilich kann man von den Verfassern der „Ratio" nachträglich kaum so etwas wie die Idee einer ungarischen Unterrichts- und Amtssprache verlangen, da diese als Programm zu dieser Zeit nicht einmal vom ungarischen Adel befürwortet wurde. Dieses Ziel zeichnet sich erst später ab, teilweise eben unter dem Einfluß der „Ratio". Damit sind wir aber bei unserem dritten Punkt angelangt.

---

[20] Fináczy a. a. O. 2, 196—197.
[21] Gyula KORNIS, A magyar művelődés eszményei 1777—1848 [Die Ideale der ungarischen Kultur] 1 (Budapest 1927) 28.
[22] Über die Bestrebungen der Wiener Regierung im Banat, das erst seit 1778 wieder zu Ungarn gehörte: Herta FIETZ, Die Einrichtung eines Schulwesens für Rumänen und Serben im kaiserlichen Banat 1718—1778, in: Südostdeutsches Archiv 1966, 186—219; S. K. KOSTIĆ, Ausstrahlungen deutscher literarisch-volkstümlicher Aufklärung im südslawischen Raum, in: Die Aufklärung in Ost- und Südosteuropa (Köln—Wien 1972) 119—174; Ph. J. ADLER, Habsburg School Reform Among the Orthodox Minorities 1770—1780, in: Slavic Review 1974, 23—45.

Die Kompetenz der staatlichen Kontrolle bzw. der Direktoren der Schuldistrikte erstreckte sich in Ungarn im Prinzip auch auf die Schulen der protestantischen Kirchen. Die Protestanten, die in der vorangehenden Periode seitens des die Katholische Kirche unterstützenden Wiener Regimes viele Verfolgungen erlitten hatten, versuchten schon am Ende der 1760er Jahre angesichts der ersten Anzeichen der Reformbestrebungen des aufgeklärten Absolutismus im Unterrichtswesen die kirchliche Leitung ihrer Schulen zu schützen, indem sie die gröbsten Fehler nach Möglichkeit im eigenen Bereich ausmerzten. So wurde 1770 der Debreciner Methodus, ein neuer Lehrplan, ausgearbeitet, der einen gewissen Fortschritt vertrat, aber weder eine wirklich umfassende Reform darstellte, noch — vor allem — der Rolle entsprach, die man ihm im Kampf gegen die zu erwartende staatliche Reform zudachte[23]. So wurden die Protestanten im Augenblick der Einführung der „Ratio" vor eine Wahl gestellt. Entweder sie nahmen das Neue mitsamt der staatlichen Kontrolle an und versuchten in dieser Situation Gleichberechtigung und vorteilhaftere Verhältnisse als früher zu erreichen, oder aber sie verschanzten sich hinter der kirchlichen Autonomie und versuchten die Reform zurückzuweisen.

Die erste Lösung wurde von dem Schriftsteller György Bessenyei, einem Wegbereiter der adeligen Aufklärung, befürwortet. Bessenyei der in seiner Jugend als Mitglied der adeligen Leibgarde der Königin nach Wien gelangt war, aber um diese Zeit dort bereits als Agent der protestantischen Kirchen fungierte, war bereit, die theresianische Unterrichtsreform anzunehmen, wollte sie jedoch weiterentwickeln, und zwar in einer neuen, nationalen Richtung der Aufklärung[24]. Er wünschte z. B., daß der volkssprachliche Unterricht auch auf der mittleren und hohen Stufe durch den Unterricht in der Muttersprache ergänzt werde, was natürlich mit dem Studium der deutschen oder eine anderen Sprache nicht unvereinbar gewesen wäre. Die protestantischen, insbesondere kalvinistischen kirchlichen und weltlichen Leiter, die in der Mehrheit streng orthodox gesinnt waren, wählten den anderen Weg. Bessenyei mußte von seinem Posten als Agent abdanken. Eine Schar von protestierenden Bittschriften betonte, daß die Schulen zur Kompetenz der Kirche gehörten, da sie vor allem

---

[23] Sándor IMRE, Az iskolai reformtörekvések történetéből. Mozgalmak a Ratio Educationis előtt [Aus der Geschichte der Schulreformbestrebungen. Bewegungen vor der Ratio Educationis], in: Protestáns Szemle 1908, 96—103, 159—174. Imre betrachtet den parallel ausgearbeiteten siebenbürgischen kalvinistischen Lehrplan als eine „die bestehenden Umstände lediglich in Kleinigkeiten abändernde" Regelung.

[24] Lajos NÉMEDI, Bessenyei György és a Ratio Educationis [György Bessenyei und die Ratio Educationis], in: Az Egri Pedagógiai Főiskola Évkönyve 5 (1959) 95—108; DERS., Bessenyei György és a magyar nemzeti művelődéspolitika [György Bessenyei und die ungarische nationale Kulturpolitik], in: Magyar Pedagógia 1961, 398—1115.

Erziehungsanstalten der Religion seien und die Theologie die verschiedensten Lehrfächer durchdringe. Die kaum abgeschlossene Epoche der Verfolgung erklärt viel von dem starren Willen der Protestanten, die Autonomie ihrer Kirchen zu bewahren, jedoch kann ihr Widerstand der schließlich dahin führte, daß die Reform in den protestantischen Schulen nicht durchgeführt werden konnte, schwerlich als ein positives Ergebnis betrachtet werden [25].

Mit Bessenyei aber, der, wie erwähnt, ein Wegbereiter der adeligen Aufklärung war, haben wir die Problematik der Protestanten und der Kirchen im allgemeinen bereits verlassen. Die kulturpolitischen Flugschriften, die er — teils als Echo der „Ratio", aber nicht nur auf das Bildungswesen beschränkt — zwischen 1778 und 1781 verfaßte, umreißen ein neues nationales Bildungsprogramm, das den Anfang einer anderen politischen Tendenz der Aufklärung ankündigt. In einigen Ländern der europäischen Randzonen nämlich, wo das Ständewesen traditionell stark war, entwickelte sich im Adel die Tendenz, gegenüber dem aufgeklärten Absolutismus die alte ständische Struktur zu modernisieren, und zwar im Interesse der Errichtung eines aufgeklärten ständischen Staates, jedoch immer noch im Rahmen des Feudalismus [26]. Das wichtigste Beispiel dafür ist Polen, wo auch die Unterrichtsreform nach der Auflösung des Jesuitenordens von einer ständischen nationalen Erziehungskommission ausgearbeitet wurde [27]. In Ungarn konnte sich diese Tendenz weniger durchsetzen, wenn auch ihr Programm im Jahre 1790 schon recht umfangreich erscheint. Ihre Ideen bezüglich des Unterrichtswesens kennen wir aus einigen 1790 herausgegebenen Traktaten [28] und aus den Arbeiten der von 1791 bis 1793 tätigen ständischen Deputatio Litteraria.

Mittlerweile, im Zeitalter Josephs II., nahmen die ungarischen Josephinisten Stellung zur „Ratio" und auch sie teilten den kirchlichen Standpunkt nicht. Sámuel Tessedik [29], ein lutheranischer Geistlicher von aufge-

---

[25] Einige nützliche Dokumente zu dieser heute veralteten Apologetik: László KORMOS, A tiszántuli református egyházkerületi levéltár Ratio Educationisra vonatkozó forrásai [Die Ratio Educationis betreffende Quellen des Archivs des Reformierten Kirchendistrikts jenseits der Theiss], in: Acta Universitatis Debreceniensis, Magyar történeti tanulmányok 12 (Debrecen 1979) 117—211.

[26] Domokos KOSÁRY, Absolutismus éclairé — tendance nobiliaire éclairée. In: Les Lumières en Hongrie, en Europe centrale et en Europe orientale. Actes du troisième Colloque de Mátrafüred 28. sept.—2. oct. 1975 (Budapest 1978) 39—46.

[27] Ambroise JOBERT, La Commission d'éducation nationale en Pologne (Paris 1941); Éva RING, A lengyel közoktatás reformja 1774—1793 között [Die Reform des polnischen Unterrichtswesens], in: Magyar Pedagógia 1977, 435—444.

[28] Sámuel DECSY, Pannóniai Féniksz (1790). Vgl. István MÉSZÁROS, A magyar nevelés története [Geschichte der ungarischen Erziehung] 1790—1848 (Budapest 1968).

[29] Imre WELLMANN, Un représentant des Lumières en Hongrie à la fin du XVIIIe

klärter Gesinnung, hatte die „Ratio" nicht nur angenommen, sondern beschloß sie auch weiterzuentwickeln, namentlich in seiner praktisch-wirtschaftlichen Volksschule in Szarvas (1780). Und in dem idealen Dorf der Zukunft, welches er in einem seiner Werke[30] beschreibt, scheint auch die neue, mit „normalen" Methoden unterrichtende Volksschule auf.

Ein anderer Josephinist, der hervorragende ungarische Historiker Márton György Kovachich, beschäftigte sich in den Spalten seines aufgeklärten „Merkur von Ungarn", der ersten pädagogischen Zeitschrift des Landes, mit der Unterrichtsreform von 1777, deren Vorbereitung und Bedeutung er im Rahmen einer längeren historischen Analyse herausarbeitete[31]. Die „Ratio" als Fundament des Schulwesens blieb nämlich auch unter Joseph II. in Kraft, sie wurde 1781 sogar auf Siebenbürgen ausgeweitet, obwohl der Herrscher an mehreren Punkten praktische Änderungen veranlaßt hatte. Die „Ratio" überlebte schließlich sogar den Zusammenbruch des josephinischen Systems und wurde im wesentlichen erst 1806 durch die sogenannte zweite Ratio Educationis abgeändert. Diese zweite „Ratio" weist eher retrograde Aspekte auf, gemäß den Interessen des Hofes, des Monarchen Franz I. und der ungarischen Orden, die nach dem Sturz der aufgeklärten Politik in der Periode der französischen Kriege einander sehr viel näher gekommen waren.

Die Ratio Educationis von 1777 war also, wie wir abschließend zusammenfassen können, nicht irgendein ephemerer Versuch, sondern eine Reform, die eine ziemlich nachhaltige Wirkung auf Ungarns Unterrichtswesen ausgeübt hat.

---

siècle, in: Les Lumières en Hongrie, en Europe centrale et en Europe orientale. Actes du Deuxième Colloque de Mátrafüred, 2—5. Oct. 1972 (Budapest 1975) 65—71; László TÓTH, A Ratio Educationis hatása Tessedik Sámuel pedagógiai reformtevékenységére [Der Einfluß der Ratio Educationis auf die pädagogische Reformtätigkeit des Sámuel Tessedik], Pedagógia Szemle 1977, 1015—1027.

[30] Sámuel TESSEDIK, Der Landsmann in Ungarn, was er ist und was er sein könnte; nebst einem Plane von einem regulierten Dorfe (Pest 1784).

[31] Márton György KOVACHICH, Geschichte der neueren Schulreformation in Ungarn. Merkur von Ungarn 1787.

Horst Haselsteiner

WEHRVERFASSUNG UND PERSONELLE HEERESERGÄNZUNG IN UNGARN ZWISCHEN HERRSCHERRECHT UND STÄNDISCHEM KONSTITUTIONALISMUS

Zur Rekrutierungsfrage unter Maria Theresia und Joseph II.

1. Wehrverfassung und Heeresergänzung in Ungarn

Die Modalitäten der Aufbringung des Heeres und die Aufteilung der die bewaffnete Macht erhaltenden materiellen Leistungen reichen in Ungarn bis in das Mittelalter zurück. Verknüpft mit der zähen Kontinuität der ständischen Verfassung hielten sich im Reich der Stephanskrone auch die Institutionen der Wehrverfassung teilweise bis ins 19. Jahrhundert hinein.

Beitrag und Stellung des Königs

Die zur Zeit der Schlacht von Mohács geltende Wehrverfassung atmete noch die mittelalterlich-feudale Tradition. Sie bezog sich noch direkt auf die im Jahre 1435 von König Sigismund getroffenen Regelungen. Den Oberbefehl über die bewaffnete Macht des Königreiches Ungarn hatte der König inne. Der Herrscher war verpflichtet, das Land vor einem überraschenden Angriff eines Feindes zu schützen und auch die Grenzfestungen zu erhalten. Er hatte einen eigenen Truppenverband, das „Königliche Banderium", aufzustellen, das auf die mittelalterliche Personalinsurrektion der adeligen Diener des Königs unter dem Königsbanner zurückzuführen ist. Die Bedeckung all dieser Verpflichtungen erfolgte aus den direkten Einkünften des Königtums. Seit Matthias Corvinus spielte dann verstärkt die vom Herrscher angeworbene und von ihm bezahlte Söldnertruppe eine große Rolle[1].

---

[1] Alphons Freiherr von Wrede, Geschichte der k. k. Wehrmacht. Die Regimenter, Corps, Branchen und Anstalten von 1618 bis Ende des 19. Jahrhunderts 5 (Wien) 173—191; Béla Grünwald, A régi Magyarország 1711—1825 [Das alte Ungarn 1711—1825] (²Budapest 1888) 181 ff.; György Komoróczy, A katonai közigazgatás szervezete a Debreceni kerületben 1723—1848 között (Provincialis commissariatus districtus Debreceniensis) [Das System der Militärverwaltung im Bezirk Debrecen zwischen 1723 und 1848 (Provincialis commissariatus districtus Debreceniensis)], in: Hadtörténelmi Közlemények 6/2 (1959) 131; Árpád Markó, Magyarország hadtörténete [Kriegsgeschichte Ungarns] (Budapest 1943) 36.

Die Insurrektion

Die Insurrektion war ein reines Lehensaufgebot und umfaßte ursprünglich nur berittene Truppen. Daher läßt sich auch die Bezeichnung „Insurrektion" auf das lateinische „insurgere" zurückführen, was soviel wie „aufsitzen" bedeutet. Im Laufe der späteren Entwicklung wurde der Anteil der Infanterieeinheiten laufend erhöht, so daß das Lehensaufgebot sich rund zur Hälfte aus Kavallerie und zur Hälfte aus Fußtruppen zusammensetzte. Ganz allgemein gesprochen kann diese Insurrektion als die Verpflichtung des Adels zur persönlichen Heerfolge angesehen werden. Sie wurde im Sinne des ungarischen ständischen Denkens als Gegenleistung für das adelige Privileg der Steuerfreiheit eingestuft, an der die ungarischen Stände bis weit ins 19. Jahrhundert beharrlich festhielten.

Ein weiteres Kriterium für das Ansprechen der Insurrektion war nach den Bestimmungen der ungarischen Verfassung die deutlich festgelegte Landtagskompetenz. Der Herrscher konnte zwar das Adelsaufgebot aufrufen, die letztgültige Entscheidung über Umfang und Modalität der Stellung fiel aber der Entscheidung auf dem Landtag zu. Über die Landtagszuständigkeit, die adelige Steuerfreiheit und die allfällige Ablösung der Insurrektionspflicht des Adels kam es dann im Laufe des 18. Jahrhundert — vornehmlich während der Regierungszeit Maria Theresias und Josephs II. — zu Auseinandersetzungen zwischen dem Herrscher und den ungarischen Ständen. Die Frage der Heeresaufbringung wurde zunehmend mit zum Prüfstein der Entwicklung der Beziehungen zwischen den Habsburgerherrschern und den Ständen Ungarns[2].

Die ursprünglichste Form der Insurrektion als persönliche Heerfolgepflicht der Adeligen wird als „Personal-Insurrektion" bezeichnet. Allerdings wurde die an die Person der Adeligen gebundene Verpflichtung durch die Möglichkeit der Stellvertretung weitgehend gelockert, die ja bei den geistlichen Grundherrschaften, die auch zur Insurrektion verpflichtet waren, den Regelfall dargestellt hat. Insbesondere im 18. Jahrhundert wurden die Bauern verstärkt gezwungen, an Stelle der Adeligen im adeligen Aufgebot zu dienen[3].

Neben dieser Form des Heeresaufgebotes gab es in Ungarn noch zusätzlich die sogenannte „Portal-Insurrektion". Alle Herrschaftsbesitzer

---

[2] Jürg ZIMMERMANN, Militärverwaltung und Heeresaufbringung in Österreich bis 1806 (Handbuch zur deutschen Militärgeschichte 1648—1939, ed. Militärgeschichtliches Forschungsamt Freiburg i. Br., Bd. 3, Freiburg 1965) 99f.; Wrede, Wehrmacht 5, 173—191; Grünwald, Régi Magyarország 181 ff.; Komoróczy, A katonai közigazgatás 131; Markó, Magyarország hadtörténete 36.

[3] Zimmermann, Militärverwaltung 99f.; Wrede, Wehrmacht 5, S. 173—191; Ákos BEŐTHY, A magyar államiság fejlődése, küzdelmei [Die Entwicklung der ungarischen Staatlichkeit, deren Kämpfe] 3 (³Budapest 1906) 81—103.

hatten nach der Zahl der ihnen untertänigen Bauernhöfe, der sogenannten „portae", eine bestimmte Anzahl von Soldaten zu Pferd oder zu Fuß zu stellen, zu bewaffnen und diese „Portal-Miliz" auch während der Zeit der Kriegshandlungen zu verpflegen. Die Reiter wurden als „Husaren", die Fußsoldaten als „Haiduken" bezeichnet.

Der Einsatz der Verbände der Insurrektion war grundsätzlich nur innerhalb der Landesgrenzen gestattet — ein deutliches Zeichen des defensiven Charakters des Aufgebotes. Falls die Einheiten außerhalb der Grenzen verwendet werden sollten, mußte der Herrscher die vollen Kosten tragen[4].

Die Banderien

Eine besondere Formation der ständisch-feudalen Heeresstruktur Ungarns ist mit dem Begriff des „banderium" verbunden. Der Ausdruck wurde bereits im Zusammenhang mit der Aufstellung des Heeresverbandes der unmittelbaren adeligen Gefolgsleute bzw. Söldner des Königs unter dem Königsbanner als „Königliches Banderium" vorgestellt. Dazu kamen noch die Banderien der königlichen Amtsträger, wie des Vojvoden von Siebenbürgen, des Grafen der Szekler, des Banus von Kroation. Auch die Truppenverbände des hohen Klerus wurden seit Ende des 15. Jahrhunderts in eigenen Banderialverbänden zusammengefaßt, die nach den Bestimmungen des Gesetzesartikels XXIV/1504 auch in Friedenszeiten aufzustellen waren. Wenn ein Adeliger — in der Regel handelte es sich in diesem Fall, bedingt durch die erforderliche Besitzgröße, um einen Magnaten — mehr als 50 „Portalisten" im Rahmen der Portal-Insurrektion aufzustellen hatte, so konnten diese Bewaffneten unter dem eigenen Banner des Magnaten zu einem gesonderten Banderium zusammengefaßt werden. Die Portalisten der anderen adeligen Grundbesitzer wurden komitatsweise in sogenannte „Komitatsbanderien" eingereiht. Diese letztgenannten Formationen wurden in der Regel von den „Komitats-Kapitänen", den von den Komitaten ernannten Offizieren, befehligt[5].

Wert und Leistung der Insurrektion

Schon bei der Schlacht von Mohács hatte sich 1526 der vergleichsweise geringe militärische Wert des mittelalterlich-feudalen ungarischen Lehensaufgebotes gezeigt. Mit der Weiterentwicklung der Kriegstechnik, mit der

---

[4] Ebenda.
[5] Zimmermann, Militärverwaltung 99f.; Wrede, Wehrmacht 5, S. 173—191; Grünwald, Régi Magyarország 181ff.; Komoróczy, A katonai közigazgatás 131; Markó, Magyarország hadtörténete 36.

verstärkten Heranziehung von Söldnerheeren und mit der zunehmenden Entfremdung des Adels, auch der Adeligen in Ungarn, vom Kriegsdienst mußte in der erhöhten Herausforderung des absolutistischen Machtstaates das ständische Aufgebot mehr und mehr an militärischem Stellenwert verlieren. Ungarn stand in dieser Entwicklung nicht isoliert, wohl aber besonders exponiert da. Hatten doch allenthalben in der europäischen Entwicklung die modernen Berufs- bzw. Söldnertruppen die feudalen Lehensheere überrundet. Ungarn mit seiner alten, noch geltenden Heeresverfassung sah sich mit dieser Dynamik im Zuge der Türkenkriege und der Rákóczi-Bewegung konfrontiert. Der Vergleich mußte zulasten der überkommenen und notgedrungen zugunsten der modernen, zum Teil vom kaiserlichen Heer vorexerzierten Heeresform ausfallen, und dies trotz der zum Teil schwer errungenen militärischen Erfolge der Habsburger. Dies war sicher mit ein entscheidender Anstoß, daß sich nach dem Frieden von Szatmár auch die ungarischen Stände bereit fanden, erste Schritte zur Modernisierung des ungarischen Heerwesens zu setzen.

Ein zusätzlicher Aspekt darf bei der Beurteilung des Stellenwertes der ungarischen Insurrektion — insbesondere zur Zeit Maria Theresias — nicht übersehen werden. Wiederholt wurde in der Folgezeit von den ungarischen Ständen auf die militärische Leistung Ungarns im Österreichischen Erbfolgekrieg bzw. in den Schlesischen Kriegen hingewiesen, die berühmte Preßburger Szene mit der „vitam et sanguinem"-Bereitschaft des ungarischen Adels zitiert und damit zum Ausdruck gebracht, Maria Theresia und der Bestand der Monarchie wäre wohl vorwiegend durch die militärische Hilfestellung Ungarns gerettet worden. Diese Vorstellung fand auch in den meisten Darstellungen Eingang, die sich mit der Geschichte der mariatheresianischen Epoche befaßten. Verbunden mit den jeweiligen ständischen Gravamina-Listen, der Auflistung der Verfassungsverletzungen des gerade regierenden Habsburgerherrschers, wurde vom Adel Ungarns bis zur Regierungszeit Franz Josephs des öfteren deutlich auf die Undankbarkeit der Habsburger angespielt. Zur Beurteilung des militärischen Wertes der Insurrektionsaufgebote unter Maria Theresia sei aber doch eine durch die moderne Forschung abgedeckte Einschränkung erlaubt. Denn weder das freiwillige berittene Aufgebot unter Johann Graf Pálffy noch die verfassungsmäßig angesprochene und bewilligte Insurrektion vom September 1741, noch die Insurrektion des Jahres 1744 stellten jene Militärmacht auf die Beine, die man rein rechnerisch erwarten konnte. Dies berechtigt wohl zu einer gewissen Relativierung des konkreten Stellenwertes der Insurrektionstruppen und läßt gleichzeitig auch generelle Schlüsse über die militärische Effektivität des ungarischen Aufgebotes im 18. Jahrhundert zu[6]. Ihr

---

[6] Vom Landtag im Herbst 1741 wurde die geforderte Zahl von 30.000 Fußsoldaten auf 21.622 herabgesetzt. Statt der vorgesehenen 13 rückten nur sechs ungarische Infanterieregi-

kam zweifellos — neben dem sicher auch vorhandenen militärischen Stellenwert — eine nicht hoch genug einzuschätzende und zur Zeit der Schlesischen Kriege zweifellos vorhandene politische und vor allem moralisch-emotionale Wertigkeit zu.

Die Schaffung eines stehenden Heeres in Ungarn.

Mehrere Beweggründe ließen es nach 1711 geboten erscheinen, in Ungarn an eine Reform des Heerrwesens zu denken, die sich naturgemäß in erster Linie auf die Art der Heeresaufbringung beziehen mußte. Auf die Unzulänglichkeiten des adeligen Lehensheeres gegenüber der rasanten Entwicklung der modernen Kriegstechnik wurde ja bereits hingewiesen. Gerade auf Grund der unmittelbar zurückliegenden Kriegserfahrungen war die Immobilität und die im Vergleich doch geringe Wirkungskraft der Insurrektion für alle Beteiligten klar geworden. Dazu kam nach dem Kompromißarrangement zwischen dem Herrscher und den ungarischen Ständen eine Konstellation zustande, die einer einvernehmlichen Lösung dieser Frage förderlich war. Die relativ gefestigte Position des Königs traf sich mit der Konzessionsbereitschaft der Stände. In Betracht zu ziehen war auch die Situation gegenüber dem Osmanischen Reich: Die bei der vorhandenen Bereitschaft zur weiteren Expansion doch gegebene Unsicherheit angesichts eines allfällig möglichen osmanischen Gegenschlages untermauerte auch in dieser Hinsicht die gemeinschaftliche Interessenlage zwischen dem Habsburgerherrscher und einem Großteil der ungarischen Stände[7].

Diese gemeinschaftlichen Reformvorstellungen des Herrschers und der Stände wurden durch den Gesetzesartikel VIII/1715 in gesetzliche Form gegossen und durch die Bestimmungen der Gesetzesartikel XXI und LIX weiter detailliert. Durch den GA VIII wurde die Aufstellung einer stehenden Truppe als „regulata militia" dekretiert. Der König sollte eine im voraus festgelegte Anzahl von Regimentern aufstellen. Die Werbung

---

menter aus. Somit belief sich die Gesamtzahl der in den Jahren 1741/42 eingesetzten ungarischen Truppen auf rund 9.000 Infanteristen und 10.646 Berittene. Auch 1744 wurden im August von Maria Theresia 25.000 Mann angesprochen und erbeten, tatsächlich gestellt wurden allerdings nur rund 10.000. — Zimmermann, Militärverwaltung 100—103; vgl. auch Wrede, Wehrmacht 5, 188—191; Franz MÜLLER, Die kaiserlich-königliche Österreichische Armee seit Errichtung der stehenden Kriegsheere bis auf die neueste Zeit 1 (Prag 1846) 331—349.

[7] Wrede, Wehrmacht 5, 97; Zimmermann, Militärverwaltung 98f.; Müller, Österreichische Armee 1, 339f.; Hermann MEYNERT, Geschichte der k. k. österreichischen Armee, ihrer Heranbildung und Organisation, so wie ihrer Schicksale, Thaten und Feldzüge, von den frühesten bis auf die jetzige Zeit 4 (Wien 1854) 23f.; Grünwald, Régi Magyarország 191—195.

konnte im In- oder auch im Ausland erfolgen. Die Kosten wurden vom Lande getragen, und ihre Festsetzung hatte landtagsmäßig verabschiedet zu werden. In der Realität trafen die für die Anwerbung der stehenden Regimenter ausgeworfenen Steuern ausschließlich die Bauern, sie allein hatten somit für die Aufbringung der erforderlichen Rekrutenzahl zu sorgen. Und dies gleich in doppelter Hinsicht: nicht nur durch die Kontributionsleistung, sondern auch durch die Tatsache, daß ausschließlich aus ihrem Kreise die für die Aufstellung und Ergänzung der stehenden Regimenter nötigen Rekruten geschöpft wurden. Denn ein Adeliger konnte in Ungarn nicht gezwungen werden, in den „stehenden Regimentern" zu dienen.

Die Insurrektionspflicht des Adels blieb von dieser Bestimmung — wie dies der Gesetzesartikel VIII ausdrücklich betonte — unberührt. Der Herrscher konnte, so wie bisher, die Adelsinsurrektion ansprechen, allerdings — und dies wird nochmals nachdrücklich unterstrichen — unter Einhaltung der dafür geltenden gesetzlichen Bestimmungen. Damit wurde wieder auf die Kompetenz des ungarischen Landtages für die Bewilligung der Insurrektion hingewiesen.

Bemerkenswert erscheint zusätzlich noch eine Passage des Gesetzesartikels VIII, der auch im Hinblick auf die insbesondere unter Joseph II. vehement einsetzende Diskussion um den Wert des Adelsaufgebotes eine Rolle spielen sollte. Die Einhebunng einer gesonderten Steuer und die damit finanzierte Aufstellung eigener ungarischer Regimenter wird nach dem Wortlaut des Gesetzesartikels ausdrücklich damit begründet, daß die nach wie vor weiterbestehende Insurrektion zur „gehörigen Verteidigung" des Landes nicht ausreiche[8].

Mit den Bestimmungen des Jahres 1715 wurden zweifelsfrei in Ungarn ganz wesentliche erste Schritte in Richtung der Aufstellung eines stehenden Heeres gesetzt. Nachdrücklich darf in diesem Zusammenhang noch einmal die klar ausgesprochene Landtagszuständigkeit für die Bewilligung der nötigen Steuern unterstrichen werden. Der Adel handelte in dieser Hinsicht ganz im Sinne seiner ständischen Verfassung und des daraus erfließenden ständischen Dualismus, der die Gesetzgebung den Ständen und dem König auf dem Landtag gemeinschaftlich zuwies. Für den Notfall und für eine Gefahr-in-Verzug-Situation hatte allerdings der dritte Abschnitt des Gesetzesartikels VIII vorgesorgt: Bei einem plötzlichen

---

[8] Zimmermann, Militärverwaltung 98f.; Wrede, Wehrmacht 5, 97; Hermann MEYNERT, Das Kriegswesen der Ungarn in seiner geschichtlichen Entwicklung bis zur Errichtung des stehenden Heeres (Wien 1876) 210—213; DERS., Österreichische Armee 4, 23; Béla K. KIRÁLY, Hungary in the late Eighteenth Century (New York/London 1969) 103.

feindlichen Einfall bzw. bei Ausbruch eines unvorhergesehenen Krieges sollte für den Fall der Unmöglichkeit der Landtagseinberufung eine ad hoc anzuberaumende Adelsversammlung, ein sogenannter „regnicolaris concursus", über die prompte Bewilligung der nötigen Steuermittel entscheiden[9].

Eine bedeutungsvolle Folgewirkung der Regelung des Gesetzesartikels VIII bestand in der erheblichen Kompetenzausweitung des adeligen Komitats. Die wesentlichen Agenda der Heeresergänzung fielen nun in den unmittelbaren Wirkungsbereich der autonomen Lokalverwaltung des Adels[10]. Ob dieser Aspekt in allen seinen späteren Konsequenzen von Herrscher und Hofkriegsrat im Jahre 1715 schon erkannt wurde, darf mit Recht bezweifelt werden.

2. Personelle Heeresergänzung unter Maria Theresia und Joseph II.

Reformen der Heeresverwaltung

Als Voraussetzung für die Neuerungen auf dem Gebiete der Heeresergänzung sind vor allem auch die allgemeinen Verwaltungsreformen unter Maria Theresia und später dann unter Joseph II. zu sehen.

Auf Grund der Erfahrungen aus den Schlesischen Kriegen ging Maria Theresia daran, nach den Vorschlägen des Grafen Haugwitz grundlegende Staatsreformen einzuleiten. Als Ursache für die militärische Niederlage gegen Friedrich II. und für den Verlust Schlesiens wurde vor allem der Mangel im militärischen Bereich, wurde die zögernde Truppenaufbringung angesehen. Das Ziel der Reformmaßnahmen war daher die Änderung des Steuersystems, eine Zurückdrängung der Landstände im Bereiche der Verwaltung und vor allem die Befreiung des Heerwesens vom ständischen Einfluß. Durch die Staatsreform von 1749 wurde in den österreichischen Ländern die Voraussetzung für eine geregelte, vom guten Willen der Stände möglichst unabhängige Aufbringung und Ergänzung des stehenden Heeres und Finanzierung der militärischen Bedürfnisse geschaffen. Die

---

[9] Zum Wortlaut des Gesetzesartikels VIII/1715 vgl.: Meynert, Österreichische Armee 4, 23f.; Wrede, Wehrmacht 5, 764; Meynert, Kriegswesen in Ungarn 211; CORPUS JURIS HUNGARICI. MAGYAR TÖRVÉNYTÁR [Corpus Juris Hungarici. Ungarische Gesetzessammlung] forditották és utalásokkal ellátták Dr. Kolosvári Sándor és Dr. Óvári Kelemen. Magyarázó jegyzetekkel kiséri Dr. Markus Dezső 4 (Budapest 1899) 441, 453, 487.

[10] „The creation of the Hungarian standing army in 1715 enlarged yet further the counties, duties and authority. The counties assumed a considerable part of the responsibility for recruiting troops, preparing quarters for them, and supplying the army". Király, Hungary 109.

Kosten der Aushebung, Ausrüstung und Verpflegung der Truppen sollte künftig die zentrale Finanzverwaltung tragen.

a) Der Hofkriegsrat

Von ähnlichen Intentionen wurden auch die Neuerungen im rein militärischen Bereich getragen. Die Reformen setzten in erster Linie beim Hofkriegsrat ein. Schon von ihrer ursprünglichen Konzeption her sollte diese Hofstelle als oberste zentrale Militärbehörde fungieren und für alle Heeresangelegenheiten zuständig sein. Dies bedeutete im Hinblick auf die Sachkompetenz vor allem auch das Verantwortlichsein für die Aufbringung, Ausrüstung, Verpflegung und Versorgung der Armee. Die örtliche Kompetenz erstreckte sich, theoretisch in gleicher Weise, auf alle habsburgischen Territorien, somit einschließlich der Länder der Stephanskrone, und auch auf die Militärgrenze. Dieser Einfluß des Hofkriegsrates war allerdings nicht in allen habsburgischen Ländern in gleicher Dichte gegeben und wurde komplementär in einigen Zuständigkeitsbereichen von landständischen Institutionen ergänzt. Vor allem in Ungarn wurde wiederholt der Wunsch vorgetragen, einer eigenen ungarischen Militärverwaltung die Administration der ungarischen Militaria anzuvertrauen. Dieser Forderung wurde allerdings — wie Zimmermann treffend feststellt — vom Hof nie stattgegeben: „Magyarische Forderungen, die auf Errichtung einer selbständigen Militärverwaltung für Ungarn abzielten, wurden nicht berücksichtigt. Dem mit der Beaufsichtigung und Förderung der Grenzverteidigung beauftragten Wiener Hofkriegsrat eröffnete sich gerade in Ungarn ein ausgedehntes Arbeitsfeld"[11].

Der endgültige Durchbruch in der Festigung der Position des Hofkriegsrates gelang erst in der zweiten Hälfte des 18. Jahrhunderts. Durch die Reformen in der Organisationsstruktur und durch die neue Kompetenzzuweisung zunächst durch Daun und später, unter Joseph II., durch Lacy wurde die gesamte Militärverwaltung in einer Zentralstelle wirkungsvoll zusammengefaßt, der ständische Einfluß weitestgehend zurückgedrängt und die Kompetenz der Militärs in militärischen Angelegenheiten dekretiert[12].

Den ungarischen Wünschen nach einer eigenen Militäradministration wurde — wie bereits betont — zwar nicht stattgegeben, dennoch bestanden

---

[11] Zimmermann, Militärverwaltung 54.
[12] Müller, Österreichische Armee 1, 321—328; Zimmermann, Militärverwaltung 53ff., zu den Daunschen Reformen: 79ff., zu den Neuerungen Lacys: 82ff.; vor allem aber: Oskar REGELE, Der österreichische Hofkriegsrat 1556—1848 (Mitteilungen des österreichischen Staatsarchivs, Erg.-Bd. 1, Heft 1, Wien 1949).

seit der Regierungszeit Maria Theresias dem zentralen Hofkriegsrat untergeordnete Militärbehörden in Ungarn: die Generalkommanden.

b) Die Generalkommanden

Mit dem Hofdekret vom 27. Oktober 1740 führte Maria Theresia das System der Generalkommanden in Ungarn ein. Sechs solcher Kommanden wurden als bloße Exekutivbehörden des Hofkriegsrates ins Leben gerufen: das Generalkommando Ungarn mit Sitz in Pozsony, später in Buda; das Generalkommando Siebenbürgen mit Sitz in Nagyszeben; das Generalkommando Banat mit Sitz in Temesvár; das Generalkommando Slawonien mit Sitz in Eszék; das Generalkommando Kroatien und schließlich das Generalkommando für die Militärgrenze (im Warasdiner Generalat)[13].

Der erste Kommandant des für unsere Arbeit bedeutungsvollen Generalkommandos Ungarn war Johann Graf Pálffy, der den offiziellen Titel „Kommandierender General in dem Königsreich Ungarn" bzw. „supremus armorum Regiorum in Hungaria praefectus" trug. Der Wirkungsbereich des Generalkommandos Ungarn (GKU) umfaßte die rein militärischen Agenda einer nachgeordneten Kommandostelle, Bereiche der strategischen Planung, Fragen der Heeresergänzung und des Truppenaufmarsches, soweit sie den unmittelbaren territorialen Bereich des eigenen Wirkungskreises betrafen. In heiklen Angelegenheiten wurde das Generalkommando vom Hofkriegsrat zu laufender Kontaktnahme mit der obersten ungarischen Landesbehörde, der Königlich Ungarischen Statthalterei, angehalten[14].

c) Die Zivilbehörden in Ungarn

Die Königlich Ungarische Statthalterei trat aber nicht nur in Heeresangelegenheiten als zivile Gesprächspartnerin des Generalkommandos Ungarn auf, sie fungierte auch für den zivilen Bereich der Militärverwaltung als unmittelbare Oberbehörde der ungarischen Komitate. Gemäß der Auf-

---

[13] Király, Hungary 103; Ibolya FELHŐ—Antal VÖRÖS, A Helytartótanácsi levéltár [Archiv des Statthaltereirates] (A Magyar Országos Levéltár kiadványai 1. Levéltári leltárak 3, Budapest 1961) 66f.; József K. LÁSZLÓ, Az 1740-ben felállított magyarországi főhadparancsnokság [Das 1740 gegründete Generalkommando Ungarn], in: Levéltári Közlemények (1937) 162—176.

[14] Király a. a. O.; Felhő—Vörös a. a. O.; Lászlo a. a. O. Vgl. vor allem zum Aktenbestand des Generalkommandos Ungarn: Jakob BÖHM, Das Archiv des Generalkommandos für Ungarn, in: Scrinium. Zeitschrift des Verbandes österreichischer Archivare 5 (1971) 3—19; DERS., A magyarországi főhadparancsnokság iratai a hadtörténelmi levéltárban [Die Schriften des ungarischen Generalkommandos im Kriegsarchiv], unveröffentlichtes Typoskript (Budapest o. J.).

gliederung der Statthalterei in „departamenta" war für sämtliche das Militär betreffende Angelegenheiten die sogenannte „Landeskommission" („commissariatus provincialis") zuständig, an deren Spitze ein Direktor stand und die direkt in die Statthalterei integriert war. In allen Militärangelegenheiten, so vor allem auch in der Aufbringung, Verpflegung und Unterbringung der Truppen, waren die dem Direktor unterstellten Distriktskommissäre, die „commissarii districtuales", in den in variabler Zahl eingerichteten Distrikten von ziviler Seite unmittelbar tätig[15]. Neben der Mitwirkung der autonomen Lokalverwaltung bei der personellen Heeresergänzung erscheint hier eine weitere Zivilbehörde mit weitgehenden Kompetenzen in die Heeresverwaltung in Ungarn eingebunden.

d) Antinomien der Heeresverwaltung

Bei der hier skizzierten Kompetenzverästelung im Bereich der Heeresverwaltung in Ungarn zwischen zivilen Lokalverwaltungsbehörden, zivilen ungarischen Zentralbehörden und deren nachgeordneten Dienststellen und schließlich den Generalkommanden überrascht die Krisenanfälligkeit dieses Systems in keiner Weise. Für die rein militärischen Angelegenheiten war der Hofkriegsrat zuständig und exekutierte diese Agenda durch die Generalkommanden. Für eine Vielzahl von bedeutungsvollen flankierenden Maßnahmen im militärischen Bereich zeichnete aber die Statthalterei primär verantwortlich, führte sie zum Teil direkt durch ihre Unterbehörden aus bzw. war auf die Mitwirkung der ständischen Lokalverwaltungsadministration angewiesen. Es kann daher von einem sensiblen „Dualismus" in der Militärverwaltung gesprochen werden, der zwar sicher seine positiven Seiten hatte, aber in Krisenzeiten zu einem Antagonismus zwischen den unteren Ebenen der Militär- und Zivilverwaltung führen konnte und damit nicht ohne Rückwirkungen auf die Effizienz der Heeresverwaltung bleiben mußte[16].

Einführung des Konskriptionssystems in den österreichischen Ländern

Joseph II. hatte schon zu Beginn seiner Mitregentschaft — da er für die Militärangelegenheiten zuständig war — darauf gedrängt, daß man das System der Heeresergänzung nach preußischem Vorbild reformieren sollte.

---

[15] Vgl. vor allem zum „Departamentum commissariaticum" — auf ungarisch „országos biztossági osztály" — und seinem Aktenbestand: Felhő—Vörös, Helytartótanácsi levéltár 230—239, 497—500. Leider sind die im Landesarchiv in Budapest asservierten Bestände der Landeskommission (unter den Hauptsignaturen C 61 und C 122) gerade für die Zeit Josephs II. mehr als lückenhaft, vor allem die Bestände der Jahre 1787 und 1790 wurden zum Großteil skartiert.

[16] Király, Hungary 103.

Denn das preußische Heerwesen, die preußische Heeresverwaltung erschien ihm als optimale Lösung, um dem eigenen Staat den nötigen machtpolitischen und militärischen Rückhalt zur Vertretung seiner Interessen nach außen zu geben.

Wie sah nun dieses preußische Vorbild, das preußische Kantonsystem aus? Das neue Schema der Heeresergänzung wurde im Jahre 1733 von Friedrich Wilhelm I. eingeführt und von Friedrich II. in einigen nicht unwesentlichen Details verbessert. Den einzelnen preußischen Regimentern wurden festumrissene Rekrutierungsbezirke zugewiesen — je 5.000 Feuerstellen pro Regiment. Aus diesen Ergänzungskantonen konnte das Regiment jährlich in Friedenszeiten 30, in Kriegszeiten 100 Mann rekrutieren. Das preußische Ergänzungssystem wurde damit zu einem Vorläufer der allgemeinen Wehrpflicht in seiner Verbindung von geworbenem Heer und Miliz und beruhte auf dem Prinzip der „monarchischen Disziplin" eines stehenden Heeres und der ständischen Gliederung der Bevölkerung. Eines der Hauptziele der Ergänzungsreform: Die häufig in der Fremde geworbenen (landfremden) Rekruten sollten durch heimische Soldaten ersetzt werden, damit gleichzeitig Schlagkraft und Homogenität des eigenen Heeres erhöht würden. Trotz dieser Intention wurde auch weiterhin ein Teil des preußischen Truppenbedarfs durch gezielte Auslandswerbung gedeckt[17].

Nach anfänglichem Widerstand Maria Theresias gelang es dann Joseph II., der von Lacy nachhaltig unterstützt wurde, seinen Auffassungen zum Durchbruch zu verhelfen. Mit dem Dekret vom 8. April 1771 wurde die Einleitung der Konskription in den österreichischen Erblanden — mit Ausnahme von Tirol — angeordnet und den Regimentern 37 Werbebezirke zugewiesen. Während die 1753—1769 durchgeführte „Seelen-Konsignation" in erster Linie von volkswirtschaftlich-politischen Intentionen getragen worden war, lag der Hauptakzent der josephinischen Konskription nun zunehmend deutlicher im militärischen Bereich. Die theoretischen und statistischen Grundlagen für das Zählungswerk hatte der am Wiener Theresianum tätige Staatswissenschaftler Johann Heinrich Gottlob von Justi gelegt. Eines der Ziele der Bevölkerungsbestandsaufnahme bestand in der Evidenzhaltung aller männlichen Einwohner im Hinblick auf ihre Militärdiensttauglichkeit. Denn alle, die unter der Rubrik „Zu anderen Staats-Notdurften Anwendbare" eingetragen wurden, mußten mit einer Einziehung rechnen. Die Arbeiten, die zum Großteil von eigens abkomman-

---

[17] Paul v. MITROFANOV, Joseph II. Seine politische und kulturelle Tätigkeit. Aus dem Russischen ins Deutsche übersetzt von V. v. Demelič, mit einem Geleitwort von Dr. Hanns Schlitter, 1 (Wien—Leipzig 1910) 359; Zimmermann, Militärverwaltung 112; Müller, Österreichische Armee 1, 29f.; Otto HINTZE, Staatsverfassung und Heeresverfassung, in: Otto Hintze, Staat und Verfassung. Gesammelte Abhandlungen zur allgemeinen Verfassungsgeschichte, hg. v. Fritz Hartung (Leipzig 1941) 63f.

dierten Offizieren durchgeführt wurden, nahmen einige Zeit in Anspruch, die Ergebnisse sollten jährlich überprüft und ergänzt werden[18]. 1781 schließlich wurde dann das neue „Konskriptions- und Werb-Bezirks-System" publiziert, das als Grundlage für das personelle Heeresergänzungssystem in den österreichischen Erblanden genommen wurde[19]. Ein fest umrissener Personenkreis war von der Wehrpflicht entbunden: Geistliche, der Adel, Beamte, Honoratioren und alle Personen, die aus wirtschaftlichen Gründen unabkömmlich erschienen. Die Rekrutierung traf somit in erster Linie die ärmere Bevölkerungsschicht. Das stellungspflichtige Alter wurde mit zwischen 17 und 40 Jahren angegeben. Für konskribierte Inländer bestand grundsätzlich lebenslange Dienstpflicht, abgeschwächt allerdings durch die Beurlaubung der eingezogenen Soldaten, die nach einer jährlich sechswöchigen Dienstzeit nach Hause entlassen wurden. Dies war ein Vorschlag Lacys, der die lebenslange Dienstzeit milderte, der Wirtschaft und dem Ärar in gleichem Maße zugute kam. Konskribierte Untertanen durften nicht von der Regimentswerbung erfaßt werden, diese durften sich nur auf Nichtkonskribierte bzw. Ausländer beziehen. Der Anteil der durch die Reichswerbung Assentierten wurde umfangmäßig reduziert und das Handgeld mit drei Gulden festgelegt. In Zusammenarbeit der Generalkommanden mit den zivilen Landesbehörden wurde dann auf Grund der Konskriptionsergebnisse bzw. der Widmungsrollen die auf die einzelnen Ortschaften bzw. Grundherrschaften anfallende Rekrutenzahl festgelegt. Die Aushebung erfolgt durch eigene Assentierungskommanden der einzelnen erbländischen Infanterieregimenter[20].

Einführung des Konskriptionssystems in Ungarn

Maria Theresia war in ihrer Politik gegenüber den ungarischen Ständen noch vorsichtig und zurückhaltend gewesen. Wohl hatte auch sie versucht, die Frage der Steuerfreiheit des ungarischen Adels, die Ablösung der Insurrektion gegen Geld anzuschneiden. Nach vehementem Widerstand auf dem Landtag verzichtete sie aber auf die Klärung dieses Problems. Die Konskription, die an die Privilegien des Adels, allenfalls auch an dessen Steuerfreiheit, vor allem aber an die Frage der proportionalen Heeresauf-

---

[18] Hintze a. a. O.; Mitrofanov a. a. O.; Müller a. a. O.; Zimmermann, Militärverwaltung 112, 106—109; zur Rolle des Grafen Lacy vgl. vor allem: Edith KOTASEK, Feldmarschall Graf Lacy. Ein Leben für Österreichs Heer (Horn 1956); Wrede, Wehrmacht 5, 101—105; Müller, Österreichische Armee 1, 344f.; Meynert, Österreichische Armee 4, 16—19.
[19] Meynert a. a. O.; ferner: Gustav Adolph AUFFENBERG-KOMARÓW, Das Zeitalter Maria Theresias, in: Unser Heer. 300 Jahre österreichisches Soldatentum in Krieg und Frieden (Wien—München—Zürich 1963) 157ff.
[20] Zimmermann, Militärverwaltung 107ff.; Wrede, Wehrmacht 5, 101—105; Mitrofanov, Joseph II. 1, S. 359.

bringung gerührt hätte, zog sie für die Länder der ungarischen Krone nicht ernsthaft in Betracht. Ganz anders ihr Sohn. Nach dem Vorbild der Regelung in den anderen Erblanden gedachte er auch in Ungarn zu einer ähnlichen Lösung zu kommen.

In einem Handschreiben an Hofkanzler Graf Eszterházy vom 1. Mai 1784 gibt er seine Absicht kund, auch in den Ländern der Stephanskrone „zum Besten Ungarns und aller darin jetzt und künftig (zu) treffenden Anstalten"[21] eine Feststellung der Bevölkerungszahl in Form einer Konskription vornehmen zu lassen, die auch den Adel erfassen solle. Joseph betont zwar, diese Erfassung der Bevölkerung habe nicht bloß den Charakter einer Militärkonskription weist aber darauf hin, daß die bisherige Rekrutenaufteilung auf die Komitate auf Grund der fehlerhaften Unterlagen ungerecht sein mußte. Auch merkt er noch an, die Verwendung der „Deutschen Konskriptions-Bögen" erfolge nur aus Gründen der Einheitlichkeit, und „weil ansonst diese ganze Arbeit verloren ginge, wenn man einst in militärischem Anbetracht davon wird Nutzen ziehen, ..."[22]. Schließlich erbittet sich Joseph noch die Meinungsäußerung des Hofkanzlers, ob es nicht zweckmäßig wäre, zur Konskriptionsarbeit die ohnehin in die Komitate kommandierten und mit der Konskriptionsmaterie vertrauten Offiziere als Unterstützung der zivilen Komitatsbeamten heranzuziehen. Gerade diese Anfrage läßt deutlich erkennen, wie wenig Joseph Haltung und Mentalität der ungarischen Komitatsstände einzuordnen wußte. Er konnte der von ihm gewünschten Konskription gar keinen schlechteren Dienst erweisen, als sie in den Komitaten „militarisiert" ablaufen zu lassen.

Von den ungarischen Zentralstellen meldete sich zunächst am 14. Mai die Königlich-ungarische Hofkanzlei zu Wort. In dem von Referent von Ürményi verfaßten Vortrag wurde darauf verwiesen, daß man über die Bevölkerungszahl ohnehin Bescheid wisse — allerdings exklusive des Adels. Hier dachte Ürményi an die Urbariallisten. Die Hofkanzlei lehnte auch die österreichischen Musterformblätter ab, betonte, daß der ungarische Beamtenapparat ausreichend sei, um die Konskription durchzuführen, und verwies mit Nachdruck auf die gewiß eintretende Beunruhigung der Stände, wenn die Aufnahme unter Assistenz des Militärs abgewickelt würde[23].

---

[21] Mitrofanov, Joseph II., gibt im Gegensatz zu Henrik MARCZALI, Magyarország története II. József korában [Die Geschichte Ungarns im Zeitalter Josephs II.], 3 Bde. (Budapest 1888) die richtige Quelle an: Magyar Országos Levéltár (MOL), A 39— 4.907/1784 (bei Marczali die falsche Signatur 4.904).

[22] Ebenda; Marczali, Magyarország II. József korában 2, S. 369ff. führt auch noch zusätzlich im Anhang (Nr. XXIII) 524ff. den vollen Text des Handschreibens an.

[23] Marczali, Magyarország II. József korában 2, 371; MOL, A 39—5.795/1784.

Auch die Königlich-ungarische Statthalterei argumentierte in ihrer Stellungnahme zum Entwurf eines herrscherlichen Handschreibens in dieser Angelegenheit in ähnlichem Sinne. Sie warnte vor dem Widerstand der Stände und merkte noch an, daß auch bei der bäuerlichen Bevölkerung die Teilnahme des Militärs gleich die Querverbindung zur Rekrutierung herstellen würde. Sie erinnerte den Herrscher an den Grundsatz der ungarischen Verfassung, daß Ungarn nicht nach der Art der anderen Königreiche und Länder regiert werden dürfe[24].

Joseph zeigte sich aber von diesen Einwendungen der ungarischen Zivilbehörden wenig beeindruckt. Er beharrte auf der angeordneten Einführung der Konskription, die am 16. August mit einem Zirkular der Statthalterei den Komitaten kundgemacht wurde. Das Rundschreiben der Statthalterei versuchte allerdings die Bevölkerung zu beruhigen: Die Konskription erfolge nicht wegen der Rekrutenaushebung, sondern um die Bevölkerungszahl kennen zu lernen[25].

Der von den ungarischen Zentralbehörden vorausgesagte Widerstand der Komitate, vor allem jener der Adeligen, übertraf aber alle Befürchtungen. Die Generalkongregationen der Komitate protestierten einhellig gegen die Konskription, sie wiesen auf die Verfassungsverletzung hin und auch auf den von der Statthalterei angeführten Grundsatz der Konstitution, daß Ungarn nicht nach der Art der anderen habsburgischen Länder regiert werden dürfe. Nachhaltige Resistenz gab es vor allem im Komitat Nyitra. Der Herrscher war gezwungen, Izdenczy als Königlichen Kommissär dorthin zu entsenden[26].

Joseph zeigte sich aber von den vehementen Protesten und von den Widerstandsaktionen wenig beeindruckt. In mehreren Handschreiben bestand er den Komitaten gegenüber auf der unbedingten und vollen Durchführung der Konskription. Diese wurde dann auch in den folgenden beiden Jahren, zum Teil allerdings unter Militärassistenz — Lacy hatte sich für eine Politik der Härte ausgesprochen —, voll durchgeführt[27]. Der Herrscher hatte zunächst noch den Sieg über die demonstrierenden Lokalverwaltungsbehörden, über den widerstandsbereiten Adel davongetragen. Die

---

[24] Marczali, Magyarország II. József korában 2, 372; MOL, A 39—9.122/1784.

[25] Marczali, Magyarország II. József korában 2, 373; Mitrofanov, Joseph II. 1, 366.

[26] Vgl. hier vor allem die Darstellung bei Marczali, Magyarország II. József korában 2, 375—378 und Mitrofanov, Joseph II. 1; zu Nyitra auch Marczali a. a. O. 379f. — Die Ablehnung der Konskription war fast einhellig. Nur Andreas Cházár versuchte in seiner 1785 in Eperjes erschienenen Schrift die Konskription zu verteidigen: András CHÁZÁR, Hungaria semper sua ad explicandam e legibus regni conscriptionem recentissimam, proposita per Andream Cházár (Eperiessini 1785).

[27] Marczali, Magyarország II. József korában 2, 375, 381; Mitrofanov, Joseph II. 1, 386; zur Haltung von Lacy: Kotasek, Lacy 132f.

Kluft zwischen Joseph und den Komitaten hatte sich aber unübersehbar aufgetan. Die Stände hatten sich über die passive Resistenz hinaus zum Teil für den aktiven Widerstand entschlossen. Der Herrscher war über die Haltung der ungarischen Lokalverwaltungsbehörden empört und dachte an eine Umstrukturierung der Verwaltung.

Diskussion um die Heeresergänzung 1785

Die angeordnete Konskription war in den Komitaten bei weitem noch nicht abgeschlossen, als der Herrscher im Frühsommer des Jahres 1785 von sich aus die Frage der seiner Meinung nach optimalen Form der Heeresergänzung in Ungarn aufwarf.

In seinem Handschreiben an den Königlich-ungarischen Hofkanzler Franz Graf Eszterházy stellte Joseph einleitend fest, er halte es für die Landesverteidigung in Ungarn und Siebenbürgen für nötig, daß „die einmal landtagsmäßig bewilligten und eingerichteten elf Infanterieregimenter in komplettem und dienstbarem Stand" erhalten werden müssen. Bemerkenswert scheint die Tatsache, daß der Herrscher dem Hofkanzler gegenüber die grundsätzlich gegebene Landtagskompetenz bei der Festsetzung der Heeresstärke konzedierte, eine Haltung, die Joseph in seiner konkreten Politik ja nie zur Anwendung brachte. Der Umfang der von Ungarn zu stellenden Truppenmacht wurde von ihm in Hinblick auf die Größe und Bevölkerungszahl des Landes als angemessener und „gar nicht übertriebener Satz" eingestuft. Ernsthafte Schwierigkeiten sah Joseph bei der Qualität der von Seiten der Komitate gestellten Rekruten, denn sie bestünden „... schier ganz aus Vagabunden, teils aus Fremden, teils aus dem Abschaum der Nation, die nichts zu hoffen weder zu fürchten haben, wenn sie durchgehen". Daher wären in Ungarn auch doppelt so viele Deserteure zu verzeichnen wie in den österreichischen Erblanden, von denen man in den Ländern der Stephanskrone nur ein Fünftel, in Österreich immerhin ein Drittel wieder aufgriffe. Dies schade sowohl der Wirtschaft und der öffentlichen Sicherheit in Ungarn als auch dem Militärdienst. Daher müßte man sich ernsthaft überlegen, nach welchen Grundsätzen man die Frage der Heeresergänzung zu regeln gedächte. Joseph beauftragte daher den Hofkanzler, in gemeinschaftlicher Beratung der Hofkanzlei und des Hofkriegsrates dieses Problem erörtern zu lassen und ihm einen diesbezüglichen Vorschlag vorzulegen. Er gab aber deutlich zu erkennen, wo seine Präferenzen lägen und welche Art der Stellung er bevorzugen würde: Die Rekrutierung voll dem Militär im Rahmen der Regimentswerbung zu überlassen, wäre nicht ideal, denn da würden die Rekruten zum Teil unter Druck und unter Alkoholeinfluß zum Militärdienst veranlaßt. Daher wäre die ständische Stellung seiner Meinung nach vorzuziehen. Um diese Rekrutenaushebung nach gerechten und überschaubaren Kriterien auszuschreiben, sollte man auf die Ergebnisse der Konskription zurückgreifen und auf dieser Basis die Aufteilung auf die einzelnen Komitate, auf die Gemeinden und Grundherrschaften vornehmen. Ganz im Sinne seiner allgemeinen Ungarnpolitik hatte in Josephs Vorstellungswelt eine in dieser Frage erforderliche Landtagseinberufung keinen Platz[28].

Der Anordnung Josephs II. entsprechend, traten die Hofkanzlei und der Hofkriegsrat zu einer gemeinschaftlichen Beratung zusammen. Das Ergebnis der Besprechungen wurde dem Herrscher in einem Protokoll dieser „Hofkommission", datiert mit 4. Juli 1785, vorgelegt. Nach außen hin hatten sich die beiden Hofstellen auf einen einheitlichen Vorschlag geeinigt. Bei sorgfältiger Analyse des Beratungsprotokolls kann man allerdings Unterschiede in der Grundhaltung erkennen, wobei die Hofkanzlei ihre Konzeption durchzudrücken verstand.

Der Hofkriegsrat plädierte offensichtlich für die Ankurbelung der ständischen Rekrutenstellung, verwies auf die wirtschaftlichen und fiskalischen Vorteile der Konstruktion mit den „Unbestimmt Beurlaubten". Auch wollte er den Anschein vermeiden, durch die unmittelbare Heranziehung der Konskriptionsergebnisse für die Rekrutenaufteilung hätte der Herrscher sein Versprechen, dies nicht zu tun, gebrochen. Als möglicher Ausweg wurde an die Ausführungen des Herrschers anläßlich der Anordnung der Konskription in Ungarn erinnert. Demnach konnten die Stände die Zahl der zu stellenden Rekruten festsetzen. Wenn dies feststand, dann erfolgte die Aushebung nicht mehr bloß durch das Los, sondern durch die transparentere und vernünftigere Regelung, daß man die festgesetzte Zahl an Hand der Konskriptionslisten und unter Berücksichtigung von Bevölkerungszahl und wirtschaftlicher Abkömmlichkeit aufteilen sollte.

Die Hofkanzlei konnte sich diesem Vorschlag nicht anschließen. Und sie war es dann auch, die sich bei der Formulierung des endgültigen Vorschlages durchsetzte. Sie trat für die volle Gesetzeskonformität des Vorgehens ein und erinnerte deutlich an die bisher üblichen und formal gedeckten Arten der Heeresaufbringung in Ungarn: an die Insurrektion als Beitrag des Adels und an die Anwerbung von Freiwilligen. Sie erinnerte den Herrscher auch deutlich an sein Versprechen bei Anordnung der Konskription; denn ein auch nur andeutungsweises Heranziehen der Konskriptionslisten für die Rekrutenstellung würde im Lande Mißtrauen, ja Unruhe hervorrufen. Auch sie gab zu, daß bei der Regimentswerbung Fehler begangen worden wären, daß sie vor allem vom Ergebnis her nicht voll befriedigen konnte. Sie trat aber für die Verbesserung der Regimentswerbung ein, nicht für ihre volle Beseitigung. Wenn die Freiwilligenwerbung

---

[28] Marczali, Magyarország II. József korában 3, 432f.; MOL, A 39—6.595/1785.

nicht das gewünschte Ergebnis brächte, dann könnte man noch immer, wie dies ja auch in den Jahren 1771 und 1778 geschehen wäre, die Stände um zusätzliche Stellung angehen, allerdings ohne die Konskriptionslisten bei dieser Gelegenheit heranzuziehen. Denn — so schloß das nun gemeinschaftliche Gutachten der beiden Hofstellen — wenn man jetzt sofort die Regimentswerbung einstellen würde, so kämen die Stände und vor allem auch die Bauern auf die Idee, daß die Konskription doch in einem direkten Zusammenhang mit der verlangten Rekrutenstellung stünde[29].

Joseph leitete das gemeinschaftliche Protokoll der beiden Hofstellen an Lacy weiter. Der Feldmarschall ging in seinem Vortrag vom 16. Juli 1785 im einzelnen auf die Vorschläge der Hofkommission ein und unterbreitete seinerseits Propositionen, wie sich der Herrscher in der angesprochenen Frage verhalten sollte[30].

In seinem Handbillet an den Präsidenten des Hofkriegsrates Feldmarschall Andreas Graf Hadik vom 17. Juli 1785 übernahm Joseph vollinhaltlich die von Lacy vorgeschlagenen Formulierungen. Da die Konskription in Ungarn noch nicht abgeschlossen wäre, so wolle er zum gegenwärtigen Zeitpunkt in dieser Beziehung noch nichts Konkretes in die Wege leiten. Die Politik bezüglich der Regimentswerbung von Freiwilligen sollte in Hinkunft wie folgt aussehen:

1. Die Stände müssen zur Überzeugung gelangen, daß mit dieser freiwilligen Regimentswerbung die ungarischen Regimenter ihren Abgang nicht ersetzen können.
2. Daher sollen zwar Ausländer mit dem gewöhnlichen Rekrutenmaß von 5 Schuh und 3 Zoll angeworben werden, Inländer hingegen sollte man nur bei einer Größe von 5 Schuh und 4 Zoll akzeptieren. Die dahinterstehende Absicht wird klar zu erkennen gegeben: Die Werbungsergebnisse werden stark zurückgehen und damit — nach Meinung Lacys und Josephs — die ungarischen Stände sich davon überzeugen müssen, daß die Regimentswerbung nicht reichen kann.
3. Die Stände werden sich dann notgedrungen doch bereitfinden, von sich aus die verlangte ständische Rekrutenstellung zu akzeptieren. Ein nicht unwesentlicher Nebeneffekt, den man sich von dieser Variante versprach: Da das Werbegeld bei der landständischen Stellung bloß drei Gulden betrug, bei der Freiwilligenwerbung hingegen zehn Gulden, könnte die Finanzverwaltung mit einer nicht unbeträchtlichen Einspa-

---

[29] Auszug aus dem Protokoll der gemeinsamen Sitzung des Hofkriegsrates und der Königlich Ungarischen Hofkanzlei; Wien, 4. Juli 1785 — KA, KLA v. 1785 — 197/42; vgl. auch Marczali, Magyarország II. korában 3, 434ff.

[30] Vortrag Lacy, Neuwaldegg, 16. Juli 1785 — KA, KLA v. 1785 — 152/34.

rung der für die personelle Heeresergänzung flüssig zu machenden Mittel rechnen[31].

Die Haltung des Herrschers in der Frage der Rekrutenaufbringung in Ungarn war somit zwar noch nicht endgültig entschieden, in ihren Hauptlinien jedoch bereits klar erkennbar:
1. An eine Einberufung des Landtages und an die Beschäftigung der Diät mit der Rekrutierung dachte Joseph II. nicht.
2. Er bevorzugte die landständische Stellung durch die ungarischen Komitate gegenüber der — teureren — Variante der Regimentswerbung.
3. Um eine seiner Überzeugung nach gerechte Aufteilung der zugewiesenen Rekrutenzahlen auf die einzelnen Komitate zu erreichen, mußten unbedingt die Ergebnisse der Konskription als Richtschnur herangezogen werden.

Schlußbemerkung

Die Heeresaufbringung sollte sich gegen Ende der Regierungszeit Josephs II. als sensibles Problem zwischen dem Herrscher als Personifikation des absolutistischen Machtstaates und dem ständischen Konstitutionalismus im Königreich Ungarn erweisen. Die Rückwirkungen der kriegerischen Auseinandersetzungen und der damit verbundenen Belastungen auf die innere staatsrechtliche und gesellschaftliche Situation des Landes sollte evident werden.

Der Widerstand der ungarischen Lokalverwaltungsbehörden gegen die ohne Landtag angeordneten Rekrutierungen Josephs II. zur Zeit des Türkenkrieges 1788—1790 ist der Gegenstand einer größeren Studie, die der Verfasser dieses Beitrages fertigzustellen im Begriffe ist.

Zum Abschluß sei es daher gestattet, einige der Hauptprobleme demonstrativ aufzuzählen, mit denen sich die angesprochene Arbeit näher auseinanderzusetzen gedenkt:
1. Die Haltung Josephs gegenüber Ungarn, demonstriert an Hand seiner Heeresergänzungspolitik: von welchen Konzeptionen und welchen Überlegungen sie getragen war, inwieweit hier militaristische Komponenten festzustellen sind, inwieweit statistische, zentralistische und absolutistische bzw. aufgeklärt-absolutistische.
2. Die Rolle der Militärbehörden und der Militärpersonen bei der Ausformung dieser Politik, insbesondere die sehr einflußreiche Position des Grafen Lacy.
3. Die recht schwierige und oft ambivalente Stellungnahme der ungarischen Zentralbehörden, der Königlich-ungarischen Statthalterei bzw.

---

[31] Handbillet Josephs II. an Hadik Wien, 17. Juli 1785 — KA, KLA v. 1785 — 152/34.

der Königlich-ungarischen Hofkanzlei, die sich häufig einem kontroversiellen Bindungsdruck zwischen der Loyalität dem Herrscher und der Verpflichtung der eigenen Adelsnation gegenüber ausgesetzt sahen.
4. Die Grundposition und vor allem das konkrete Verhalten der Träger der josephinischen Politik in Ungarn, hier in erster Linie die in der kritischen Phase ab Herbst 1789 abbröckelnde Bindung der königlichen Kommissare der ungarischen Distrikte gegenüber Joseph.
5. Die Untersuchung der verfassungsrechtlichen und somit der formaljuridischen Grundlage des Widerstandsrechtes der ungarischen Komitate.
6. Die Skizzierung der Aufbau- und der Ablaufstrukturen, mit anderen Worten: der Ursachen und der Phänomenologie des Widerstandsverhaltens der Stände Ungarns.
7. In Verbindung damit der Versuch einer Regionalanalyse der Widerstandsintensität.
8. Die Analyse der Grundlagen des ständischen Verhaltens unter folgenden Teilaspekten:
   a) Tradition der auf der ständischen Verfassung beruhenden Haltung gegenüber als verfassungswidrig angesehenen Anordnungen des Herrschers;
   b) Auswirkungen der Aufklärung;
   c) Bedeutung der Freimaurer;
   d) Beeinflussung durch die Ereignisse in den österreichischen Niederlanden;
   e) Rolle der Französischen Revolution für die Verhärtung der Stellungnahmen einiger Komitate.
9. Zur Verbreitung der Opposition: Die Adelsstände konnten in der sich verdichtenden Remonstranz gegen Ende der Regierungszeit Josephs II. auch auf die Unterstützung der nichtadeligen Bevölkerungsschichten rechnen. Hier sind auch die Bauern zu erwähnen, die ja durch die verstärkten Rekrutenaushebungen in erster Linie betroffen waren.
10. Der Stellenwert allfälliger außenpolitischer Faktoren:
    a) die Verbindungen der ungarischen Malkontenten zu Preußen und Sachsen—Weimar bzw. zu Polen;
    b) die Wechselwirkung zwischen der kritischen Kriegslage und den wachsenden inneren Spannungen.
11. Und schließlich noch das Anreißen der Frage, ob der aufgeklärte Absolutismus Josephs II. als innovatorisches Element im Sinne einer Modernisierung anzusehen sei und somit die ständische Position als retardierendes und konservatives Element. Oder umgekehrt: ob die

Komitate als Verteidiger und Bewahrer der ungarischen Eigenständigkeit einzustufen sind und Joseph als die leibhaftige Personifizierung des habsburgischen Zentralismus, als harter Repräsentant des mehr und mehr die aufklärerischen Elemente abstreifenden absolutistischen Machtstaates.

István Kállay

WIRTSCHAFT UND GESELLSCHAFT DER KÖNIGLICHEN FREISTÄDTE UNGARNS ZUR ZEIT MARIA THERESIAS

Der Kompromiß von Szatmár (1711) öffnete den Weg für eine ziemlich lange, friedliche Entwicklung in Ungarn, die Regierungszeit Karls III. (als Kaiser Karl VI.), die die Epoche Maria Theresias vorbereitete. In den zwanziger und dreißiger Jahren des 18. Jahrhunderts vermehrte sich die Anzahl der Bevölkerung, der Handwerker und Handelsleute, das Bürgertum inklusive der sogenannten Inwohner machte innerhalb der 9 Millionen Bevölkerung 5—6 Prozent aus, also ungefähr so viel wie der Adel[1].

Das ganze Regierungssystem Maria Theresias diente grundsätzlich dem Ziel des aufgeklärten Absolutismus: der Modernisierung von Wirtschaft und Gesellschaft und der Stärkung der Staatsgewalt. Das bedeutete natürlich auch die Förderung der Industrie, des Handels und der Finanzwirtschaft. Dadurch wurde die spätere Entwicklung vorbereitet. Infolge dieser Maßnahmen kam es nach dem Siebenjährigen Krieg zu einem wirtschaftlichen Aufschwung. Das heißt aber nicht, daß alle Schichten der Gesellschaft durchschnittlich dasselbe Niveau erreicht hätten. Die Lage der wirtschaftlich unterentwickelten Gebiete war schwer, die staatlichen Lasten drückend. Aber die Tendenz nach oben ist unleugbar[2].

Schon während des österreichischen Erbfolgekrieges erkannte Maria Theresia, daß ihre Unabhängigkeit von den Ständen und starke zentrale Institutionen der Verwaltung, besonders der Finanzverwaltung, die Durchschlagskraft des Landes vergrößern. Ihre von diesen Ideen geleitete Städtepolitik kam in Ungarn am ehesten in den Finanzsachen zur Geltung. Aufgrund der besonderen Verfassungslage Ungarns konnten die Steuereinnahmen ohne Bewilligung des Landtages nicht erhöht werden. Jene Städte aber, in denen die Königin selbst Grundherr war, bildeten eine Ausnahme. Der Grundherr konnte nämlich seine Steuereinnahmen aus den Regalien ohne jede Bewilligung der Stände erhöhen. Deshalb wandte sich Maria

---

[1] Domokos Kosáry, Művelődés a XVIII. századi Magyarországon [Die ungarische Kultur im 18. Jahrhundert] (Budapest 1980) 45—47.
[2] Imre Gonda— Emil Niederhauser, A Habsburgok [Die Habsburger] (Budapest 1977) 130.

Theresias Politik den königlichen Freistädten zu, deren wirtschaftliche Besserstellung im Interesse des Wiener Hofes lag[3].

Der Wiener Hof versuchte, die weitere Verschuldung der Städte zu verhindern. Die Städte durften ohne königliche Zustimmung keine weiteren Schulden machen. Ein Bericht gibt nämlich ein sehr trauriges Bild; z. B. hatte die bedeutende Stadt Preßburg (Pozsony, Bratislava) 286.000, Ödenburg (Sopron) 137.000 und Pest 87.000 Gulden Schulden. Die Städte waren nicht nur beim Fiskus sondern auch bei Privatpersonen — in erster Reihe bei Grundherren — verschuldet. Im Juni 1753 ordnete die Herrscherin an, daß die Ungarische Hofkanzlei und die Wiener Hofkammer sich wöchentlich einmal zusammensetzen sollten, um die Schulden der Städte in Ordnung zu bringen. Diese gemeinsame Kommission sollte die Wirtschaft beobachten und einen Weg finden, um die Stadtschulden zu bezahlen. Sie sah eine Möglichkeit im Verkauf der städtischen Grundstücke. 1765 gaben die Städte einen Berricht, wo und welche Grundstücke zur Verfügung standen. 1774 wurde durch königlichen Erlaß ein Verzeichnis jener Grundstücke angefordert, die im Besitz von Magnaten, Klöstern oder adeligen Personen waren. Die Städte sollten untersuchen, wie deren Steuerprivilegien aufgehoben werden könnten. Dann wurden weitere Befreiungen von den Stadtsteuern verboten. 1775 wurde angeordnet, jedes Grundstück auszumessen, zu konskribieren und zu klassifizieren, um die Steuer danach bemessen zu können.

Eine sehr wichtige Frage der Reformpolitik Maria Theresias war die Vermehrung der Anzahl der königlichen Freistädte. Der Gesetzesartikel 17 vom Jahre 1687 sprach sogar das Verbot einer Vermehrung der Anzahl der Städte aus, enthielt jedoch eine Stelle, die der Herrscherin die Möglichkeit gab, einige Städte in den Rang der königlichen Freistädte zu erheben. 1751 wurden Raab (Győr), Komorn (Komárom), Sombor (Zombor) und Neusatz (Újvidék, Novi Sad) königliche Freistädte.

Der Landtag 1764/65 war der letzte Versuch der Herrscherin, die Reformen unter Mitwirkung der Stände durchzuführen. Aber die Reaktion des Landtags bewies, daß es in Ungarn kein aufgeklärtes Ständewesen gab, und diesmal scheiterte der Kompromiß[4]. Dieses Motiv war für die Periode 1765—1780 in der Städtepolitik entscheidend. 1767 verordnete ein Handbillet Maria Theresias die Untersuchung, wie die Anzahl der königlichen

---

[3] István KÁLLAY, Einige Fragen der Städtepolitik des Wiener Hofes in Ungarn zur Zeit Maria Theresias, in: Mitteilungen des Instituts für österreichische Geschichtsforschung (fortan: MIÖG) 16 (1963).

[4] Mihály HORVÁTH, Magyarország történelme [Geschichte Ungarns] 7 (Budapest 1873) 376; Henrik MARCZALI, Mária Terézia (Budapest 1891) 164—165; Gyula SZEKFÜ, Magyar történet [Ungarische Geschichte] 4 (Budapest 1935) 562—563.

Freistädte vermehrt werden könnte. Darin schrieb die Herrscherin selbst, daß sie die Erhebung mehrerer ungarischer Städte zu Freistädten für notwendig halte.

Den Zweck der Erhebung einer Stadt zur königlichen Freistadt zeigt am besten das Beispiel Maria Theresiopels (Szabadka, Subotica). Die Stadt, die den Namen der Herrscherin trug, ersuchte im Jahre 1765 um die Erhebung an. Sie brachte vor, daß sie genügend Mittel für Verwaltung, Polizei und Gerichtsbarkeit besitze. Sie verfügte über jährlich 10.000 Gulden Einnahmen, also mehr als die meisten Städte. Maria Theresiopel versprach, jährlich 12.000 Gulden in die Kasse der Hofkammer als Ablösegeld für das Freistadtprivileg zu zahlen. Für frühere Verdienste genoß es bereits mehrere Privilegien: Es übte sämtliche Regalien aus und war hinsichtlich der Steuer aus der Zuständigkeit des Komitates ausgenommen. Die Vorteile der Erhebung wurden in der Bittschrift angeführt:

— viele Fremde, Handelsleute, Handwerker kämen in die Stadt, weil dort jede Manufaktur Umsatz finden würde. Die Einwohner würden sich vermehren, wenn sie nicht als Bauern oder Kammeruntertanen, sondern als Bürger betrachtet würden;

— durch die Vermehrung der Bevölkerung würde sich die Steuer vermehren und die Stadt könnte im Notfall größere Opfer zugunsten des Fiskus bringen;

— die benachbarten Dörfer könnten ihre Produkte leicht verkaufen und die für ihren Haushalt und ihre Wirtschaft notwendigen Waren besorgen;

— der Handel in den Ortschaften an der Donau und Theiß würde aufblühen, weil Maria-Theresiopel in ihrer Nähe liegt.

Maria-Theresiopel bekam schließlich für 266.666 Gulden das Freistadtprivileg[5].

Die Einnahmen der königlichen Freistädte flossen aus verschiedenen Quellen. Der Großteil der Einnahmen gründete sich auf Feudalrechte, die von den Privilegien und dem Gewohnheitsrecht gesichert wurden. Die Einnahmen der Freistädte gliederten sich in folgende Gruppen:

1. die vom König den Freistädten überlassenen Regalien (Wein- und Bierausschank, Brauerei, Schnapsbrennerei, Mühlen, Ziegelbrennerei, Taxen, Mauten, Salz- und Tabakeinnahmen, Caducitas);

2. aus Stadtkapitalien stammende Einnahmen (Zinsen, Verkauf städtischer Grundstücke und Häuser, Pachtgebühren, Spitals- und Stiftungskapitalien);

3. aus Grundbesitz und dessen Wirtschaft stammende Einnahmen (städtisches Allodium, Weingarten, Wälder, Weiden, Fischerei, Jägerei, Leibeigendörfer, Eichelmast);

---

[5] Katalog „Maria Theresia als Königin von Ungarn" (Halbturn 1980) 77.

4. aus der Amtstätigkeit der Freistädte stammende Einnahmen (Kanzlei- und Gerichtstaxen, Grundbuchtaxen, Strafgelder);

5. übrige außerordentliche Einnahmen (städtische Steuer, Ablösegelder nach freien Häusern bzw. Druckereien, Apotheken, Bergbaubetriebe)[6].

Unter den Regalien brachte der Weinausschank die meisten Einnahmen ein. Dieses Recht bedeutete das Monopol des auf gewisse Zeit beschränkten Ausschankes eigener städtischer Hauerweine oder gekaufter Weine[7]. Das Privilegium des Weinausschankes erhielten die meisten Freistädte zum Zeitpunkt ihrer Erhebung zur königlichen Freistadt. Der Weinausschank der Freistädte wurde bis 1758 überhaupt nicht geregelt. Aus diesem Jahr stammt dann eine Weinausschankinstruktion[8], die die Anstellung eines Weinverrechners und Kellermeisters anordnete. Sie traf Vorkehrungen über die Fixgehälter der Schankburschen und hob die Weinnaturalbezüge der Stadträte auf. Es wurde von der Wiener Hofkammer vorgeschrieben, welche Maße von den Städten verwendet, und zu welchem Preis der Wein verkauft werden durfte.

Die städtischen Mühlen waren zumeist und ihrer Funktion nach Salpeter-, Walk-, Gerber-, Messerschmied- oder Getreidemühlen. In den meisten Städten waren die Mühlen verpachtet. In gemeinsamer Rubrik mit den Mühlen sind die städtischen Ziegelbrennereien zu erwähnen. 1736—1741 wurden z. B. in Raab Ziegel im Werte von 22.750 Gulden gebrannt. Nach dem Abzug der Ausgaben blieb der Stadt ein Gewinn von 6.669 Gulden übrig. Die Ziegel wurden für Privat- oder Militärbedarf hergestellt[9]. Außer der Ziegelbrennerei konnten die Freistädte eine eigene Kalkbrennerei, eine Sandgrube und einen Steinbruch besitzen.

Innerhalb der Taxeinnahmen spielten die Jahres- und Wochenmarkttaxen eine wichtige Rolle, weil ein bedeutender Teil des inländischen Warenumsatzes sich auf den Jahr- und Wochenmärkten der Freistädte abwickelte. Die Magistrate waren deshalb bestrebt, die Ordnung der Märkte festzulegen und zu sichern. In den Freistädten wirkten sogar besondere Marktrichter, die zur Marktzeit die Aufsicht und Gerichtsbarkeit

---

[6] István KÁLLAY, Das Finanzwesen der königlichen und ungarischen Freistädte zur Zeit Maria Theresias, in: MIÖG 19 (1966). István KÁLLAY, Szabad királyi városok gazdálkodása Mária Terézia korában [Die Wirtschaft der königlichen Freistädte zur Zeit Maria Theresias] (Budapest 1972).

[7] Zsigmond Pál PACH, Nyugateurópai és magyarországi agrárfejlődés a XV—XVIII. században [Westeuropäische und ungarländische Agrarentwicklung im 15.—18. Jahrhundert] (Budapest 1963) macht darauf aufmerksam, daß der grundherrliche Weinausschank nur in geringem Maß auf dem eigenen Allodium (Weingarten) basierte. Die Grundherren wie auch die Städte erhöhten die Naturalleistungen ihrer Leibeigenen, um mehr Wein ausschenken zu können.

[8] Hofkammerarchiv, Wien, Civitatensia, Fasc. 8, 30. November 1758.

[9] Hofkammerarchiv, Wien, Hoffinanz Ungarn, Rote Nr. 756, 8. April 1741.

versahen. Von den Städten wurden anläßlich der Märkte die Warenqualität, die Preise und Maße kontrolliert bzw. Marktbuden verpachtet. In einigen Städten war es erlaubt, daß fremde Kaufleute vor der Marktzeit — eventuell zu billigeren Preisen — verkauften. Von den eingeführten Waren, Getreide und Fuhrwerk hob der Marktrichter bestimmte Taxen ein. Die Stadt kontrollierte den Markt auch dann, wenn dessen Einnahmen selbst verpachtet waren.

Außer den Markttaxen sind die Neubürgertaxen zu erwähnen, die der Magistrat von den neu aufgenommenen Bürgern für die Verleihung des Bürgerrechtes einhob. Die Neubürgertaxe war in den einzelnen Städten verschieden, im allgemeinen aber sehr hoch angesetzt. Dadurch wollten die Magistrate verhindern, daß mittellose Bürger in die Städte eindrangen. 1768 wurden z. B. in Ödenburg pro Kopf 97 Gulden Bürgertaxe genommen. Die Bürgertaxe wurde erst 1760, im Zusammenhang mit der Siedlungspolitik des Wiener Hofes einheitlich geregelt. Die hochangesetzten Bürgertaxen bildeten nämlich ein beträchtliches Hindernis für die Ansiedlung der Handwerker aus den österreichischen Erbländern in den Freistädten. Nach dem Erlaß wurden die Neubürger in drei Gruppen — Bürgersöhne, Ungarn und Fremde — eingeteilt, und die Taxen zwischen 2 und 48 Gulden festgelegt.

Die behördliche Aufsicht der Zünfte wurde erhöht, die Zunftprivilegien untersucht[10], die Aufnehmegebühren ermäßigt und die Lehr- und Wanderzeit herabgesetzt. Maria Theresia verbot die Beschränkung der Anzahl der Meister, Gesellen und Lehrlinge durch die Zünfte. Mit der Festlegung der Anzahl wurden die Stadträte beauftragt. Diese Verordnungen waren für die weitere Entwicklung der Zünfte von Bedeutung, ihre Ausführung wurde aber von den betreffenden Zunftmeistern stark behindert[11].

Die von den Städten eingehobene Maut war nicht einheitlich festgelegt, was zu ständigen Diskussionen Anlaß gab. 1740 beschweren sich bei der Ungarischen Hofkammer z. B. griechische Handelsleute aus Siebenbürgen weil die Städte Kaschau (Kassa, Košice) und Eperies (Eperjes, Prešov) außer der Maut und dem Dreißigstzoll per Wagen noch zwei Gulden extra einhoben. Es ist zu erwähnen, daß die Bezeichnung „griechisch" sich in erster Linie auf die Balkanvölker bezog, die aufgrund des Friedens von Passarowitz (Požarevac) (1718) das Recht hatten, bei der Ein- und Ausfuhr 3,3 Prozent Zoll zu zahlen. Sie waren aber nur zum Verkauf von Waren berechtigt, die aus den türkischen Gebieten stammten. Es ist nicht zu

---

[10] Anton SPIESS, Die Wirtschaftspolitik des Wiener Hofes gegenüber Ungarn im 18. Jahrhundert und im Vormärz, in: Ungarn-Jahrbuch 1969, 61.
[11] Lajos NAGY, in: Budapest története [Geschichte von Budapest] 3, red. Domokos Kosáry (Budapest 1975) 106—107.

verwundern, daß die städtischen Handelsleute gegen die türkischen Kaufleute auftraten.

Ein bedeutender Teil der Städte war von dem Dreißigstzoll befreit. Die Bürger der Neoacquisiten-Städte erhielten dieses Vorrecht noch im Jahre 1698, es war aber immer eine Diskussionsfrage, ob dieses Privilegium auch in Kraft trat. Die übrigen Städte genossen diese Freiheit aufgrund der Stadtprivilegien und zahlten dafür ein jährliches Äquivalent. Infolgedessen wurden die königlichen Freistädte im Jahre 1754 vom Vectigal nicht sehr berührt.

Es ist allgemeine Auffassung, daß die Frage der neuen Zollordnung (Vectigal) erst zur Zeit Maria Theresias aufgeworfen wurde. Aufgrund meiner neuen Forschungen habe ich aber festgestellt, daß die Idee einer neuen Zollordnung schon in den dreißiger Jahren auftauchte. Konrad Wolfgang Neffzer, Kammerrat und Dreißigstzoll-Pächter schlug 1732 die Änderung des Vectigals vor. Neffzer war dafür, den Zoll mit 5 Prozent festzulegen. Von denjenigen eingeführten Waren, die für Ungarn nützlich waren, sollte ein Zoll von 3—4 Prozent genommen werden. Von diesen Exportgütern sollte nur 1—3 Prozent Zoll genommen werden, um die Ausfuhr zu fördern. Von den Transitwaren, die in Ungarn stark vertreten waren, gab es, wie Neffzer schrieb, bislang gar keine Einnahmen; er schlug dafür einen Zoll in der Höhe von $1\frac{1}{2}$, 1, $\frac{1}{2}$, $\frac{1}{4}$ und $\frac{1}{8}$ Prozent vor. Die Waren aus dem Ausland (also nicht aus den österreichischen Erbländern) sollten zwei- oder dreifach verzollt werden. Die Bürger der Freistädte dürften ihre Dreißigstfreiheit nicht dazu mißbrauchen, die frei eingeführten Waren an Nichtbürger weiterzugeben. Neffzer schlug vor, daß alle Städte, also nicht nur diejenigen, welche die Zollfreiheit bereits in ihren Privilegien verbrieft hatten, für ein jährliches Äquivalent diese Freiheit genießen sollten. Wenn die Städte dieses Vectigalgebühr-Äquivalent nicht zahlen könnten, sollten sie einen Nachlaß aus dem Census regius, der königlichen Steuer, bekommen.

Die Wiener Hofkammer war im Jahre 1737 gegen die Einführung des neuen Vectigals, weil der von der Neoacquisita-Kommission festgelegte Tarif nur schwer zu ändern war. Nach der Meinung der Wiener Hofkammer bedeutete die Einführung des neuen Vectigals einen Rückfall der Einnahmen, und auf dem neoacquistischen Gebiet gab es sowieso eine „Consumo-Mauth". Diese „Opinio" der Wiener Hofkammer behinderte dann im Jahre 1737 die Einführung des neuen Vectigals, das später (1754) in der Form einer Modernisierung des ganzen Zollsystems dann doch eingeführt wurde[12].

---

[12] Hofkammerarchiv, Wien, Hoffinanz Ungarn, Rote Nr. 712, 1. Juli 1737. Über Neffzer vgl. Zoltán FALLENBÜCHL, A Szepesi Kamara tisztviselői a XVII—XVIII. században [Die

Fast ein Fünftel aller städtischen Einnahmen stammte aus städtischen Zinskapitalien. Einige Städte: Tyrnau (Nagyzombat, Trnava), Karpfen (Korpona, Krupina), Briesen (Breznóbánya, Brezno), Sathmar (Szatmárnémeti, Satu Mare) und Eperies hatten aus dieser Quelle überdurchschnittliche Einnahmen. Die Wiener Hofkammer achtete darauf, daß die Freistädte Darlehen nur verläßlichen Personen gewährten. Der Magistrat war verantwortlich dafür, daß die Schuldner „verläßliche Personen" seien. In einigen Fällen schrieb die Hofkammer sogar den Zinssatz vor. Darlehen wurden von den königlichen Freistädten an Grundbesitzer, an Handelsleute anderer Städte, eventuell auch direkt an andere Städte gewährt. Der Zins war meistens 6 Prozent, aber manchmal auch 10—20 Prozent, was als sehr hoch galt[13].

In der Errichtung von eigennützigen Stadtwirtschaften, Allodien, befolgten die Freistädte das Beispiel der Grundbesitzer. Diese Entwicklung, die Gründung städtischer Allodien, war in unserer Periode schon allgemein verbreitet. Im Gegensatz zu den früheren Perioden, besonders zum 16.—17. Jahrhundert wurden die Allodien von den Freistädten nicht auf Kosten der Leibeigenendörfer, sondern durch Kauf oder Pacht von Ackerland gegründet. Die städtischen Allodialeinnahmen fielen auf den Getreide-, Wein-, Bier-, Schnaps- und Viehverkauf. Überdurchschnittliche Allodialeinnahmen hatten Tyrnau, Sathmar, Markt Altofen (Óbuda) und Preßburg. In den Städten, die über keine Leibeigenendörfer verfügten, wurden die in der Stadt wohnenden „Inquilini" als Taglöhner für die Arbeit eingesetzt.

Durch ihre Privilegien, Kauf oder Pacht, verfügten die Freistädte über Grundbesitz. Städte, die Grundbesitz erwarben, wurden dadurch selbst zu Grundbesitzern. Der Ankauf von Grundbesitz durch die Städte wurde von den Ständen ungern gesehen. Die Stände beriefen sich auf den Gesetzartikel 33/1542, in dem der Ankauf von Grundbesitz durch Städte beschränkt wurde. Trotz dieses Artikels besaßen aber folgende Freistädte Grundbesitz und Leibeigenendörfer: Neustadt (Nagybánya), Sombor, Tyrnau, Kaschau, Sankt Georg (Szentgyörgy, Durdevac), Libethen (Libetbánya, L'ubietová), Karpfen, Briesen, Sathmar, Trentschin (Trencsén, Trenčín), Gran (Esztergom), Stuhlweißenburg (Székesfehérvár), Pacht, Bartfeld (Bártva, Bard'ejov), Zeben (Kisszeben, Sabinov) und Ödenburg.

Die Leistungen der städtischen Leibeigenen wurden bis 1750 nicht einheitlich festgelegt, sie waren vom jeweiligen Magistrat abhängig. Urbarien für städtische Leibeigene finden wir erst seit den fünfziger Jahren. Das

---

Beamten der Zipser Kammer im 17.—18. Jahrhundert] in: Levéltári Közlemények 37 (1967) 209.

[13] Gyula MÉREI, Über einige Fragen der Anfänge der kapitalistischen Gewerbeentwicklung in Ungarn, in: Études historiques 1 (Budapest 1960) 735.

Urbar bedeutet für die Dörfer eine Erhöhung der Leistungen. In einigen Dörfern treffen wir jetzt eine wöchentliche Fronarbeitsleistung von zwei Tagen, die vor der Anlegung des Urbars unbekannt war[14].

Die Einnahmen der Stadtwälder, Weiden, Fischerei und Jägerei sind hier gemeinsam zu erwähnen. Die Waldwirtschaft der Städte war bis zur Mitte des 18. Jahrhunderts nicht geregelt, erst in den fünfziger Jahren trat diese Frage in den Vordergrund. Die Wiener Hofkammer widmete den städtischen Wäldern, der Holzgewinnung und der Holzwirtschaft besondere Aufmerksamkeit; sie sorgte für die Auspflanzung von Setzlingen. Die Fischerei und Jägerei wurden meist verpachtet.

Es gab einige Städte, die eigene Bergbaubetriebe hatten. Wir haben darüber allerdings sehr wenige Angaben. Die zur Verfügung stehenden Unterlagen berichten über den schlechten Geschäftsgang der städtischen Bergbaubetriebe. 1774 wurde z. B. Schemnitz, 1775 Kremnitz wegen der Vernachlässigung des Bergwesens getadelt. 1776 wurden die Einnahmen des Hammerwerkes der Stadt Kaschau wegen seines niedrigen Standes überprüft. 1777 nahm man die zwei Bergbaubetriebe Libethens der Stadt ab, weil beide mit Defizit arbeiteten[15].

Weil sie aus den eigenen Bergbaubetrieben nur unwesentliche Einnahmen hatten, versuchten die Freistädte wenigstens von den auf ihrem Gebiet gelegenen königlichen Betrieben bzw. von deren Arbeitern zu profitieren. Die Freistädte waren für die Errichtung von Gasthäusern, Wein- und Bierschanken, eventuell auch Brauereien in der Nähe der königlichen Bergbaubetriebe zuständig.

Den Bestrebungen des aufgeklärten Absolutismus entsprechend förderte der Wiener Hof die niederen Schichten der städtischen Bevölkerung und suchte dieselben in die Kontrolle der Stadtwirtschaft einzubeziehen. Dadurch wandte sich diese Politik gegen die machthabenden Patrizier. Das weist darauf hin, daß die städtische Gesellschaft keineswegs einheitlich war. Die zwei großen Gruppen der Stadtbevölkerung, Bürger und Nichtbürger (also die Inwohner ohne Bürgerrecht), bringen aber nur in gewisser Hinsicht das soziale Bild der Städte zum Ausdruck. Im Zusammenhang mit der Profession gab es nämlich innerhalb dieser zwei Gruppen noch zahlreiche Schichten.

Die oberste Schicht der städtischen Gesellschaft bildeten die sogenannten Patrizier. Das waren reiche Bürger, meist Fernhandelsleute, Handwerker, Grundbesitzer oder höhere Stadtbeamte (Notar, Fiskal, Arzt usw.).

---

[14] Hofkammerarchiv, Wien, Civitatensia, Fasc. 3, 26. März 1756; Fasc. 8, 23. August 1758; 13. November 1758.

[15] Hofkammerarchiv, Wien, Civitatensia, Fasc. 9, 10. Jänner 1758; Camerale Ungarn, Fasc. 26, Rote Nr. 510, Subd. 3, 102/1760.

Aus ihren Reihen kamen die leitenden Magistrate der Städte und um sie herum kristallisierten sich die verschiedenen städtischen Parteien aus, die dann bei den Ratswahlen eine große Rolle spielten und die führenden Posten abwechselnd besetzten. Die höchste Ambition dieser Schicht war die Erreichung des Adelsranges. Diese in der Verwaltung meist nicht sehr bewanderten Patrizier hatten nur ein Ziel vor Augen: ihre eigenen Familieninteressen zur Geltung zu bringen. Es lag in ihrem Interesse, die korrupte, unfachliche Stadtverwaltung zu konservieren. Deshalb bedeuteten sie das größte Hindernis für die Stadtpolitik des Wiener Hofes und ihre führende Rolle mußte eingeschränkt werden.

Die nächste Schicht bildeten die gewöhnlichen Bürger, also Leute mit Bürgerrecht. Diese waren hauptsächlich Handwerker, Händler, Landwirte, die ein bürgerliches Haus und dazu gehörende Grundstücke (Äcker, Wiesen) hatten und einen anständigen Beruf ausübten. Sie besetzten die mittleren Posten der Stadtregierung und führten manchmal einen Kampf gegen die oberste Schicht. Wenn sie über Kapitalien verfügten, investierten sie dieselben in landwirtschaftliche Immobilien. Das brachte mit sich, daß sich z. B. in Pest der Wert dieser Immobilien in den 1760er Jahren verdoppelte[16].

Eine ziemlich große Schicht der Stadtbevölkerung stellten die Leute ohne Bürgerrecht dar. Sie waren Inwohner mit Hausbesitz (mit oder ohne Äcker und Wiesen) und trieben Handwerk oder Landwirtschaft. Die unterste Schicht bildeten die Inquilini, also die Taglöhner und Diener, die in der Wirtschaft der Bürger und Inwohner arbeiteten. Sie waren in der Stadtführung überhaupt nicht vertreten.

Ein charakteristischer Zug der ungarischen Entwicklung ist die Ansiedlung von Adeligen in den Freistädten[17]. Sie begann Anfang des 18. Jahrhunderts und nahm seit den 1740er Jahren größere Ausmaße an. Der Wiener Hof unterstützte diese Übersiedlung, weil die Adeligen, zumindest theoretisch, von ihrem städtischen und eventuell bürgerlichen Haus und Grundstück (wenn sie auch das Bürgerrecht erhielten) Steuer zahlten. Es kam öfter vor, daß sich die in der Stadt wohnenden Adeligen weigerten, die gemeinsamen städtischen Lasten zu tragen. Deshalb gibt es eine fast unübersehbare Menge von Quellen über Streitigkeiten zwischen den Adeligen und den Freistädten. Die Adeligen trieben Handel — besonders Weinhandel und Weinausschank — und Handwerk und beriefen sich auf ihre Steuerfreiheit. 1768 nahm sogar Maria Theresia selbst zu dieser

---

[16] Nagy, Budapest története 3, 85.
[17] Elemér MÁLYUSZ, A magyar polárság a francia forradalom korában [Das ungarische Bürgertum zur Zeit der Französischen Revolution]. A Bécsi Magyar Történeti Intézet Évkönyve (Budapest 1931) 229; Ernő DEÁK, Das Städtewesen der Länder der ungarischen Krone 1 (Wien 1979) 184.

Streitfrage Stellung: Die Adeligen seien ihrer Person nach von der Steuer befreit, sagte die Herrscherin, nicht aber was ihren Handel, Handwerk, städtische Häuser und Grundstücke betreffe. Zu dieser Zeit beschwerte sich die Stadt Eisenstadt bei der Ungarischen Hofkammer über Fürst Paul Esterházy, der eigene Zünfte gründete und die städtischen Handelsleute und Handwerker vom Markt unter der Burg fortwies. Die Hofkammer nahm für die Freistadt Eisenstadt (Kismarton) als königlichen Besitz Partei[18].

In den Reihen des Adels schienen Magnaten, Mittel- und Kleinadelige, Possessionaten und Intelligenz auf. Diese letztere Schicht war bedeutend, weil die weitere ungarische Entwicklung dadurch bestimmt wurde, wann und nach welcher neuen Tendenz sich der Adel richtete. Wir können sie als die Vorgeneration des Reformzeitalters betrachten[19].

Der Wiener Hof sah es wegen der adeligen Steuerfreiheit nicht ungern, wenn in Ungarn vom Adel Manufakturen gegründet wurden. Die Freistädte aber, wo der König selbst der Grundherr war, hätten von den städtischen Manufakturen Steuer zahlen müssen. Deshalb setzte sich die Wiener Hofkammer in den sechziger und siebziger Jahren bei den königlichen Freistädten für die Gründung von städtischen Manufakturen ein. Die Wiener Hofkammer schlug vor, daß diejenigen Städte, die über aktive Kapitalien verfügten, diese in städtischen Handwerksbetrieben und Handelsgesellschaften anlegen sollten. Damit bot sich für die königlichen Freistädte eine einmalige Chance, deren Bedeutung sie selbst gar nicht überblicken konnten. Die städtischen Magistrate aber, und besonders die Zechmeister, die in den Städten hohe Ämter bekleideten, waren gegen die Gründung von städtischen Manufakturen. Sie hatten kein Interesse daran, daß ihnen aus Stadtgeldern eine starke Konkurrenz geschaffen werde. Auf die Anfrage des Wiener Hofes im Jahre 1770, welche Manufakturen von ihnen gern gesehen würden, gaben die meisten Freistädte überhaupt keine Antwort. Dieses Verhalten der Magistrate war der Grund, weshalb das städtische Geldvermögen das Niveau des Zinskapitals nicht übersteigen konnte und das in der Stadtwirtschaft akkumulierte Vermögen nicht zu Handels- bzw. Gewerbekapital wurde, sondern die Form des Zinskapitals annahm. Dieses Zinskapital floß wieder in das Zechgewerbe zurück bzw. kräftigte den feudalen Staat und die feudale Landwirtschaft durch Darlehen. Dadurch nahmen sich die ungarischen Freistädte aber selbst die Möglichkeit, als grundsätzliche Basis der kapitalistischen Entwicklung in Ungarn zu fungieren.

---

[18] Hofkammerarchiv, Wien, Camerale Ungarn, Rote Nr. 510, Subd. 2, 93/1768; Subd. 3, fol. 61.

[19] Éva BALÁZS, Berzeviczy Gergely, a reformpoliticus [Gergely Berzeviczy der Reformpolitiker] (Budapest 1967) 7—12.

Roman Sandgruber

MARKTÖKONOMIE UND AGRARREVOLUTION

Anfänge und Gegenkräfte der Kommerzialisierung der österreichischen Landwirtschaft

Der Staat solle dafür Sorge tragen, empfahl Wilhelm v. Schröder, daß die Bauern nicht nur das Land gut bebauen, sondern davon auch Überschüsse erzielen und etwas verkaufen[1]. Durch Ausfuhrverbote, Festlegung von Widmungsbezirken, Fürkaufsverbote, Preissatzungen etc. versuchte der frühneuzeitliche Staat solchen Ansprüchen gerecht zu werden. Es ist nicht untersucht, welchen Einfluß dieses weitverzweigte System der Privilegien und regelnden Eingriffe auf den bäuerlichen Eigenverbrauch und die Marktbelieferung nahm. Aus Beschwerden der Bauern müßte man aber den Schluß ziehen, daß das Interesse, Produkte zu verkaufen, damit nicht unbeträchtlich reduziert wurde[2]. Die Aufhebung der Widmungsbestimmungen, die in der Frühzeit der theresianischen Regierung noch wesentlich verschärft worden waren, wurde daher seit den siebziger Jahren mit immer gleichbleibenden Argumenten diskutiert[3]:

1. Ackerbau und Viehzucht könnten nur durch die Beseitigung der Hindernisse des freien Verkaufs gefördert werden;
2. nur dadurch könnten Fleiß, Arbeit und Nachdenken des Landmannes angeregt werden;
3. dadurch komme das Geld mehr in Zirkulation.

Das ganze System einer strengen Reglementierung des Lebensmittelhandels und Lebensmittelverkehrs wurde von 1765 an immer mehr reduziert. Bereits 1775 hatte man innerhalb der Erbländer den Verkehr mit Landesprodukten grundsätzlich freigegeben. Doch waren damit die Proviantwidmungen für das Salzkammergut und die Eisenbezirke noch nicht angetastet worden. 1782 hob aber Joseph II. das ganze Widmungssystem

---

[1] Wilhelm v. Schröder, Fürstliche Schatz- und Rentkammer nebst seinem nothwendigen Unterricht vom Goldmachen (Leipzig 1704) LXX, §1.
[2] Alfred Hoffmann, Wirtschaftsgeschichte des Landes Oberösterreich 1: Werden, Wachsen, Reifen. Von der Frühzeit bis zum Jahre 1848 (Salzburg 1952) 423f.
[3] Ebd. 424.

auf und beseitigte auch Zug um Zug alle Preissatzungen und Absatzbeschränkungen[4].

Die von den neuen Strömungen in der englischen und französischen Ökonomie des 18. Jahrhunderts erfaßten Politiker gingen davon aus, daß eine Limitierung der Preise oder eine Beschränkung der Absatzmöglichkeiten zu einem hohen Eigenverzehr Anlaß gibt[5]. Von einer Ausdehnung des Marktes mit entsprechenden Gewinnmöglichkeiten erwartete man sich sowohl eine Modernisierung der landwirtschaftlichen Produktion als auch eine wesentliche Verbesserung der Marktbelieferung und Reduzierung des bäuerlichen Eigenverbrauchs. Die entscheidende Frage ist die, ob und wie elastisch die bäuerlichen Produzenten auf Preisanreize und Marktsignale reagierten. Der Bauer sei ein schlechter Ökonom, meinte J. H. G. Justi[6]: „Hat er sich nämlich Geld erworben, so legt er es in den Kasten oder kauft sich Land dafür", statt in bessere Produktionsmethoden zu investieren oder sich auch nur Konsumgüter zu kaufen. Die Vorstellung, die die Gegner der Liberalisierung so sehr bewegte, war, daß die Bauern auch bei höheren Preisen nicht von ihren tradierten Wirtschaftsformen abweichen würden oder sich gar bei steigenden Erlösen und Einkommen stärker aus dem Markt zurückziehen und ihre Produkte selber verbrauchen würden. Daher schien es ihnen geraten, die Bauern nicht zu reich werden zu lassen.

In der volkstümlichen Anschauung des späten 18. Jahrhunderts waren Ansichten sehr verbreitet, die die Teuerung auf eine derartige sozusagen zurückgeneigte Angebotskurve der Bauern zurückführen wollten:

> „Überflüssig ist wohl jedes Mitleiden, das wir dem Zustand des Landmanns zollen; nie war sein Los glücklicher als jetzt. Der allgemein gestiegene Luxus und die unermeßliche Consumtion fast zwanzigjähriger Kriege haben seinen Produkten einen Wert gegeben, der ihn zum reichen Mann macht ... Der Bauer hat schon täglich sein Huhn im Topfe, und überläßt seinen vormaligen rüstigen Sachwaltern zum Dank Hammelfleisch ... und auch so viel ist gewiß, daß wenn der Bauer vor zwanzig Jahren alle seine Eier zu Markte brachte, er jetzt die Hälfte

---

[4] Roman SANDGRUBER, Von der Widmung zum Wettbewerb. Der Scheibbser Eisen- und Provianthandel vom 17. bis zum 19. Jahrhundert, in: Unsere Heimat 48 (1977); Hoffmann, Wirtschaftsgeschichte, 422ff.; Sergij VILFAN, Die Agrarsozialpolitik von Maria Theresia bis Kudlich, in: Der Bauer Mittel- und Osteuropas im sozioökonomischen Wandel des 18. und 19. Jahrhunderts (Köln—Wien 1973) 8.

[5] Alfred HOFFMANN (Hg.), Bauernland Oberösterreich. Entwicklungsgeschichte seiner Land- und Forstwirtschaft (Linz 1974) 454, 497; Josef R. LORENZ, Die Bodencultur Österreichs (Wien 1873) 72, 154.

[6] Johann Heinrich Gottlob JUSTI, Abhandlungen von der Vollkommenheit der Landwirtschaft und der höchsten Kultur der Länder (1761) zitiert nach Werner Conze, Quellen zur Geschichte der deutschen Bauernbefreiung (Göttingen 1957).

davon selbst verzehrt ... Vor zehn oder zwölf Jahren aß der Bauer nur an Sonn- und Feiertagen mit seiner Familie und seinen Knechten Fleisch ... Man untersuche itzt die Kost der Bauern, und man wird täglich zu Mittag und Abends Fleisch in der Schüssel sehen, Knechte und Mägde fordern solches ..."[7].

In der Tagespublizistik, den Eipeldauerbriefen, den Wiener Stadttopographien, den Volkskomödien, überall wird fast gleichlautend über übermütige Bauern räsonniert und geschimpft:

„Du kannst Dir nicht vorstellen, wie wohlhabend jetzt der Bauer hierlanden lebt, wie sehr sich seine Bedürfnisse vermehrten und seine Art zu leben, von der wie sie vor zehn und zwölf Jahren war, verschieden ist. Um diese Bedürfnisse und Bequemlichkeiten, die er vordem gar nicht kannte, zu befriedigen, ist es wohl einleuchtend, daß er, weil er doch auf demselben Umfang seiner Gründe nicht mehr Früchte erzeugt, diese viel theurer als ehemals geben muß"[8].

„Landleute, die durch den langwierigen Krieg und die Umstände so wohlhabend geworden seien, daß sie einen Teil jener Erzeugnisse, die sie ehedem fleißig zu Markte trugen, selbst in Freude verzehren, als da sind Geflügel, Eier, Kälber, Schweine, Obst ..."[9].

Joseph Rohrer meinte 1804:

„Die Landleute um die Hauptstadt sind großen Theils schon so reich und stolz, daß es ihnen gar nicht die Mühe lohnt, die Früchte ihres Bodens nach der Stadt zu bringen. Man kann häufig von ihnen, wenn sie in ihrer Dorfschenke sitzen, Äußerungen wie folgende hören: ‚Die Wiener werden's schon holen, wenns was brauchen'"[10].

Betrachtungen dieser Art, die gerade für das späte 18. und beginnende 19. Jahrhundert eine Reduktion der Kommerzialisierung unterstellen wollen, sind sicher als eher unwahrscheinlich abzutun: Aus ihnen spricht das Vorurteil der Städter, Bauern hätten gefälligst arm zu sein oder sie seien unfähig, ökonomisch zu reagieren. Es ist vielmehr Gegenteiliges anzunehmen. Es ist wenig plausibel, daß sich der Eigenverbrauch der Bauern bei Nahrungsmitteln im beginnenden 19. Jahrhundert drastisch verändert hätte: Die für die Bauern zweifellos günstige Preisentwicklung muß einen zusätzlichen Vermarktungsanreiz bedeutet haben, noch dazu, wo man

---

[7] Über die gestiegenen Preise der Lebensmittel, besonders des Fleisches mit Hinsicht auf den in Nr. X abgedruckten Aufsatz über diesen Gegenstand, Vaterländische Blätter (1808) 154.

[8] Neuestes Sittengemälde von Wien (^{2}Wien 1801) 110f.

[9] Neue Skizze von Wien (Wien 1805) 31.

[10] Joseph ROHRER, Abriß der westlichen Provinzen des österreichischen Staates (Wien 1804) 9.

gerade bei Fleisch aus Statistiken entnehmen kann, daß der Wiener Fleischverbrauch in der napoleonischen Zeit nicht abgenommen hat, sondern gestiegen ist, der Viehbestand der Bauern aber z. T. drastisch zurückgegangen ist. Behauptungen über zunehmenden Fleischverbrauch der Bauern sind daher mit der Realität der vorhandenen Statistiken nur schwer in Einklang zu bringen. Sie stehen in Widerspruch zu den Viehzählungsergebnissen und zu den städtischen Verbrauchsstatistiken.

Die Vorstellungen der Merkantilisten, die dem Bauern als Konsumenten von Industriegütern keinerlei Beachtung schenken wollten, entsprachen längst nicht mehr der Realität. 1765 bereits führte die Kärntner Landwirtschaftsgesellschaft die agrarwirtschaftlichen Fortschritte des 18. Jahrhunderts auf die „vielfältigen, damals unbekannten, nunmehr aber der immer mehr zivilisierten menschlichen Gesellschaft fast zur Notdurft gewordenen Bequemlichkeiten" zurück. Diese seien die Ursachen gewesen, warum man früher nicht jede Nutzbarkeit so genau abgewogen, mit allerhand Proben und Änderungen versucht und auf das höchste getrieben, sondern sich mit der natürlichen Dankbarkeit der Erde nach deren gewöhnlicher Gebrauchung begnügt habe[11].

In der Motivation, die Produktion nicht an den eigenen Bedarfsvorstellungen, sondern an den Marktgegebenheiten auszurichten, kam den von der Industrie und der Stadt gelieferten Produkten eine dominierende Rolle zu: Immer wichtiger wurden nur über den Markt erwerbbare Konsumgüter, die einen mächtigen Modernisierungsdruck ausübten, angefangen von Tabak, Zucker und Kaffee über den Gang ins Gasthaus bis zu Kleidung, Uhren oder Hausrat[12]. Adam Hönigsberg wies schon zu Beginn des 19. Jahrhunderts auf die Diskrepanz hin, die sich für die Wirtschaftspolitiker darbot: Einerseits wolle man den Bauern von der Gesellschaft trennen, um ihn bei der Einfachheit seiner Sitten zu lassen, andererseits wolle man durchaus, daß ihm jeglicher gesellschaftlicher Genuß zuteil werde, weil dies nicht nur die Nachfrage nach Industriewaren, sondern auch das Angebot an Agrarprodukten stimuliere[13].

Wie der Bauer mit den neuen Produkten bekannt wurde, wie die Diffusion verlief, darüber kann man nur Vermutungen anstellen: Wichtig waren die Wanderhändler, die Jahrmärkte, die großen Ausstellungen des 19. Jahrhunderts, generell der Einfluß der Städte, wo man eventuell als Hausknecht oder Küchenmädchen mit neuen Gewohnheiten bekannt geworden war. Wichtig waren Institutionen wie die Armee oder die Schulen,

---

[11] Karl DINKLAGE, Geschichte der Kärntner Landwirtschaft (Klagenfurt 1966) 157.

[12] (Wilhelm WINKLER), Hilfe dem Bauernstande (o. J.) 55.

[13] Georg Adam v. HÖNIGSBERG, Kurze Darstellung der Hindernisse welche dem Ackerbau im Allgemeinen und in Unterösterreich insbesondere im Wege sind, in: Ökonomische Neuigkeiten 21 (1820) 14.

wichtig waren nicht zuletzt die Handwerker und Kaufleute, bei denen der Bauer seine Aufträge gab[14]. Vor allem das Ausstellungswesen hatte große Bedeutung. Die Eisenbahnen hatten die großen Industrieausstellungen des 19. Jahrhunderts auch in den Gesichtskreis der Landbevölkerung gerückt[15].

Der Eigenverbrauch und die Möglichkeit und Bereitwilligkeit der Bauern, Überschüsse zu erwirtschaften und auf dem Markt anzubieten, muß in enger Beziehung mit dem Ausmaß und der Art der Abgaben gesehen werden, die von den Bauern als Feudalrente zu entrichten waren. Es lassen sich vier Gruppen von Ansprüchen unterscheiden, die sich die Grundherren gesichert hatten:

1. Arbeitsleistungen
2. Naturalabgaben
3. Geldzahlungen
4. Bann- und Vorkaufsrechte

Die Reduzierung der Robot bzw. ihre Ablöse und Abschaffung war lange Zeit ein Hauptanliegen fortschrittlicher Ökonomen und Politiker. Hauptargumente waren ihre ökonomische Ineffektivität und ihre modernisierungshemmenden Wirkungen: die Robot als Schule der Unredlichkeit und Trägheit und die Robot als Hindernis technischen Fortschritts[16]. An sich bestünde kein Grund, Robot als weniger effektiv anzusehen als Lohnarbeit[17]. Man weiß zuwenig über die Machtmittel, die dem Grundherrn zur Hand gewesen wären, die ordnungsgemäße Arbeitsleistung von Robotverpflichteten zu erzwingen. Der Anreiz, den eine Ablöse auszuüben vermochte, war aber sicher mehrfach: für die Bauern zur Aufbringung der Ablösesummen, für die Arbeiter, daß Geld motivierender war als Gewalt, für den Grundherrn, die Arbeitsgänge in bezug auf Rationalisierungsmög-

---

[14] Bernward DENEKE, Die Frage der Rezeption bürgerlicher Sachkultur bei der ländlichen Bevölkerung, in: Günter Wiegelmann (Hg.) Kultureller Wandel im 19. Jahrhundert (Göttingen 1973) 57.

[15] 1908 wurde im Niederösterreichischen Bauernbundkalender der Beginn der kulturellen Urbanisierung der niederösterreichischen Bauernschaft mit der Weltausstellung 1873 datiert: „Sogar viele betagte Bauern wurden von ihrer Neugierde getrieben, den Zug in die Stadt zu nehmen und alle die Wunder zu sehen, die hier zu betrachten waren, solange man wollte, und was noch mehr war, zu solch einem niedrigen Preis". Gavin LEWIS, The Peasantry. Rural Change and Conservative Agrarians in Lower Austria, at the Turn of the Century, Past and Present 81 (1978) 123ff., 135.

[16] Karl GRÜNBERG, Die Grundentlastung, in: Geschichte der österreichischen Land- und Forstwirtschaft und ihrer Industrien 1 (1899) 60f.; Ignaz BEIDTEL, Geschichte der österreichischen Staatsverwaltung 1740—1848, hg. v. Alfons Huber, 2 Bde. (Innsbruck 1896—98); Jerome BLUM, Noble Landowners and Agriculture in Austria 1815—1848. A Study in the Origins of the Peasant Emancipation of 1848 (Baltimore 1948) 192ff.

[17] John KOMLOS, The Emancipation of the Hungarian Peasantry and Agricultural Growth, in: Ivan Volgyes (Hg.), The East European Peasantry (New York 1979) 1, 110f.

lichkeiten zu überdenken. Viel weniger gilt dies für das Argument, die Robot habe den technischen Fortschritt behindert, da die billige Arbeitskraft für die Grundherrn verstärkten Kapitaleinsatz wenig lohnend gemacht habe. Da die Fortschritte der Agrarwirtschaft des 18. und frühen 19. Jahrhundert in vielerlei Hinsicht nicht arbeitssparend sondern arbeitsintensivierend waren, hätten billige Arbeitskräfte den Kapitaleinsatz sehr wohl fördern müssen.

Insgesamt wird der aus der Robotablösung resultierende Produktionszuwachs kaum sehr hoch angeschlagen werden dürfen[18]. Sicherlich aber bedeutete die Robotregulierung einen Kommerzialisierungsanreiz: Der Bauer brauchte mehr Geld, um die Ablösen zu zahlen, war dafür aber Herr seiner Arbeitskraft geworden. Der zum bloßen Grundbesitzer gewordene Feudalherr mußte sich ihrer, wenn er sie brauchte, im Wege eines freien Lohnvertrages versichern. Dies, so wurde von Kritikern der Durchführung der Grundentlastung eingewendet, habe die Lohnkosten in der Landwirtschaft nach 1848 so sehr angehoben, daß eine beträchtliche Produktionseinbuße die Folge war[19]. Allerdings war der Prozeß der Robotablösung in Österreich seit dem ausgehenden 18. Jahrhundert schon sehr weit fortgeschritten, so daß die nach 1848 erstellten Statistiken wahrscheinlich samt und sonder falsch sind und mit der eigentlichen Grundentlastung keine entscheidende Bruchstelle verbunden war.

Nicht klar ist, ob dies auch für die sonstigen Naturaldienste gilt. Die Grundentlastungsstatistik bringt dazu Aufstellungen, die für Niederösterreich eine völlige Ablöse von Naturalleistungen schon vor 1848 anzeigen würden, für die anderen Kronländer aber Naturalabgaben bei Getreide, die zwischen 2,3% (Oberösterreich) und 7,6% (Kärnten) einer durchschnittlichen Getreideernte gelegen wären. Dazu wären dann noch die Zehentabgaben zu rechnen, von denen aber ebenso unklar ist, wieweit sie bereits in Geld umgelegt waren. Häufig dürfte es seit dem 18. Jahrhundert sogar so gewesen sein, daß den Bauern die Möglichkeit offenstand, die Form der Rente zu variieren, und daß die Frage der Zahlung in Geld oder in Natura jährlich erneuerten Absprachen oder dem Belieben des Verpflichteten überlassen blieb. Auch waren die Geldablösungsverträge nicht selten dynamisiert, so daß auch das Problem der Wertstabilität wegfiel[20].

---

[18] Ebd. 112ff.
[19] Ernst v. SCHWARZER, Geld und Gut in Neu-Österreich (Wien 1857) 5.
[20] Friedrich LÜTGE, Die Grundentlastung (Bauernbefreiung) in der Steiermark. Zeitschrift für Agrargeschichte und Agrarsoziologie 16 (1968) 190ff.; DERS., Die Robot-Abolition und Kaiser Joseph II., in: Wege und Forschungen der Agrargeschichte, Festschrift für Günter Franz (Frankfurt 1967) 153ff.

1848 ZUR ENTSCHÄDIGUNG ANGEMELDETE NATURALLEISTUNGEN
(in 1000 nö. Metzen)

	Weizen	Roggen	Gerste	Hafer	Hirse	Buchweizen	insgesamt	in % einer durchschnittlichen Getreideernte
Niederösterreich	0,0	0,0	0,0	0,0	0,0	0,0	0,0	0,0
Oberösterreich	2,9	50,4	1,7	117,9	0,0	0,0	173,0	2,3
Salzburg	1,0	8,0	0,6	24,4	0,0	0,0	34,0	3,3
Steiermark	38,3	60,7	2,7	161,3	37,5	12,9	313,0	4,5
Kärnten	18,4	43,1	8,3	104,5	3,0	3,0	180,3	7,6
Tirol/Vorarlberg	12,8	40,0	14,3	24,7	1,6	0,1	93,5	3,4
Summe	73,4	202,2	27,6	432,8	42,1	16,0	793,8	2,3

QUELLE: Karl Grünberg, Grundentlastung (wie Anm. 16) 70ff.; Roman SANDGRUBER, Österreichische Agrarstatistik 1750—1918 (Wirtschafts- und Sozialstatistik Österreich—Ungarns 2, Wien 1978).

Um der Frage der unterschiedlichen Auswirkungen von Geld- und Naturalabgaben auf die bäuerliche Wirtschaftsführung nachgehen zu können, müßte allerdings geklärt werden, in welchem Umfang den Grundherrschaften eine Beherrschung des Binnenmarktes in Landesprodukten möglich gewesen war: Denn das war ja das Hauptcharakteristikum der Wirtschaftsherrschaft, ein System von landwirtschaftlichen Industrien, vor allem Brauereien, Mühlen, Gasthäuser und Getreidespeicher, die durch ihren Monopols- und Zwangscharakter florierten.

Um 1770 begann man diese Vorrechte der Grundherrschaften gegenüber ihren Untertanen im Bereich des Kaufs und Verkaufs von Gütern allmählich abzuschaffen. Vor allem der Anfeilzwang, der den Grundherren ein Vorkaufsrecht auf die Produkte ihrer Untertanen sicherte, bedeutete eine schwere Beeinträchtigung der Verkehrsfreiheit. Aber auch das Getreide in der Herrschaftsmühle mahlen lassen zu müssen, mit Hochzeiten, Tauf- und Totenmählern an herrschaftliche Tafernen gebunden zu sein, Abnahmeverpflichtungen für Bier oder Wein auf sich nehmen zu müssen, konnte für den Bauern eine erhebliche Belastung bedeuten und mußte seine Konsumstrukturen in eine ganz bestimmte Richtung beeinflussen.

Für Österreich ob der Enns wurde 1768 der grundherrliche Anfeilzwang aufgehoben. Der endgültige Durchbruch erfolgte 1770 aus Anlaß der Hungersnot. Es wurde verboten, den Untertanen den freien Verkauf ihrer Produkte zu hemmen, ihnen ein Anfeilgeld abzufordern oder sie zum Ankauf herrschaftlicher Waren und zu Zehrungen in herrschaftlichen Schankhäusern zu zwingen. Die Abstellung der Zwangszehrungen wurde noch mehrmals erneuert. Die endgültige Aufhebung des Tafernenzwangs und noch bestehender Reste des Anfeilzwanges, der bereits in der Hungersnot 1770/71 für nichtig erklärt worden war, erfolgte 1787. Den Schlußstrich setzte die Grundentlastung 1848 mit der ersatzlosen Streichung aller Bannrechte. Nicht zufällig ist mit dieser Beseitigung von Bannrechten auch die allgemeine Kampagne gegen Kindlmähler, Zehrungen und aufwendige Hochzeiten zeitlich zusammengefallen. Seit die Herrschaften keinen Nutzen mehr davon ziehen konnten, waren die engagiertesten Befürworter weggefallen[21].

Die generelle Regelung, die 1848/49 beschlossen und durchgeführt wurde, sah grundsätzlich als Entschädigung die Ablöse in Geld vor, was den Bauern zwar ihren landwirtschaftlichen Besitzstand erhielt, ihnen aber doch beträchtliche Lasten aufbürdete. Eine Reihe von Verpflichtungen wurden zwar unentgeltlich aufgehoben: alle Rechte der Grundherrn aus dem persönlichen Untertänigkeitsverhältnis und alle grundobrigkeitlichen Einkommen, die mit der Ausübung der Justiz- und Polizeihoheit zusammengehangen waren, sowie alle Vorkaufs- und Bannrechte. Für alle übrigen Rechtsverhältnisse mußten Entschädigungen gezahlt werden, deren Höhe durch eine Kapitalisierung der jährlich zu leistenden Abgaben auf 20 Jahre ermittelt wurde. Davon mußte der Bauer ein Drittel wirklich zahlen, ein Drittel steuerte der Staat bei und ein Drittel wurde den Grundherren abgezogen[22].

Anders als die Grundentlastung, die man aus der Sicht des liberalen Bürgertums sogar als bauernfreundlich bezeichnen konnte, wurde die Servitutenregulierung 1853 (Holzbezugs- und Weiderechte der Bauern) wenig bauernfreundlich geregelt. Damit wurde den betroffenen Bauern eine wichtige Existenzgrundlage entzogen, handelte es sich doch neben den Holzbezugsrechten auch um Streusammel- und Weiderechte, die eine, wenngleich geringfügige Viehhaltung oft erst ermöglicht hatte. Als Berechnungsgrundlage für die Ablöse waren die sehr niedrigen Preise der Periode 1836—1845 genommen worden, die ganz wesentlich unter den Preisen der fünfziger Jahre lagen, so daß die Berechtigten im Verlauf der Ablösung bis zu 70% gegenüber den vorher von ihnen bezogenen Naturalien verloren[23].

Die Ursache der Wendung vom bauernfreundlichen Grundentlastungspatent 1849 zum herrenfreundlichen Servitutenpatent 1853 dürfte wohl auch darin zu suchen sein, daß der Staat selber der größte Verpflichtete gegenüber den Servitutenbeziehern war. In beiden Fällen aber entsprach

---

[21] Alfred HOFFMANN, Die Grundherrschaft als Unternehmen, in: Zeitschrift für Agrargeschichte und Agrarsoziologie 6 (1958) 123 ff.; Hoffmann, Wirtschaftsgeschichte 98 ff., 423; Vilfan, Agrarsozialpolitik 8.

[22] DIE GRUNDENTLASTUNG IN ÖSTERREICH, nach amtlichen Quellen dargestellt (Wien 1857).

[23] Ernst BRUCKMÜLLER, Grundentlastung und Servitutenregulierung, in: Hoffmann, Bauernland Oberösterreich 125 ff.

die Vorgangsweise den agrarpolitischen Maximen der Zeit, der Befreiung der Wirtschaft von alten, der Kapitalisierung hinderlichen Bindungen.

Die Auffassungen über die gesamtwirtschaftlichen Auswirkungen der Grundentlastung sind sehr unterschiedlich. Einerseits wird hervorgehoben, daß erst dadurch eine Aktivierung der in diesem Sektor steckenden Reserven möglich geworden sei, sowohl was die volle Entfaltung unternehmerischer Initiativen als auch die Mobilisierung des auf dem Lande festgehaltenen Arbeitskräftepotentials betrifft[24]. Auf der anderen Seite stehen jene Meinungen, die unterstellen, daß der Vorgang der Ablöse und speziell die Ablösemodalitäten die Modernisierung der Landwirtschaft mehr gehemmt als gefördert hätten[25]. Aus der Sicht der Reformer sollten selbstredend nicht nur ständische Vorrechte beseitigt sondern auch Produktions- und Produktivitätsfortschritte bewirkt werden. Man muß aber vorsichtig sein mit der Konstruktion eines kausalen Zusammenhangs zwischen liberaler Agrarreform und beschleunigter Industrialisierung und mit Stufen- und Stadientheorien, die in den Agrarreformen eine notwendige Voraussetzung der weiteren wirtschaftlichen Entwicklung sehen wollen[26].

Es ist sehr fraglich, ob durch die Grundentlastung die Produktionshöhe und Produktivität wesentlich beeinflußt wurde[27]. Produktionsfördernde Maßnahmen konnten und waren auch bereits vorher realisiert worden. Wesentliche Bedingungen der Produktivitätsentfaltung, vor allem die Grundbesitzstruktur, blieben unangetastet. Und keineswegs automatisch mußte eine Auflösung des Feudalsystems eine stärkere Integration der Bauern in die Marktwirtschaft bewirken. Die Grundentlastung hat vielmehr eine Struktur gefestigt, die tendenziell der Naturwirtschaft zuneigte. So blieben die Rationalisierungsmöglichkeiten beschränkt[28].

Gerade weil die Grundentlastung allgemein als entscheidende Wende der Agrargeschichte angesetzt wird, fällt das Fehlen unmittelbarer Auswir-

---

[24] Z. B. HUNDERT JAHRE IM DIENSTE DER WIRTSCHAFT, hg. v. Bundesministerium für Handel und Wiederaufbau 1 (Wien 1961) 49; Herbert MATIS, Österreichs Wirtschaft 1848—1913. Konjunkturelle Dynamik und gesellschaftlicher Wandel im Zeitalter Franz Josephs I. (Berlin 1972) 44, 120; Karl DINKLAGE, Die Landwirtschaft, in: Die Habsburgermonarchie 1848—1918, hg. v. Adam Wandruszka u. Peter Urbanitsch 1: Alois Brusatti (Hg.), Die wirtschaftliche Entwicklung (Wien 1973) 440; Elisabeth MANAS, Joseph Tuvora als politischer Publizist, Diss. (Wien 1976); DER FREIMÜTHIGE 1 (1848) 485.

[25] Roman ROSDOLSKI, Die Bauernabgeordneten im konstituierenden Österreichischen Reichstag 1848—1849 (Wien 1976) 105ff.

[26] Alexander GERSCHENKRON, Die Vorbedingungen der europäischen Industrialisierung im 19. Jahrhundert, in: Wolfram Fischer (Hg.), Wirtschafts- und sozialgeschichtliche Probleme der frühen Industrialisierung (Berlin 1968) 22.

[27] Komlos, Emancipation 109ff.

[28] Wolfgang v. HIPPEL, Die Bauernbefreiung im Königreich Württemberg (Boppard 1977) 1, 578ff.

kungen umso mehr auf: die unbefriedigende wirtschaftliche Situation, in der sich Österreich in den frühen fünfziger Jahren befand, wurde auf die Grundentlastung zurückgeführt: „Konnte man ferner mit Recht annehmen, daß der Grundbesitzer, dessen Bodenerzeugnisse so sehr im Werte gestiegen waren, ungeachtet der minder befriedigenden Ernten, wenigstens ein gleich bedeutender, wenn nicht ein besserer Consument der Manufactur-Industrie werden würde, so nahm wieder die in die abgelaufene Jahresperiode gefallene Ablösung der Grund- und Bodenlasten seine frei verfügbaren Geldmittel in Anspruch, und nötigte ihn zu besonderen Ersparnissen ..."[29]. Es wurde die mangelnde Kaufkraft der von der Preisentwicklung der fünfziger Jahre durchaus Nutzen ziehenden Landbevölkerung auf die Abtragung von Verpflichtungen aus der Grundentlastung zurückgeführt.

Dabei geht die Argumentation offensichtlich darum, die Vor- und Nachteile der möglichen Entschädigungsarten bzw. der entschädigungslosen Ablöse herauszuarbeiten. Ernst v. Schwarzers Argument, die in Österreich gewählte Form der Entschädigung habe die Nachfrage nach Industriegütern eingebremst, kann höchstens für Konsumgüter gelten. Eine entschädigungslose Aufhebung hätte zwar dem Bauern mehr Spielraum für Konsumgüternachfrage lassen können, umgekehrt aber durchaus auch den Rückzug auf autarke Versorgungseinheiten bewirken können. Die Notwendigkeit, die Entschädigungssummen aufzubringen, müßte die Bauern motiviert und gezwungen haben, wesentlich stärker als bisher für den Markt zu produzieren und nach einer Produktionsoptimierung zu trachten. Und die Entschädigungszahlungen mußten in Form von Investitionen eine sehr viel stärkere Multiplikatorwirkung erreicht haben. Gerade deshalb wird die in Frankreich gewählte Alternative der entschädigungslosen Ablöse so oft als modernisierungshemmend bezeichnet[30]. Ich bezweifle daher sehr, daß die Wiener Handelskammer oder Ernst von Schwarzer und andere Vertreter der Liberalen für eine entschädigungslose Aufhebung plädieren wollten. Viel eher stand eine volle Überwälzung der Ablösungslasten auf die Bauern im Sinne ihrer Intentionen.

Eine Gesamtbeurteilung der wirtschaftlichen Auswirkungen der Grundentlastung muß weitgehend spekulativ bleiben. Häufig werden die Übergangsschwierigkeiten betont[31]. Daß durch die Grundentlastung tatsächlich

---

[29] BERICHT DER HANDELS- UND GEWERBEKAMMER FÜR DAS ERZHERZOGTUM ÖSTERREICH UNTER DER ENNS 1852 (Wien 1853) III.

[30] Ernst HINRICHS, Die Ablösung von Eigentumsrechten. Zur Diskussion über die droits féodaux in Frankreich am Ende des Ancien Régime und in der Revolution, in: Rudolf Vierhaus (Hg.), Eigentum und Verfassung (Göttingen 1972) 165ff.

[31] Eugen BONTOUX, Ungarn und die Ernährung Europas (Wien 1861) 5.

ein kurzfristiger Produktionsausfall eingetreten war und erst nach einiger Zeit die erhofften positiven Effekte folgten, ist zwar aufgrund der unsicheren Produktionsstatistiken nicht zu belegen, vielleicht aber nicht unwahrscheinlich. Daß die Landwirtschaft nicht wie in früheren Konjunkturperioden als Konsument aufgetreten war, bedeutete zwar eine Einbuße für die traditionellen Konsumgüterindustrien, die zu einem nicht unwesentlichen Teil auf die bäuerliche Nachfrage ausgerichtet waren, kann aber insgesamt keinen Nachfrageausfall, sondern eher das Gegenteil bewirkt haben.

Wirtschaftlich brachte die Grundentlastung für die Bauern nicht die Belastung, die man vielleicht befürchtet hatte. Sie profitierten von der Inflation der fünfziger Jahre: Bereits Ende der fünfziger Jahre hatten sie ihre aus der Entlastung resultierenden Schulden größtenteils bezahlt[32]. Daß trotzdem für die weitere Zukunft keine tragfähigen Strukturen geschaffen waren, lag weniger an den Modalitäten der Grundentlastung als an der österreichischen Agrarstruktur schlechthin.

Um die Wende vom 18. zum 19. Jahrhundert hatte in ganz Österreich die Tendenz zu einer beträchtlichen Zunahme der Marktintegration eingesetzt, die mit einer entsprechenden Wohlstandssteigerung einhergegangen war. Berichte, daß der Wohlstand der Landbevölkerung in den beiden letzten Jahrzehnten des 18. Jahrhunderts beträchtlich gestiegen war, sind zahlreich[33]:

„Vorzüglich seit dem Siebenjährigen Krieg und zugleich durch ihn bewirkt, begann die Blüte des landbauenden Standes ... Der letzte achtjährige Krieg (die Koalitionskriege) hob die Landeskultur, den inneren Wohlstand und den Wert des Grund und Bodens auf eine noch höhere Stufe, und mit der vermehrten Wohlhabenheit des Bauern stieg auch seine Fähigkeit, zu den Staatseinkünften beizutragen", schrieb 1808 ein Berichterstatter aus dem Marchfeld[34].

Daß sich die Konsumkraft der Bauern zu Ende des 18. Jahrhunderts positiv entwickelte, wird von vielen zeitgenössischen Autoren betont: Der Eigenverbrauch an Lebensmitteln habe zugenommen, die Nachfrage nach Konsumgütern sei gestiegen, die Bautätigkeit habe sich belebt:

---

[32] Roman SANDGRUBER, Agrarpolitik zwischen Krisen und Konjunkturen, in: Bauernland Oberösterreich 111; Ernst BRUCKMÜLLER, Landwirtschaftliche Organisation und gesellschaftliche Modernisierung. Vereine, Genossenschaften und politische Mobilisierung der Landwirtschaft Österreichs vom Vormärz bis 1914 (Salzburg 1977) 27f.

[33] Günter WIEGELMANN, Volkskundliche Studien zum Wandel der Speisen und Mahlzeiten, in: Günter Wiegelmann—Hans J. Teutenberg, Der Wandel der Nahrungsgewohnheiten unter dem Einfluß der Industrialisierung (Göttingen 1972) 239.

[34] Bemerkungen über die natürliche Beschaffenheit und den Culturzustand des Marchfelds und seiner Bewohner, in: Vaterländische Blätter 1 (1808) 27.

„Industrie und Wohlhabenheit ist ausnehmend seit den Kriegsjahren gestiegen, bei keinem Stande aber auffallender als bei dem Landmann ... besonders in allen dem Ackerbau günstigen Gegenden. Viele Bedürfnisse, die sonst einen Spottpreis hatten, kann der nicht reiche Städter nicht mehr zahlen, weil sie der Bauer selbst lieber verzehrt, als um einen geringen Preis hingibt ... welchem der Aufwand in Hausgeräth, Tracht und Tisch völlig entspricht: so wie die Gebäude zusehends solider geworden sind"[35].

Man argumentierte, daß in den deutschen Provinzen von Österreich die Zahl gut gebauter, nicht selten mit Ziegeln gedeckter Bauernhäuser alljährlich zunehme oder daß die Kleidung der Landleute mit der besseren Wohnung übereinstimme[36].

Die Konjunktur reichte bis zum Ende der Napoleonischen Kriege. Zum letztenmal für längere Zeit erzielten die Bauern in den drei Mißerntejahren 1814, 1815 und 1816 gute, ja hervorragende Preise. Die Ursachen der darauffolgenden Agrarkrise sind vielfältig: die Ausdehnung der Anbaufläche, die Intensivierung der Kultur, die ungarische Konkurrenz, die Unterkonsumtion der Bauern.[37]

Eine die bäuerlichen Produzenten begünstigende Preisentwicklung setzte wieder in den vierziger Jahren ein und führte zu einer bis in die siebziger Jahre reichenden Phase der Agrarkonjuktur. Kleinräumig mögen sich aber sehr beträchtliche Unterschiede ergeben haben. Vor allem begann die Preisentwicklung immer mehr die Bauern der westlichen Kronländer zu benachteiligen. Die Preisindizes für Wien, Linz, Graz und Innsbruck zeigen dies recht deutlich[38]. Die Bauern konnten vom Anstieg der Getreidepreise nicht profitieren, da hier die Konkurrenz der östlichen und überseeischen Produktionsgebiete immer übermächtiger wurde, und verloren auch zunehmend ihre traditionellen Absatzgebiete für Vieh in Italien und Deutschland. Und auf dem Wiener Markt hatte das alpenländische Vieh nie eine große Rolle gespielt.

Die Kommerzialisierungszentren verschoben sich bereits im Vormärz. Die Großgrundbesitzer Ungarns, der Sudetenländer oder auch Niederöster-

---

[35] PATRIOTISCHES TAGEBLATT (1803) 1329 (1805) 394.

[36] Christian d'ELVERT, Die Culturfortschritte Mährens und Österreichisch Schlesiens (Brünn 1854) 102; Mathias ALTMANN, Beschreibung der Commissariats-Bezirke Erlach und Riedau (1849), Neudruck in: DERS., Oberösterreichisches Georgicon (^{2}Linz 1966) 121; Johann v. CSAPLOVICS, Gemälde von Ungarn (Pest 1829) 2, 10.

[37] Johann BURGER, Von den Ursachen der gegenwärtigen Wohlfeilheit des Getreides, von den Folgen, welche diese haben dürfte, und den Mitteln ihnen vorzubeugen, in: Hesperus (1818) Nr. 38, 298ff.; dazu auch die Gegenansicht von André, ebenda 302f.

[38] Vera MÜHLPECK—Roman SANDGRUBER—Hannelore WOITEK, Index der Verbraucherpreise 1800—1914, in: Geschichte und Ergebnisse der zentralen amtlichen Statistik in Österreich 1829—1979 (Wien 1979).

reichs sahen sich nunmehr veranlaßt, ihre Landwirtschaft kommerziell umzugestalten. Im Vordergrund standen anfangs extensive Formen (Schafzucht), später Getreide, Handelspflanzen und vor allem Zuckerrüben, als die mit dem Bau der Eisenbahnen und der Einführung der Dampfschiffahrt hervorgerufene Verkehrsrevolution im Verein mit den liberalen Grundsätzen des Freihandels und Wettbewerbs ihnen endgültig vollen Marktzugang eröffnete. Durch die Schaffung leistungsfähiger überregionaler Transportmittel wurden zahlreiche in kleinräumigen Hochpreisgebieten produzierende Bauern empfindlich getroffen. Den Produktionsgebieten im östlichen Teil der Monarchie bot sich dagegen die Möglichkeit der intensiveren Nutzung ihrer Güter. Nicht nur die Besserung der Verkehrsverbindung, auch das Eindringen bürgerlich kapitalistischer Gruppen in den Großgrundbesitz sowie vermutlich die Tatsache, daß der Großgrundbesitz die Agrarkrise durch Extensivierung in Form der rasch aufblühenden Schafzucht leichter überstanden und eine Schule der Kommerzialisierung durchgemacht hatte, dürfte für diese Verlagerung der Modernisierungszentren nach Osten und Norden verantwortlich gewesen sein[39].

In Österreich hingegen wurden solche Kommerzialisierungsmöglichkeiten nur wenig beschritten und begannen antikommerzielle Tendenzen im Handeln der Bauern die Oberhand zu gewinnen. Die Agrarisierung der Industriebauern, zu der sie durch die Agrarrevolution motiviert und durch die industrielle Revolution gezwungen worden waren, trug wesentlich zu solchem Subsistenzdenken bei. Es scheint, daß die dadurch entstandenen, auf ausgedehntere Dienstbotenhaltung angewiesenen Haushalte einen sehr viel stärker patriarchalisch ausgerichteten Zuschnitt annahmen, sowohl von den Bedingungen der Gesindewirtschaft als auch von den Marktchancen her.

In der Vorstellungswelt der alpenländischen Bauern dominierte Bestandserhaltung des Betriebes auch oder gerade unter Akzeptierung der bestehenden, wenig marktrationalen Betriebsführung. Der Modernisierungsdruck ging vom Bargeldbedarf aus, und dieser Bargeldbedarf des bäuerlichen Haushaltes war nur unter sehr ungünstigen Bedingungen zu befriedigen. Natürlich ließen Steuern und Abgaben, die in Geld zu entrichten waren, keine vollkommene Autarkie zu. Der Bargeldwunsch der bäuerlichen Familie hingegen war wesentlich flexibler. Und die Erhaltung der patriarchalisch-hausherrlichen Stellung bedurfte einer Strategie, die auch den Anfängen des Bargeldwunsches entgegenwirkte. Dienstboten waren diesbezüglich nur bedingt motivierbar, noch anpassungsfähiger war eine Wirtschaftsführung, die ganz auf mithelfende Familienmitglieder ausge-

---

[39] Bruckmüller, Landwirtschaftliche Organisationen 242, 252.

richtet war. Und dies war auch der Weg, der im letzten Drittel des 19. Jahrhunderts immer mehr beschritten wurde[40].

Es waren daher nur die Einzugsbereiche der Großstädte, in denen sich tatsächlich eine kommerzialisierte Landwirtschaft herausgebildet hatte: am stärksten in Niederösterreich, daneben auch im oberösterreichischen Zentralraum, im Grazer Umland, in Vorarlberg. Sicherlich hatte der Bedarf an Bargeld überall zugenommen. Doch stellt man in der 2. Hälfte des 19. Jahrhunderts in Österreich eine bemerkenswerte Stagnation des Fortschreitens der Geldwirtschaft fest, während im späten 18. und beginnenden 19. Jahrhundert das Vordringen neuer Güter im Bauernhaus und damit auch der Geldwirtschaft sehr viel greifbarer gewesen ist[41].

Nur in Niederösterreich eröffnete sich eine neue Kommerzialisierungsmöglichkeit und wurde auch zunehmend genützt: die Verwertung von Frischmilch im Einzugsbereich der großen Städte. Zwischen 1890 und 1910 hatte sich im Umkreis von 80 bis 100 km um Wien ein Ring von Milchgenossenschaften gebildet, die ein Ausdruck der einzig wirklich erfolgreich ergriffenen klein- und mittelbäuerlichen Kommerzialisierungsmöglichkeit in Österreich waren. Damit war mit neuen Organisationsformen die Vermarktung eines Produktes gelungen, das vorher gewissermaßen nur als Nebenprodukt neben dem hauptsächlich ins Auge gefaßten Getreideverkauf

---

[40] Ebd. 243.

[41] Dinklage, Kärntner Landwirtschaft 259. Prof. Wilckens veröffentlichte 1894 einen Artikel über das Ausmaß der Kommerzialisierung der Kärntner Landwirtschaft: „Wenn der österreichische Bauer, namentlich in den hauptsächlich Viehzucht betreibenden Alpenländern nicht dem Staate seine Steuer in barem Gelde leisten müßte, dann würde er gar kein Geld brauchen, da er das Bestreben hat, alle seine wirtschaftlichen Bedürfnisse auf seiner eigenen Scholle und in seinem eigenen Stalle selbst zu erzeugen. Zu dem Brot, das der Bauer ißt, baut er selbst das Getreide; die Wolle, die er in seinem Lodenrock trägt, liefern ihm seine Schafe; die Stiefel und Schuhe fertigt ihm der Dorfschuster aus dem Leder seiner Rinder, wenn er sie schlachtet, um sich mit ihrem Fleisch zu versorgen; das Nutz- und Brennholz liefert ihm sein Wald, Milch, Butter und Käse seine Kühe oder Ziegen; nur seinen geringen Bedarf an Eisen muß er kaufen, selten auch Zucker und Kaffee, wenn er nicht vorzieht, den letzteren nach Kneippscher Vorschrift aus gerösteter Gerste herzustellen. Insbesondere auf dem Gebiete der Milchwirtschaft leistet er so wenig wie möglich, denn wenn er viel Milch, Butter und Käse erzeugt, so verzehren seine Dienstleute davon desto mehr. In ausgedehnten Alpengebieten schreibt es nämlich die Sitte dem Bauern vor, seine wirtschaftlichen Erzeugnisse nicht zu verkaufen und auf diese Weise seinen Dienstleuten zu entziehen. Erst die Steuerzahlung an den Staat und die Gemeinde nötigt den Bauern, milchwirtschaftliche Erzeugnisse und Jungvieh zu verkaufen, um in den Besitz von Bargeld zu gelangen".

galt[42]. Der entscheidende Schritt einer Kommerzialisierung der österreichischen Landwirtschaft erfolgte erst im 20. Jahrhundert[43].

---

[42] Bruckmüller, Landwirtschaftliche Organisationen 243ff.; Ernst BRUCKMÜLLER, Soziale Sicherheit für Bauern und Landarbeiter, in: Ernst Bruckmüller—Roman Sandgruber—Hannes Stekl, Soziale Sicherheit im Nachziehverfahren (Salzburg 1978) 19. Es gibt für den Grad der Marktverflechtung in den letzten Jahrzehnten des 19. Jahrhunderts keine exakten Zahlen, bloß einige Hinweise von Fachleuten, die auf bloßen Eindrücken beruhen. Es ist diesen Experten aber durchaus Glauben zu schenken, wenn sie den Grad der Marktverflechtung als sehr gering bezeichnen und betonen, daß der Konsum im Hause den größten Teil der Produktion verbraucht hätte. In Buchführungsbetrieben, bei denen jedenfalls ein gestiegenes Marktbewußtsein und Marktinteresse vorauszusetzen ist, lag die Marktleistung vor dem Ersten Weltkrieg bei etwa 36%.

[43] Siegfried MATTL, Agrarstruktur, Bauernbewegung und Agrarpolitik in Österreich 1919—1929. Diss. (Wien 1980) 304ff.

Kálmán Benda

DER WANDEL DER LEBENSFORMEN DER UNGARISCHEN BAUERN IM 18. JAHRHUNDERT

Mentalität, Lebensform und Kultur der Bauern sind als Forschungsgegenstand in Ungarn noch ganz jung[1]. Deshalb kann hier noch über keine endgültigen Ergebnisse berichtet werden und der vorliegende Beitrag ist im wahrsten Sinne des Wortes bloß als Diskussionsbeitrag zu verstehen.

Wollen wir die ungarische bäuerliche Kultur im 18. Jahrhundert verstehen, so müssen wir zeitlich mindestens bis zum 16. Jahrhundert zurückgreifen.

Zu Beginn des 16. Jahrhunderts setzt in Westeuropa eine immer stärker werdende Verbürgerlichung ein. In Ungarn wie in ganz Mittel- und Osteuropa dagegen geht die Entwicklung gerade in die entgegengesetzte Richtung: Die feudalen herrschenden Klassen werden stärker, das Bürgertum wird kraftloser. Infolgedessen stockt die Entwicklung der Industrie und des Handels, die Urbanisierung geht langsamer voran und die Verbürgerlichung der Lebensform und Mentalität findet nicht statt. Aber zur gleichen Zeit erreichen Ungarn die großen geistigen Bewegungen der westlichen Kultur — Humanismus, Renaissance und Reformation — und formen Denken und Weltanschauung[2].

Diese Rückständigkeit gegenüber dem Westen, die für ganz Mittel- und Osteuropa um diese Zeit bezeichnend ist, stellt nur einen der damals in Ungarn wirksamen Faktoren dar. Der andere sich hemmend auswirkende spezifische Faktor war die 150 Jahre andauernde Türkenherrschaft. Der unabhängige ungarische Staat war 1526 zu Fall gekommen und das Land, das seine Selbständigkeit eingebüßt hatte, wurde, zwischen die türkische und die habsburgische Großmacht eingeklemmt, für zwei Jahrhunderte zu einem Schlachtfeld, auf dem die Bewohner ums Überleben kämpften. All diese Faktoren waren auf die Gestaltung von Schicksal und Kultur der Bauern von Einfluß[3].

---

[1] Vgl. Ferenc ERDEI, Parasztok [Bauern] (Budapest 1973); Ágnes LOSONCZI, Az életmód az időben, a tárgyakban és az értékben [Die Lebensform in der Zeit, in den Gegenständen und Wertschätzungen] (Budapest 1977) 185—222.

[2] Vgl. allgemein: Die Geschichte Ungarns, red. v. Ervin PAMLÉNYI (Budapest 1971).

[3] Stefan SZABÓ, Ungarisches Volk. Geschichte und Wandlungen (Budapest—Leipzig 1944); F. MAKSAY, Ungarns Landwirtschaft zur Zeit der Türkenherrschaft, in: Agrártörté-

Infolge der Stärkung und Erhärtung des Feudalismus im 17. Jahrhundert lockerten sich die Beziehungen, die die einzelnen Klassen der Gesellschaft früher verbunden hatten, und der Abstand zwischen Herren, Bürgern und Bauern wurde immer größer. Im 18. Jahrhundert rissen dann fast alle traditionellen, patriarchalischen Bande, die die verschiedenen Klassen bisher zusammengehalten hatten. Während uns aus dem 16. und 17. Jahrhundert zahlreiche Beispiele bekannt sind, die beweisen, daß nicht nur kleinere Adelige, sondern auch Magnaten mit ihrem Hofgesinde und ihren Soldaten zusammenlebten und an einem Tische speisten, hört das im 18. Jahrhundert gänzlich auf; die Wände, die sich zwischen den verschiedenen Klassen erheben, trennen die Menschen und schließen sie voneinander ab.

Es ist offenbar auf diesen Wandel zurückzuführen, daß der im 18. Jahrhundert in adeligen Kreisen aufblühende Barock nur einen Teil der Bauern berührte, und auch das eher nur in den Äußerlichkeiten des religiösen Lebens, nicht wie früher die Kultur der Renaissance, die gerade durch die Vermittlung des Adels zum ungarischen Bauerntum durchdringen und ihre Wirkung auf die bäuerliche Kultur hatte ausüben können, insbesondere auf Brauchtum und Volkskunst, wo wir ihren Einfluß heute noch feststellen können[4]. Die gesellschaftlichen Scheidewände wurden im 18. Jahrhundert immer mehr auch zu kulturellen Demarkationslinien. Die Bauernkultur, die früher — wenn auch in einem gewissen zeitlichen Abstand — immer der Entwicklung der nationalen Hochkultur folgte, blieb im 18. Jahrhundert gewissermaßen sich selbst überlassen. Nun war den zur ewigen Leibeigenschaft verurteilten Bauern nicht nur die Möglichkeit zu gesellschaftlichem Aufstieg genommen, auch die Tore der kulturellen Weiterentwicklung fielen vor ihnen zu. Die Bauern blieben bei ihrer traditionellen Kultur, für eine Erneuerung gab es keine Möglichkeit. Dadurch aber wurde diese Kultur auf eine immer engere Basis zurückgedrängt. Zu Ende des Jahrhunderts ist die traditionelle Kultur nur noch ein bäuerliches Charakteristikum, man könnte auch von einer verbäuerlichten Kultur sprechen[5].

---

neti Szemle 1968, Erg.-Bd. S. 10—37; István SINKOVICS, Le „servage héréditaire" en Hongrie aux 16ᵉ—17ᵉ siécles, in: La Renaissance et la Réformation en Pologne et en Hongrie, red. v. Gyula SZÉKELY—E. FÜGEDI (Budapest 1963) 165—172.

[4] Iván BALASSA—Gyula ORTUTAY, Magyar néprajz [Ungarische Ethnographie] (Budapest 1959); László KÓSA, Néphagyományunk évszázadai [Die Jahrhunderte der ungarischen Volkstradition] (Budapest 1976); Tamás HOFER, Stilperioden der ungarischen Volkskunst, in: Österreichische Zeitschrift für Volkskunde 1975, 325—338.

[5] István TÁLASI, Die materielle Kultur des ungarischen Volkes im Spiegel der sukzessiven Forschungen, in: Europa et Hungaria. Congressus ethnographicus in Hungaria, red. v. Gyula Ortutay—T. Bodrogi (Budapest 1965) 27—57; Klára K. CSILLÉRY, Historische Schichten in der Wohnkultur der ungarischen Bauern, ebenda 111—136; Edit FÉL—Tamás HOFER, Proper Peasants. Traditional life in a Hungarian village (Viking Fund Publications

Wie bereits erwähnt, war die Renaissance vorwiegend durch die Vermittlung des Adels bis zu den Bauern durchgedrungen; später war es aber gerade die gesellschaftliche Abgeschlossenheit des Adels, die allen weiteren kulturellen Einwirkungen den Weg zum Bauern versperrte. Wir stehen hier vor einer typisch mitteleuropäischen, ja ungarischen Erscheinung, denn im Westen kamen die Bauern überall unter den Einfluß des Bürgertums. Für Ungarn ist aber durchwegs die Schwäche der bürgerlichen Klasse charakteristisch. Ende des 18. Jahrhunderts gehörten 92% der Bevölkerung Ungarns zum Bauerntum, das Bürgertum repräsentierte nicht mehr als 2—2,5%, während der Adel ungefähr 4,5% der Bevölkerung ausmachte. Zum Vergleich sei hier erwähnt, daß die Bürger in den österreichischen Ländern mit ungefähr 4%, in Polen nicht einmal mit 1% vertreten waren; dagegen gab es in Polen mehr als 6% Adelige. In Frankreich standen am Vorabend der Revolution 12% Bürger einem Adel von 1% der Gesamtbevölkerung gegenüber[6].

Es sei noch hinzugefügt, daß in Ungarn die Städte hauptsächlich deutsch waren; die ethnischen, sprachlichen und kulturellen Unterschiede wurden noch durch religiöse vertieft, da die deutschen Bürger in der Mehrheit Lutheraner waren, die Bauern und der Adel aber der römisch-katholischen und der kalvinischen Konfession angehörten. All diese Gegensätze machten sich im Verhältnis zwischen Bauern und Städten bemerkbar; sie standen als zwei verschiedene Welten nebeneinander, daran änderten auch ihre gegenseitigen Handelsbeziehungen nichts, die sich während des 18. Jahrhunderts zweifellos verstärkten[7].

Wie wir wissen, strömten in Westeuropa die Bauern vom 16. Jahrhundert an massenweise in die freien Städte. Die städtische Zivilisation, die sich dynamisch entwickelnde handwerkliche Produktion bestimmten in einem gewissen Maße auch die Lebensform jener Bauern, die in den Dörfern blieben. In Ungarn blieben auch die Bauern, die in die Städte zogen, Landarbeiter, sie trugen weiterhin ihre Bauerntracht und führten im wesentlichen ihr traditionelles Leben, das sie im Dorf gewohnt gewesen waren, weiter. Bezeichnend hierfür ist, daß in den achtziger Jahren des 18. Jahrhunderts in vielen Städten durch Dekrete verboten wurde, daß Handwerker die weiten bäuerlichen Leinenhosen — auf ungarisch „gatya"

---

in Anthropology 56, University of Chicago 1969); Edit FÉL—Tamás HOFER, Bäuerliche Denkweise in Wirtschaft und Haushalt. Eine ethnographische Untersuchung über das ungarische Dorf Átány (Veröffentlichungen des Instituts für Mitteleuropäische Volksforschung an der Philipps-Universität Marburg/Lahn 7, Göttingen 1972).

[6] Kálmán BENDA, Probleme des Josephinismus und des Jakobinertums in der Habsburgischen Monarchie, in: Südostforschungen 1966, 42—44.

[7] Ernő DEÁK, Das Städtewesen der Länder der ungarischen Krone 1780—1918, 1: Allgemeine Bestimmung der Städte und der städtischen Siedlungen (Wien 1979).

genannt — trugen und, ihren ländlichen Bräuchen folgend, beim Vieh im Stall schliefen.

Die Bürger konnten nicht zum Vorbild der Bauern werden, weil sie selbst kraftlos und dem Bauern fremd waren. Auch ganz am Ende des Jahrhunderts, als in Ungarn die Scheidewände zwischen den Klassen unter dem Einfluß der Aufklärung und der bürgerlichen Revolution etwas weniger undurchdringlich geworden waren, wirkten die Sitten und der Lebensstil der Adeligen auf die Bauern und nicht die Bürger ein. Das ist verständlich, da ein Teil des zahlreichen Adels ja auch selbst auf einem bäuerlichen Niveau lebte und seine Felder selbst bearbeitete. Unter dem Einfluß des Adels übernahm die oberste, wohlhabendste Schichte der Bauern mehrere typisch adelige Gewohnheiten, so zum Beispiel die prunkvolle Kleidung und den Kult des Essens und Trinkens, die von Nicht-Ungarn und Nachbarvölkern bis heute für „typisch ungarische" Eigenschaften gehalten werden[8].

Die Folgen der Schwäche der Bürger machten sich aber nicht nur im Kreise der ungarischen Bauern bemerkbar, sondern auch unter den im Land lebenden nicht-ungarischen Nationalitäten. Während in Ländern wie Frankreich oder England, auf deren Territorien ebenfalls bedeutende Gruppen fremder Nationalitäten lebten, diese Volksgruppen unter den starken, assimilierenden Einfluß des Bürgertums kamen, blieb die Proportion der nicht-ungarischen Nationalitäten bis in das 20. Jahrhundert unverändert. Im 18. Jahrhundert begann sich die mittelalterliche kulturelle Einheit aufzulösen, die alle Nationen, die in Ungarn lebten, ohne Rücksicht auf ihre Sprachzugehörigkeit in einer Hungarus-Gemeinschaft zusammengefaßt hatte, so daß die sprachlichen Unterschiede neben den gesellschaftlichen ganz in den Hintergrund getreten waren. Seit dem Ende dieses Jahrhunderts ist jedoch bereits zu beobachten, daß sich die sprachlich-ethnischen Unterschiede im Zeichen des nationalen Erwachens auf kulturellem Gebiet trennend auswirkten. Abgesehen davon, daß die Kultur der ungarischen Bauern sich bis zu einem gewissen Grad von der nationalen Entwicklung loslöste, sonderte sie sich auch von der früheren, über allen sprachlichen Unterschieden stehenden gemeinsamen bäuerlichen Hungarus-Kultur ab[9].

Die neuesten Forschungen haben die Entwicklung aufgezeigt, die in der bäuerlichen Wirtschaft, in Viehzucht, Ackerbau und auch im dörflichen

---

[8] Vgl. Fél—Hofer, Proper Peasants.

[9] Endre ARATÓ, Der ungarische Nationalismus und die nichtungarischen Völker 1780—1825, in: Annales Universitatis Scientiarum Budapestiensis de R. Eötvös nominatae, Sectio Historica VIII (1966) 71—113; Emil NIEDERHAUSER, Quelques questions concernant les mouvements de renaissance nationale en Europe Orientale, in: Revue du Nord 52 (1970) 229—234; Kósa a. a. O.

Gewerbe stattgefunden hat. Diese Veränderungen aber — mit Ausnahme einzelner hoch zu schätzender, aber lange Zeit isoliert bleibender Bestrebungen am Ende des Jahrhunderts — waren eher quantitativer als qualitativer Art. Die Viehzucht, der Ackerbau, das ganze Leben bewahrten die alten traditionellen Züge[10]. Die Wohnhäuser z. B. werden zu dieser Zeit zwar schon allgemein mit Schornsteinen gebaut — früher quoll der Rauch aus den offenen Herden durch Tür und Fenster ins Freie —, aber damit änderte sich weder an der Lebensweise, noch an der Wohnungseinrichtung der Bauern etwas Wesentliches. Es ist charakteristisch, daß zu dieser Zeit unter westlichem Einfluß hohe, mit Türen ausgestattete Schränke in die Herren- und Bürgerhäuser einziehen. Möbelstücke, die in Frankreich bereits am Anfang des Jahrhunderts, in Österreich ab Mitte des Jahrhunderts weit verbreitet waren. Bis zum ungarischen Bauern dringt der Schrank aber im 18. Jahrhundert nocht nicht durch, und auch im 19. Jahrhundert sieht man in den neuesten Bauernhäusern noch die bemalten Kommoden, deren Ornamentik im Stil der Renaissance gehalten ist[11].

Die Lektüre, die der Bauer zu dieser Zeit in die Hände bekam, ist ebenfalls ein Beweis für die Stagnation der Bauernkultur. Unter den für das Volk bestimmten Büchern findet man das ganze Jahrhundert hindurch in vielen tausend Exemplaren gedruckte religiöse Werke, in denen wir aber vergebens nach dem Geist der Aufklärung suchen; es handelt sich im Falle sämtlicher Konfessionen fast ohne Ausnahme um den Nachdruck von Werken aus dem 17. Jahrhundert. Und auch was an Neuem erscheint, ist im alten Geiste geschrieben, Auffassung, Stil, Sprache sind die der vergangenen Jahrhunderte. Auch die weltlichen Versnovellen sind meist Neuausgaben der Werke aus dem 16. und 17. Jahrhundert, die von den Ideen der Reformation und Gegenreformation durchdrungen sind. Das wahrhaft Neue, das im Geiste der Aufklärung zustandekam und erst im Kreise der Intellektuellen und dann in der zweiten Hälfte des Jahrhunderts auch in adeligen Kreisen immer mehr gelesen wurde, erscheint in den Bauernlektüren erst in den 1820er Jahren, und auch dann in erster Linie in den Kalendern[12].

---

[10] Imre WELLMANN, A mezőgazdaság története Magyarországon a 18. században [Geschichte der Landwirtschaft in Ungarn im 18. Jahrhundert] (Budapest 1980); DERS., Von der herkömmlichen Produktion zur landwirtschaftlichen Revolution der Neuzeit. Agrártörténeti Szemle 1970, Erg.-Bd.; Sámuel TESSEDIK—Gergely BERZEVICZY, A parasztok állapotáról Magyarországon [Über den Zustand der Bauern in Ungarn], red. v. Gábor Zsigmond ([2]Budapest 1979).

[11] Klára CSILLÉRY, Ungarische Bauernmöbel (Budapest 1972).

[12] Kálmán BENDA, Les Lumières et la culture paysanne dans la Hongrie du XVIIIe siècle, in: Les Lumières en Hongrie, en Europe Centrale et en Europe Orientale. Actes du Troisième Colloque de Mátrafüred (Budapest 1977) 97—108. (Mit ausführlicher Bibliographie).

Im 18. Jahrhundert war in Ungarn die Rolle der Kirche, der verschiedenen Konfessionen sehr wichtig. In der Hälfte der Dörfer gab es aber keinen Pfarrer, und in vielen Fällen war der Pfarrer die einzige Person, die höhere Schulen besucht, manchmal auch fremde Länder kennengelernt hatte. Die Bauern, die im allgemeinen ihr Dorf nur selten verließen, hatten mit der weiteren Welt durch ihre Priester Kontakt. Sie erfuhren die neuesten Ereignisse und Ideen durch die Sonntagspredigten, wenn sie überhaupt davon erfuhren. Nach allem, was wir bis heute wissen, blieben diese Predigten bei Katholiken wie Protestanten bis zum Ende des 18. Jahrhunderts völlig im traditionellen Rahmen. Von einigen hochgebildeten Persönlichkeiten abgesehen, stehen der katholischen Klerus wie auch die evangelischen und reformierten Pastoren, von den orthodoxen Priestern gar nicht zu reden, der Aufklärung ablehnend gegenüber, und das ändert sich erst in den Jahren des Vormärz. Wir können also feststellen, daß die traditionellen Züge der bäuerlichen Weltanschauung auch durch die Kirche nicht angetastet wurden.

Die Kultur der Bauern bleibt also in Ungarn im 18. Jahrhundert für sich abgeschlossen und bewahrt die traditionellen Elemente früherer, ja uralter Zeiten. Hier muß vor allem die Sprache erwähnt werden. Während die Magnaten unter dem Einfluß Wiens ihre Muttersprache fast gänzlich ablegen und die Sprache der Gebildeten sich verdünnt und mit lateinischen und deutschen Elementen aufgefüllt wird, bewahren und pflegen die Bauern die ungarische Sprache und den kraftvollen Stil der Reformationszeit[13]. Und während die Musik in herrschaftlichen Kreisen unter der Wirkung der Barockmusik immer stärker von deutschen und italienischen Elementen durchdrungen wird, bewahren die Bauern die althergebrachten pentathonischen Formen, und auch die traditionelle Balladenform, die im Stil auf die Renaissance zurückgreift, lebt unter ihnen weiter. Ähnliches gilt für die Volkslieder, bei denen oft die Einwirkung des Dichters Balassi aus dem 16. Jahrhundert zu erkennen ist. Und das alles zu einer Zeit, als die sogenannte Nationalliteratur bereits anz andere Ideale verfolgte[14].

Bisher haben wir die ungarische Bauernkultur als einheitliches Ganzes betrachtet. Wir wissen aber, daß diese Kultur in den verschiedenen Regionen und bei den verschiedenen Schichten der Bauern recht differen-

---

[13] Kálmán BENDA, A debreceni nyomda és a magyar paraszti kultura [Die Debrecziner Druckerei und die ungarische bäuerliche Kultur], in: Ders., Emberbarát vagy hazafi [Menschenfreund oder Patriot] (Budapest 1978) 426—440.

[14] Bence SZABOLCSI, A magyar zenetörténet kézikönyve [Handbuch der Geschichte der ungarischen Musik] (Budapest 1947).

ziert war und ebensowenig eine Einheit bildete wie die Bauernschaft selbst[15].

Ungefähr zwei Drittel der ungarischen Bauern waren Leibeigene; sie lebten unter der unmittelbaren Obergewalt des Grundherrn und mußten nicht nur Steuern bezahlen, sondern auch Frondienst leisten. Die Dörfer der Leibeigenen verfügten nicht einmal über ein Minimum an Autonomie, die Bildung ihrer Einwohner war niedrig und rückständig. Ganz anders stand es um die großen Marktflecken im Tiefland. Diese Siedlungen, die in vielen Fällen bis zu 10—20.000 Einwohner hatten, lösten ihre Pflichten dem Grundherrn gemeinsam mit Geld ab, so wurden sie eigentlich zu Freibauern und waren in ihrer Verwaltung fast vollständig autonom. Sie wählten ihre Richter selbst, erledigten die Angelegenheiten der Gemeinschaft selbständig und übten auch die Jurisdiktion in erster Instanz aus. Neben Ackerbau und Viehzucht betrieben sie bestimmte ländliche Gewerbe und entfalteten oft auch eine rege Handelstätigkeit. Es waren auch nicht wenige unter ihnen, die als wohlhabend galten. Die Bewohner dieser Marktflecken waren, von einigen Transdanubischen abgesehen, Kalvinisten. Die reformierte Religion prägte ihr ganzes Verwaltungswesen und wurde zur Basis der wirtschaftlichen und gesellschaftlichen Verhaltensregeln nach denen sich die ganze Gemeinschaft zu richten hatte. In den Marktflecken war kirchliche und weltliche Verwaltung eng verflochten, was aber keineswegs einem theokratischen Regime gleichkam, ganz im Gegenteil: Das presbyterianische System bot den wohlhabenden Bauernbürgern die Möglichkeit, auch die Kirche unter ihre Kontrolle zu bekommen. Die Mitglieder des Gemeinderates und die Presbyter des Kirchenrates waren fast immer die gleichen Personen. In dieser Lebensform mußte der Pastor — den der Gemeinderat wählte und über dessen Verbleib von Jahr zu Jahr neu entschieden wurde — der weltlichen Macht dienen, und durfte die bis in die letzten Einzelheiten strengstens geregelten Vorschriften des Gemeinschaftslebens in Gottes Namen besiegeln. Diese Vorschriften wurden einerseits von den harten Notwendigkeiten der gemeinsamen Wirtschaft bestimmt, andererseits durch die Lehren einer orthodoxen Richtung des puritanischen Kalvinismus. Im Namen der Gemeinschaft übte die Kirche Aufsicht und Strafrecht aus.

Diese Bauernbürger, die im Ungarn des 19. Jahrhunderts teilweise die Aufgaben des Bürgertums übernahmen, da es ja kein echtes Bürgertum gab, haben immer viel für die Entwicklung der Bildung geleistet. In ihren Schulen, die oft weit und breit berühmt waren, lehrten Professoren, die ihr Studium an ausländischen Akademien absolviert hatten; es genügt, hier

---

[15] Näheres bei PARASZTI TÁRSADALOM ÉS MŰVELTSÉG A 18.—20. SZÁZADBAN [Die bäuerliche Gesellschaft und Kultur im 18.—20. Jahrhundert], 4 Bde. (Szolnok 1974).

auf das Kollegium von Debreczin (Debrecen) hinzuweisen. Aber während diese Schulen im 16. und 17. Jahrhundert ein reges geistiges Leben und einen allen neuen Ideen offenen Geist aufwiesen, verschlossen sie sich in ihrer Mehrheit im 18. Jahrhundert gegenüber den Neuerungen und wurden dadurch zu Hochburgen der kalvinischen Orthodoxie. Die Marktflecken und auch ihre Schulen waren gezwungen, sich gegen den Katholizismus, der in Ungarn die Staatsgewalt vertrat, zu wehren. Eine Form der Abwehr war, daß sie an allem Alten festhielten, was wieder ihrerseits zu Starrheit führte. Auf diese Weise trugen teilweise auch die Schulen dazu bei, daß alles beim alten blieb. Sie erhielten aber trotzdem gewisse demokratische Traditionen am Leben.

Der Einfluß, den die Schulen, katholische und protestantische, im 18. Jahrhundert auf die Entwicklung der Bauernkultur ausübten, war übrigens keineswegs bedeutend. Man unterrichtete Religion, Biblische Geschichte, Lesen, etwas Schreiben und Rechnen, in den höheren Klassen auch die Elemente der lateinischen Sprache. Landeskunde, bestehend aus Geographie und gewissen naturwissenschaftlichen Kenntnissen, scheint erst ganz am Ende des Jahrhunderts im Unterrichtsstoff auf. Der Geist der Katechismen und der Lehrbücher blieb auch nach der Schulregelung der Königin Maria Theresia vom Jahre 1777 unverändert. Der Staat bemühte sich vor allem, daß in jeder Schule den Kindern Ehrfurcht und Gehorsam dem Herrscher und dem Staat gegenüber, Abfinden mit der eigenen gesellschaftlichen Lage und Hoffnung auf Entschädigung für die irdischen Leiden im Jenseits beigebracht werde.

Um die Wirkung beurteilen zu können, welche die Schulen auf die allgemeine Bildung hatten, müssen wir zunächst feststellen, in welchem Maße der erwachsene Teil der Bauernschaft des Schreibens kundig war.

1768 verordnete Königin Maria Theresia, daß eine Untersuchung über die Zustände in Dörfern und Marktflecken mit besonderer Rücksicht auf die grundherrschaftlichen Lasten durchgeführt werde. Zu diesem Zweck wurde ein aus neun Punkten bestehender Fragebogen zusammengestellt, der aufgrund der mündlichen Angaben der jeweiligen Gemeindevorstände ausgefüllt wurde. Die Mitglieder der Gemeindeverwaltung mußten dann durch ihre Unterschrift bestätigen, daß das Geschriebene der Wahrheit entspreche. Wer nicht schreiben konnte, setzte ein Kreuz neben seinen Namen. Aufgrund der überlieferten Fragebogenexemplare können wir feststellen, wie viele unter den Leuten, die den Gemeinden vorstanden — der Richter, der Gemeindeweibel, 3—5 Geschworene — schreiben oder wenigstens ihren Namen unterschreiben konnten[16].

---

[16] Vgl. Benda, Les Lumières a. a. O. und DERS., Az iskolázás és írástudás a dunántúli parasztság körében az 1770-es években [Schulung und Alphabetisierung im Kreis der

Die Untersuchung ergab recht verschiedene Verhältniszahlen in den einzelnen Regionen. In den Dörfern und Marktflecken, die an der Donau, im westlichen und mittleren Gebiet des Landes oder an den großen Verkehrsstraßen lagen, wo die Bauern ihre Produkte bereits auf den Markt brachten und Handel getrieben wurde, fand sich in 35—40% der Siedlungen mindestens ein Mitglied des Gemeindevorstandes, das schreiben konnte. Je näher man aber an die Randgebiete des Landes kommt, um so geringer wird die Zahl der Schreibkundigen und im südlichen Transdanubien oder in den nordöstlichen Komitaten sinkt der Prozentsatz auf ein Minimum von 1 Prozent.

ZAHL DER SCHREIBKUNDIGEN IN DEN GEMEINDEVORSTÄNDEN DER DÖRFER UND MARKTFLECKEN 1768

Komitat	Prozent der Dörfer und Marktflecken mit wenigstens 1 schreibkundigen Personen unter den Mitgliedern des Gemeindevorstands	3 oder mehreren schreibkundigen Personen unter den Mitgliedern des Gemeindevorstands
Sopron (Ödenburg)	49,0	28,0
Moson (Wieselburg)	45,0	16,0
Komárom (Komorn)	30,0	17,0
Pest	21,8	5,0
Esztergom (Gran)	19,2	11,6
Árva (Orava)	15,2	7,6
Győr (Raab)	15,0	0,0
Fejér	13,0	3,3
Tolna (Tolnau)	9,0	2,0
Veszprém (Veszprim)	8,0	4,6
Zala	2,7	0,5
Bereg	1,6	0,0
Baranya	1,5	0,0
Torna (Turnianska)	1,0	0,0

Im Landesdurchschnitt konnten höchstens 12—15% der Dorfelite schreiben. Bei den großen Massen der Bauernschaft mußte dieser Anteil noch geringer sein, von den Frauen gar nicht zu reden. Es ist festzustellen, daß Schreibkenntnisse an sich keinen gesellschaftlichen Rang verliehen. Ein Beweis dafür ist, daß es oft vorkam, daß in Fällen, wo der Richter ein Analphabet war, sich unter den Geschworenen jemand befand, der eigen-

---

Bauern Transdanubiens in den 1770er Jahren], in: Somogy megye multjából. Levéltári Évkönyv 8 (1977) 123—133.

händig unterschrieb. (Nur in Klammern sei dazu bemerkt, daß es sich dabei keineswegs um eine Erscheinung handelt, die nur in Ungarn vorkam. Laut einer von Rudolf Schenda durchgeführten Untersuchung konnten im 18. Jahrhundert in Westeuropa höchstens 10% — oder weniger — der Bauern lesen[17].

Wenn wir nun die dritte Gruppe der ungarischen Bauernschaft, die freien Bauern, betrachten, können wir feststellen, daß die gesellschaftliche und wirtschaftliche Lage auch diese Gruppe zwang, sich zu verteidigen und zu isolieren. Die freien Bauern — die Siebenbürgener Szekler lassen wir hier außer Acht — bildeten in Ungarn zwei große Gruppen: den Block der Jazygen und Kumanen in der Mitte des Tieflandes, die ihre Vorrechte noch im Mittelalter erhalten hatten, und die Gruppe der Nachfahren von Haiduken jenseits der Theiß, in der Umgebung von Debreczin, denen Fürst Stephan Bocskai 1606 als Entgelt für ihre militärischen Verdienste Vorrechte eingeräumt hatte. Die Einwohner beider freien Gebiete betrieben Viehzucht und extensiven Ackerbau und lebten wie die Bevölkerung in den Marktflecken. Unter ihnen war aber das politische Selbstbewußtsein viel stärker entwickelt als anderswo und sie nahmen intensiv an den politischen Kämpfen des Zeitalters teil. Ihr Ziel war natürlich nicht, die allgemeine Freiheit der Bauern zu erkämpfen, sondern vielmehr die gesetzliche Sicherung ihrer eigenen Privilegien, mit anderen Worten, sie waren bestrebt, in die Reihen der privilegierten Elemente der Gesellschaft aufzusteigen. Daraus folgt, daß es gerade diese Gruppe war, die sich am meisten den Idealen der Adeligen anpaßte, natürlich mehr in Äußerlichkeiten.

Zusammenfassend können wir sagen, daß die ungarische Bauernkultur im 18. Jahrhundert zu einem eigenständigen, geistigen Produkt wurde, das sich von der bürgerlichen und adeligen Kultur in wesentlichen Merkmalen unterschied und viele Elemente früherer Epochen bewahrte. Als das ungarische geistige Leben vom 2. Drittel des 19. Jahrhunderts an im Zeichen des Nationalismus eine neue Gestalt anzunehmen sucht und sich dem Nationalen, dem sogenannten „wahren Ungarntum" zukehren will, greift man in Sprache, Dichtung und Musik auf diese Bauernkultur zurück, die, natürlich verfeinert und weiterentwickelt, zum Mittelpunkt der nationalen Kultur wird. Dadurch kommt es in der ungarischen Entwicklung zu einem eigenartigen Phänomen: Die wieder einheitlich gewordene nationale Kultur kehrt über die Bauernkultur zu den allgemeinen kulturellen Traditionen früherer Jahrhunderte zurück.

---

[17] Rudolf SCHENDA, Volk ohne Buch. Studien zur Sozialgeschichte der populären Lesestoffe 1770—1910 (Studien zur Philosophie und Literatur des 19. Jahrhunderts 5, Frankfurt a. M. 1970).

PERSONENREGISTER

Abafi, Ludwig 68
Albrecht, Erzherzog (Feldmarschall) 21
Andreas, Willy 26
Arneth, Alfred v. 20—22, 25f.
Asztalos, Miklós 36

Bahrdt, Carl Friedrich 67
Balász, Éva H. 68
Barruel, Augustin 67
Bartenstein, Johann Christoph v. 22
Batthyány, Vinzenz 86
Bayle, Pierre 57
Beales, Derek 14f.
Beer, Adolf 22
Benda, Kálmán 69
Bernard, Peter Paul 69f.
Berzeviczy, Gregor (Gergely) 84—86, 130 A. 19
Bessenyei, György 76 A. 5, 98f.
Bibl, Viktor 15
Bismarck, Otto, Fürst 19
Blümegen, Heinrich, Graf 45—47, 52f.
Bocskai, Stephan 156
Bodi, Leslie 13
Borié, Egyd v. 45—50, 53f.
Bredeczky, Samuel 84, 86
Brunner, Sebastian 14, 20
Burckhardt, Carl J. 25

Christoph, Paul 27
Cornides, Daniel 80
Corti, Egon Caesar, Conte 26
Cothmann, Anton v.
Crankshaw, Edward 15, 26
Crenneville, Franz Folliot de, Graf 21
Csaplovics, Johann (János) v. 80

Daun, Leopold, Graf 45f., 108
Diderot, Denis 57
Dobrovský, Josef 83

Ecker und Eckhoffen, Hans Heinrich Freiherr v. 65
Eckhart, Franz (Ferenc) 35, 37, 43 A. 1

Engel, Johann Christian (János Keresztély) v. 30f., 85f.
Esterházy v. Galantha, Paul, Fürst 130
Esterházy v. Galantha, Franz, Graf 22, 113, 115

Ferdinand I., Kaiser v. Österreich 16
Fessler, Ignaz Aurel (Ignatius Aurelius) 30f., 65, 86
Fináczy, Ernő 91
Fournier, August 22
Franz I., Röm. Kaiser 18
Franz I., Kaiser v. Österreich s. Franz II.
Franz II., Röm. Kaiser (als Kaiser v. Österreich Franz I.), König v. Ungarn 19, 62, 69f., 100
Franz Ferdinand, Erzherzog, Thronfolger 25
Franz Joseph I., Kaiser v. Österreich, König v. Ungarn 104
Friedrich II., König v. Preußen 23, 26, 107, 111
Friedrich Wilhelm I., König v. Preußen 111
Frugoni, Arsenio 26

Gaál, Georg (György) 87
Genersich, Johann (János) 85
Glatz, Jakob (Jakab) 85
Goethe, Johann Wolfgang v. 84
Gooch, George Peabody 26
Gregor XVI., Papst 16
Greiner, Franz v. 21
Grossing, Franz Rudolph v., s. Grossinger, Franz Matthäus
Grossinger, Franz Matthäus 14
Grünberg, Karl 137
Guglia, Eugen 22, 25

Hadik, Andreas, Graf 117, 118 A. 31
Hasenauer, Karl v. 21
Haugwitz, Friedrich Wilhelm, Graf 45f., 107

Hersche, Peter 27
Hinrichs, Carl 26
Hoffmann, Leopold Alois 67
Hoffmannsthal, Hugo v. 22f., 25
Hönigsberg, Georg Adam v. 134
Horváth, Eugen (Jenö) 34
Horváth, Michael (Mihály) 31f., 36
Huber, Franz Xaver 14

Jedlicka, Ludwig 26
Jellačić v. Bužim, Joseph, Graf 17
Johann, Erzherzog, deutscher Reichsverweser 17
Joseph II., Röm. Kaiser, König v. Ungarn 13—20, 24, 27, 31, 35, 44f., 49, 56, 59f., 70, 76, 97, 99f., 102, 106—108, 110f., 113—120, 131
Justi, Johann Heinrich Gottlob v. 111, 132

Kallbrunner, Josef 26
Kann, Robert 55
Karajan, Theodor v. 22
Karl III., König v. Ungarn s. Karl VI.
Karl VI., Röm. Kaiser (als König v. Ungarn Karl III.) 121
Katona, Stephanus (István) 29, 31
Kaunitz-Rietberg, Wenzel Anton, Fürst 22, 44—47, 50f., 53
Kazinczy, Franz (Ferenc) 76 A. 5, 85 A. 21, 86, 88
Kessler, Harry, Graf 23
Khevenhüller-Metsch, Johann Josef, Fürst 22
Knigge, Adolph v. 66
Kollár, Ádám 94
Kolowrat-Liebsteinsky, Franz Anton, Graf 84
Kosáry, Domokos 36, 73 A. 1, 86 A. 22
Kossuth, Ludwig (Lajos) v. 84, 88 A. 29
Kovachich, Martón György 100
Kövy, Alexander (Sándor) 84
Kretschmayr, Heinrich 25f.

Lacy, Franz Moritz, Graf 108, 111f., 112 A. 18, 114, 117f.
Leopold II., Röm. Kaiser, König v. Ungarn 60—62, 64, 66, 69f.
Liechtenstein, Eleonore, Fürstin 22
Lobkowitz, Wenzel, Fürst 22
Ludwig XVI., König v. Frankreich 58

Maaß, Ferdinand 15, 27
Macartney, C. A. 26
Mailáth, Johann (János) 87
Makkai, László 39
Málnási, Ödön 36
Marczali, Henrik 29, 32—34, 36
Maria Theresia, Königin v. Ungarn (Gemahlin Kaiser Franz I.) 13, 15, 20—27, 29—41, 44—47, 49—52, 54—56, 98, 102, 104, 107, 109, 111f., 121f., 125f., 129—131, 154
Maria Antoinette, Erzherzogin (Gemahlin Ludwigs XVI. v. Frankreich) 22, 27
Maria Christine, Erzherzogin (Gemahlin Alberts v. Sachsen-Teschen) 22
Martini, Karl Anton v. 60
Martinovics, Ignaz v. 60f., 66, 69
Matthias (Hunyadi, gen. Corvinus), König v. Ungarn 101
Mednyánszky, Alois (Alajos) 87
Metternich, Klemens Lothar, Fürst 16
Mikoletzky, Hanns Leo 26
Mód, Aladár 37f.
Montesquieu, Charles de Secondat, Baron de la Brède et de 57

Neffzer, Konrad Wolfgang 126
Novotny, Alexander 26

Padover, Saul K. 15
Palacký, František 83
Pálffy, Johann, Graf 104, 109
Pastor, Ludwig v. 15
Pergen, Josef Anton, Graf 67
Pezzl, Johann 14
Pius VI., Papst 19
Podewils, Otto Christoph, Graf 26
Pohl, Johann Wenzel 19
Pott, Degenhard 67

Rákóczi, Franz II., Fürst 72, 104
Rauch, Christian Daniel 21
Reinhold, Peter 26
Révai, Miklós 96
Richter, Joseph 14
Riedel, Andreas 61, 64
Rochau, August Ludwig v. 20
Rohrer, Joseph 133
Rothe, Carl 27
Rousseau, Jean Jacques 57

Rumy, Karl Georg (Károly György) 73 A. 1, 85

Sandgruber, Roman 137
Sashegyi, Oskar 13
Schenda, Rudolf 156
Schlitter, Hanns 22, 25
Schmerling, Anton, Ritter v. 19
Schönerer, Georg, Ritter v. 19
Schröder, Wilhelm v. 131
Schuselka, Franz 16
Schwarzer, Ernst v. 140
Sigismund, Röm. Kaiser, König v. Ungarn 101
Silagi, Denis 69
Sonnenfels, Joseph v. 57, 60
Sorel, Albert 15
Sternberg, Kaspar, Graf 84
Stupan, Anton v. 45f., 49, 52
Széchényi, Stephan (István) 88
Szekfü, Julius (Gyula) 34—36, 43 A. 1

Tapié, Victor-Lucien 14, 26
Tarnai, Andor 80

Teleki, Paul (Pál), Graf 34
Tessedik, Sámuel 99
Thököly, Emerich (Imre), Fürst 72

Ürményi, József v. 94, 113

Valjavec, Fritz 27
Valsecchi, Franco 26
Voltaire (Arouet), François Marie 57

Walter, Friedrich 25f.
Wangermann, Ernst 69f.
Weishaupt, Adam 65
Werböczi, Stephan (István) 73
Windischgrätz, Alfred, Fürst 17
Winter, Eduard 27
Wolf, Adam 20, 22

Zimmermann, Jürg 108
Zlabinger, Eleonore 15
Zumbusch, Kaspar Clemens, Ritter v. 21

GEOGRAPHISCHES REGISTER

Altofen (Óbuda)   127
Árva (Orava), Komitat   155

Banat   34, 97 A. 22, 105
Banská Štiavnica   s. Schemnitz
Baranya, Komitat   155
Barďejov   s. Bartfeld
Bartfeld (Bártva, Barďejov)   127
Bártva   s. Bartfeld
Bayern   65f.
Bereg, Komitat   155
Bernolákovo   s. Landschütz
Böhmen   19, 46, 83f.
Bratislava   s. Preßburg
Brezno   s. Briesen
Breznóbánya   s. Briesen
Briesen (Breznóbánya, Brezno)   127
Buda   s. Ofen

Cisleithanien   24, 46, 49, 51f.
Cseklész   s. Landschütz

Debrecen   s. Debreczin
Debreczin (Debrecen)   152 A. 13, 154, 156
Deutschland   83, 142
Durđevac   s. St. Georg

Eisenstadt (Kismarton)   130
England   53, 150
Eperies (Eperjes, Prešov)   125, 127
Eperjes   s. Eperies
Eszék   109
Esztergom   s. Gran

Fejér, Komitat   95 A. 17, 155
Frankfurt a. Main   17f.
Frankreich   62, 140, 150f.

Gran (Esztergom), Stadt   127
— Komitat   155
Graz   142, 144
Györ   s. Raab

Innerösterreich   22
Innsbruck   66, 142
Italien   142

Kärnten   136f.
Karpfen (Korpona, Krupina)   127
Kaschau (Kassa, Košice)   125, 127
Kassa   s. Kaschau
Kismarton   s. Eisenstadt
Kisszeben   s. Zeben
Körmöcbánya   s. Kremnitz
Komárom   s. Komorn
Komorn (Komárom), Stadt   122
— Komitat   155
Korpona   s. Karpfen
Košice   s. Kaschau
Kremnica   s. Kremnitz
Kremnitz (Körmöcbánya, Kremnica)   128
Kroatien   103, 109
Krupina   s. Karpfen

Landschütz (Cseklész, Bernolákovo)   53
Libetbánya   s. Libethen
Libethen (Libetbánya, L'ubietová)   127
Linz   142
L'ubietová   s. Libethen

Mähren   19, 46
Maria Theresiopel (Szabadka, Subotica)   123
Moson   s. Wieselburg
München   66

Nagybánya   s. Neustadt
Nagyszeben   109
Nagyszombat   s. Tyrnau
Neusatz (Újvidék, Novi Sad)   122
Neustadt (Nagybánya)   127
Niederlande, Österreichische   119
Niederösterreich   136f., 144
Novi Sad   s. Neusatz
Nyitra, Komitat   114, 114 A. 26

Oberösterreich 136f., 144
Óbuda s. Altofen
Ödenburg (Sopron), Stadt 122, 125, 127
— Komitat 155
Ofen (Buda) 109

Passarowitz (Požarevac) 125
Pest, Stadt 129
— Komitat 155
Polen 99, 119
Požarevac s. Passarowitz
Pozsony s. Preßburg
Prešov s. Eperies
Preßburg (Pozsony, Bratislava) 24, 30, 104, 109, 122, 127
Preußen 21, 23f., 119

Raab (Győr), Stadt 122, 124
— Komitat 155

Sabinov s. Zeben
Sachsen 119
Salzkammergut 131
St. Georg (Szentgyörgy, Durđevac) 127
Sárospatak 84
Sathmar (Szatmárnémeti, Satu Mare) 127
Satu Mare s. Sathmar
Schemnitz (Selmecbánya, Banská Štiavnica)

Schlesien 19, 107
Selmecbánya s. Schemnitz
Siebenbürgen 100, 103, 109, 115, 125, 156
Slawonien 109
Sombor (Zombor) 122, 127
Somogy, Komitat 95 A. 17
Sopron s. Ödenburg
Stuhlweißenburg (Székesfehérvár) 127

Subotica s. Maria Theresiopel
Szabadka s. Maria Theresiopel
Szarvas 100
Szatmárnémeti s. Sathmar
Székesfehérvár s. Stuhlweißenburg
Szentgyörgy s. St. Georg

Temesvár (Timişoara) 109
Timişoara s. Temesvár
Tirol 111
Tolna s. Tolnau
Tolnau (Tolna), Komitat 155
Torna, Komitat 155
Trenčín s. Trentschin
Trencsén s. Trentschin
Trentschin (Trencsén, Trenčín) 127
Trnava s. Tyrnau
Tyrnau (Nagyzombat, Trnava) 127

Újvidék s. Neusatz

Varasd s. Warasdin
Varaždin s. Warasdin
Venedig 22
Veszprém s. Veszprim
Veszprim (Veszprém), Komitat 155
Vorarlberg 144

Warasdin (Varaždin, Varasd) 109
Wien 26, 31, 45, 51, 66, 98, 142, 144, 152
Wieselburg (Moson), Komitat 155

Zala, Komitat 155
Zeben (Kisszeben, Sabinov) 127
Zips 85, 126 A. 12
Zombor s. Sombor

SACHREGISTER

Abgaben, bäuerliche 136—138, 153
Adel 20, 24, 30f., 33—36, 51f., 60—63, 67, 73, 81, 97, 102—104, 106f., 112—114, 116, 121, 129f., 149f.
— hoher (Magnaten) 31, 51, 73, 103, 122, 130, 148, 152
— mittlerer 76f., 81, 88, 130
— niederer 31, 130
— Komitatsadel 77, 88
Agrarproduktion 133—136
Allodien, städtische 123, 127
Analphabeten 154—156
Anfeilzwang 137
Armee, ungarische 107—110
Ausfuhrverbote 131
Ausgleich, Österreichisch-ungarischer 23f., 32

Banderium, königliches 101, 103
Bannrechte 138
Bauern 36, 38, 61f., 86, 93, 102, 106, 117, 119, 123, 131—136, 138—144, 147—153, 155f.
Bauernbefreiung 18
Beamte 16, 24, 56, 67, 112, 128
Bohemismus 83f.
Brüder, asiatische 64f.
Bürger 61—63, 67, 123, 125, 128f., 148—150
Bürgertum 32, 57—59, 64, 68, 121, 138, 147, 153

Census regius 126
Corpus iuris Hungarici 47

Directorium in publicis et cameralibus 46
Distriktskommissäre (commissarii districtuales) 110
Dreißigstzoll 126

Erbfolgekrieg, Österreichischer 23, 50, 56, 104, 121
Evergetenbund 64f.

Fabriken 52—54
Freimaurer 62—68, 119
Freistädte, königliche 73, 121—130
Fürkaufsverbote 131

Generalkommanden 109f.
Gesellschaft, städtische 128f.
Gesellschaftsvertrag 59f.
Girondisten 68
Grundentlastung 136, 138—141
Grundherren 135—138, 153
Grundherrschaften 18, 102, 116, 121f., 127, 129f., 137

Haiduken 103, 156
Handel 39, 85, 147
Handelskammer, Wiener 140
Handelspolitik 32
Händler 67, 121, 123, 125—129
Handwerker 93, 121, 123, 125, 129, 149
Hof, Wiener 20, 23, 35, 37, 43f., 47, 54, 75, 122, 125, 129f.
Hofkammer, Ungarische 125, 130
Hofkammer, Österreichische 122—124, 126—128, 130
Hofkanzlei, Ungarische 113, 115—119, 122
Hofkriegsrat 108—110, 115—117
Horthy-Regime 36
Hungari 79—89, 150
Husaren 103

Illuminaten 64—68
Industrie, ungarische 33, 38, 40, 52, 147
Industrieprodukte 134
Infanterie 102, 104 A. 6, 115
Inquilini 127, 129
Insurrektion 102—104, 106, 112, 116

Jakobiner 56—62, 64, 67—70
Jakobinerverschwörung 68
Jazygen 156
Jesuiten 31, 65, 93, 99

Sachregister

Josephinismus 18, 20, 27, 56, 61, 69f., 82, 99f.

Kalvinisten 98, 149, 153f.
Kantonsystem, preußisches 111
Katholiken 98, 149, 152
Katholizismus 65, 154
Kavallerie 102, 104 A. 6
Klerus 60, 62, 67, 73, 103, 112
Klosteraufhebung 22
Komitate 76, 107, 109, 113—116, 118—120, 155
Komitatsadel s. Adel
Komitatsbanderien 103
Komitatsverwaltung 76
Konkordat 20
Konskription 110—119
Konsumgüter 134, 140
Krieg(e), Napoleonische 142
— Schlesische 104, 107
— Siebenjähriger 23, 45, 50, 121
Kumanen 156

Landeskommission (Commissariatus provincialis) 110
Landtag, Ungarischer 51f., 61, 75, 102, 104 A. 6, 106f., 112, 115, 118, 121f.
Landwirtschaft 33, 38, 40
Leibeigene 38f., 52, 127, 148, 153
Lehensheer 105
Leopoldismus 69
Libertas nobilis 74, 76
Lohnarbeit 135
Lutheraner 149

Magistrat, städtischer 124f., 127, 129f.
Magnaten s. Adel, hoher
Manufakturen 52f., 130
Marktwesen, ungarisches 124f.
Maut 125
Militärakademie, Theresianische 19
Militärgrenze 108
Militärverwaltung, ungarische 107—111
Mohács, Schlacht v. 101, 103
Mühlen, städtische 124

Nation, ungarische 74, 77, 86
Nationalsprache 72, 77—79
Nationalstaat, ungarischer 34, 78
Nationalversammlung, Deutsche 17, 21

Nationasbegriff 73—75, 77
Naturrechtslehre 60
Neubürgertaxen 125

Palatin, ungarischer 52
Passarowitz, Friede v. 125
Pastoren 152f.
Patrizier 128
Perfectibilisten 65f.
Pfarrer 152
Portal-Miliz 103
Possessionaten 130
Pressefreiheit 13, 17f.
Produktion, landwirtschaftliche 131, 134
Protestanten 92, 98f., 152

Ratio educationis 40, 75, 91—100
Regalien 121, 123f.
Regimenter 105f., 111, 116f.
Regimentswerbung 115—118
regnicolaris concursus 107
Reichstag, Österreichischer 18
— Ungarischer 24, 30, 38, 61
Rekrutierung 112—116, 118
Renaissance 147—149, 151f.
Revolution, Französische 30, 56—58, 64, 119, 149
— industrielle 143
— Österreichische, 1848 16—18, 23
Robot 135f.
Rosenkreuzerorden 64f., 65 A. 25

Schulwesen, ungarisches 56, 75, 91—100, 152
Servitutenregulierung 138
Söldnerheer 104
Sprache, deutsche 18, 38, 75, 77, 96—98, 152
— kroatische 97
— lateinische 18, 75f., 94, 96, 152, 154
— rumänische 97
— ruthenische 97
— serbische 97
— slowakische 76, 97
— tschechische 19, 84
— ungarische 75—81, 88, 96f., 152
Sprachreform, ungarische 76, 78
Staatsrat, Österreichischer 43 A. 1, 44—47, 50—54
Stände, ungarische 33, 35f., 49, 51, 73, 102, 104—106, 112—117, 119, 121f., 127

Statthalterei, Königlich-ungarische 109f., 114, 118
Steuerfreiheit 36, 51, 102, 112, 129f.
Szatmár, Friede v. 104, 121

Tafernenzwang 137
Toleranz, religiöse 94
Tripartitum 73
Türkenkriege 104

Urbariallisten 113
Urbarialreform 30f., 38f., 52
Universitäten 60, 93, 95f.

Vectigal 126
Verwaltungssprache 76, 81

Volkssprache 18, 75, 83
Vorkaufsrechte 137

Wehrpflicht 112
Werbebezirke 111
Werbegeld 117
Wirtschaftspolitik 38—40

Zechmeister 130
Zehent 136
Zinskapitalien, städtische 127, 130
Zollpolitik 31—33
Zünfte 125, 130
Zunftprivilegien 125